JN123725

# 観光の公共創造性を求めて

ポストマスツーリズムの
地域観光政策を
再考する

上山　肇
須藤　廣
増淵敏之
編著

公人の友社

# まえがき──観光の光と影

須藤　廣

　国内観光客であれ海外からの観光客であれ、観光客からのまなざしは「偏見」に満ちている。観光客は短時間だけ、名所、旧蹟といった伝統的なもの、あるいは渋谷のスクランブル交差点や江ノ島電鉄鎌倉高校前駅側の踏切等、ＳＮＳでの再生回数が多い目立つ部分だけを見て（また、ＳＮＳ等でそれを人に伝え）、それがその地域の現実だと理解しようとするものである[1]。極端な話でいえば、観光客が東京を訪問し、浅草と上野、渋谷、新宿の４地点だけを見て（あるいは発信して）東京を理解したとして帰って行く。東京の現実はもっと途方もなく複雑なものから成り立っているのであるにも関わらず、観光のまなざしのなかで観光地住民の生活の複雑性は、観光客が理解できるものへと縮減される。そういった意味で、観光客のものの見方は、ステレオタイプと偏見に満ちあふれており、ある種の「暴力性」を持っているとさえいわざるを得ない。それを観光地住民の多くが許容するのは、一義的に観光客が経済的利益をもたらしてくれると思うからである。

　このように観光客が集合的なイメージに駆られて、観光地の現実を矮小化して消費する観光のあり方を、この本のなかでは「マスツーリズム」と呼ぶ。集団で観光行動をすることによって、互いに確認しつつ消費することが容易になるため、「マスツーリズム」は集団旅行のことと言われることがあるが、集団旅行ばかりがマスツーリズムではない。ネットによって（世代によってはガイドブックによって）情報を得ながら観光をすることの多い現代では、単独で集合的イメージを追いかけ消費することも多く、旅行の形態だけでマスツー

---

1　日本人観光客と外国人観光客では注目する対象が異なることがよくいわれるが、それを単純に観光の文化創造性と断定するのは早計だろう。

リズムかどうかは判断できない。本書では、こういった集合的イメージによって操作された観光のあり方を超える観光の理論と実践について多角的に示そうと思う。

　「マスツーリズム」の暴力性、特に観光地住民と観光客の潜在的な非対称性がある一定の限度を超えてしまうことが、2010年代半ばから注目されるようになった、オーバーツーリズムという現象である。観光客が一定限度（客観的な限度があるわけでなく、あくまでも主観的な限度である）を超えて押し寄せると、公共交通の混乱、地価の高騰、騒音等物理的インフラの崩壊をもたらし、観光地住民は普段の日常生活を送れなくなってしまう。あるいは自分たちが大切にしている日常文化が（京都の舞妓パパラッチの問題等のように）破壊されてしまうというような、主観的場所の意味の崩壊の感覚に襲われる。これら物理的、あるいは認知的混乱もまだ押し寄せる人数が少ないうちは、観光地住民も許容するかも知れない。経済的利害、あるいは（日本文化のなかに存在するといわれる）伝統的な親切心（贈与のパターン）から、ホスピタリティを持って迎えようと思うかもしれない。しかし、量あるいは質の潜在的なストレスが一定の限度を超えれば、特に金銭的な収益とは結びつかない観光地住民の間では、「なんで朝から晩まで観光客に気を使わないといけないのだ」という反感が湧き上がってくる。

　オーバーツーリズムとして持たれた潜在的な感覚は、観光客が感染症という「暴力」を持ち込むCovid-19の世界的危機（以後「コロナ禍」と呼ぶ）を経験するに至っては、さらに表面へと現れた。観光客は地域に経済や文化の活性化ばかりでなく、疫病ももたすることが明らかになった。さらに、観光の不安定さは疫学的リスクばかりでなく、自然災害リスク、戦争・紛争等地政学的リスク等、様々なリスクの影響も受け、また観光客はリスクを冒してまで観光することはないと想定されるようになり、また観光が地域の安寧とは必ずしも結びつかないものであるという認識が拡がっていく。コロナ禍以降、露骨に浮上してきたこのリスク感覚をどのように飼い慣らすべきかが、これからの大きな課題となっていった。

　このように観光とは、前提として暴力性、非対称性をはらんだ人と人との交流という側面を持つのである。とはいえ、観光の暴力性や非対称性に配慮し、

むしろそれらの反転から、もう一つの観光のあり方を探ってゆく観光も、実は「新しい」観光のあり方として既に存在していた。その中で最近注目されているのは、アートツーリズムやダークツーリズムのような、観光地住民と観光客が対等の立場で出会う観光である。アートツーリズムの場合、アーティストは尊敬の念で迎えられるため、観光客も自分たちの立場が上という感覚にはなりにくい。

　同様に、ダーク・ツーリズムもそうである。災害や戦争の悲劇が起きた場所は、観光客といえども被害者に対する共感を持たざるを得ないので、観光客と観光地住民は対等に近くなるであろう。こういった対等な観光的コミュニケーションは、一方的な暴力性を軽減・解消する一つの手法として理解することができる。コロナ禍からの観光の反転は、今まであった「新しい」（あるいは「オルタナティヴな」）観光をさらに発展させた形になるのではないだろうか。

　一般的に観光で最も注目されるのは経済効果であるが、コロナ禍の後注目されるのは、観光客と現地住民との対等な関係性がつくり出す、人々の新たな連帯（おそらく短期移住等緩い移住も含めた、古い地域共同体とは違うコミュニティが模索されることもあろう）、新たな文化（いわゆる「伝統」とは違った「新しい伝統」）をつくり出す可能性である。

　繰り返すが観光は経済だけで成り立っているわけでない。2019 年までの日本が観光立国を目指すと宣言していたのは経済的な利益があり、日本経済を牽引する「産業」になると思われたからである。しかしながら観光は、一定の経済効果を持つものの、他の産業と比べると、明らかに違う特性を持っている。先に述べたように、リスクや風評等から観光産業がボラティリティ（価値の変動に対する主観的リスク）が高い傾向があるといったことだけではなく、より重要なことは、観光が社会全体、社会の中の公共、自然といった生活のすべてを巻き込んでしまう点である。

　自然景観は観光の対象だが、田畑、森林などは林業と農業の従事者が特に観光のために作っているわけではない。観光の経済利益にあずかれない人たちの社会、家族、公共の部分など、観光産業は多くを外部不経済に依存しているといえる。外部不経済に寄りかかることで成り立ってきた観光市場の構造が、このコロナ禍で鮮明になったのである。コロナ禍で（特に GoTo キャンペーン騒

動で）問題になったように、観光客を受け入れるかどうか、受け入れるとしたらどのように受け入れるかは、観光客やそれを誘導する観光業者側ではなく、観光地の地域が主体的に決定するしかない。県境を跨ぐのはNGであるとか、PCR検査を義務づけようとか、様々な方策が模索されていた。

　コロナ禍が明け、観光的移動は何もなかったかのように、以前どおりに戻ったように見受けられる。しかしながら、観光を巡る社会的状況は（経済的状況も）間違いなく岐路に立たされている。今まで積み重ねてきた地域に対する観光の効果はもちろん踏まえなくてはならない。ただし、それだけをもって語ったのではコロナ禍後の観光は構想できない。観光の「光と影」両方に目を向け、その狭間から地域の新しい価値と連帯をつくりあげてゆく観光とは何かが今問われている。コロナ禍は観光が大きく変わる可能性を提供してくれたチャンスと考えるべきであろう。

　ここで、本書の構成について簡単に紹介しておこう。第一部はポストマスツーリズムの理論を中心に書かれた論文を集めている。まず第1章で最初に日本におけるポストマスツーリズムの歴史を追い、次にポストマスツーリズムが地域住民にどのように咀嚼されているのかについて、ポジティブな景色（第2章）とネガティブな景色（第3章）について述べる。第4章と第5章はポジティブとネガティブな景色の両義性を織り交ぜて分析するものである。

　第二部ではメディアと文化の視点から新しい観光政策について考える。第6章ではポピュラーミュージックと観光政策との関係について、第7章では「世界遺産化」とメディア化する地域のあり方について、第8章ではスマートフォンの中における地域の散策とリアルな散策の関わりについて考える。

　第三部では観光を公共政策へつなげる理路を、水辺を活用する方法（第9章）、インバウンド観光を使った方法（第10章）、スポーツ振興から観光へと広げる方法（第11章）等を用いながら考察する。

　第4部では観光の概念を地域の再発見へつなげる具体的な事例を用い、観光客の感性の変容を促す観光について考える。「美肌」（第12章）や「遺跡」（第13章）といったテーマを持った観光はこういった「再発見」の好例といえよう。また、コロナ禍をきっかけに、遠くへ出かけるのではなく、歩きながら、日常を「異化」し再発見する観光が、「マイクロツーリズム」といった概念で語ら

れるようになった。「まち歩き観光」はその中心に位置づけられ、様々な実践が積み重ねられている。北海道の歴史や自然を人々が再発見し再構成するまち歩き（第14章）、「日雇い労働者のまち」から「外国人のまち」へと急速に姿を変える大阪西成区の観光のあり方（第15章）、東京近郊のベッドタウンを「観光する」といったまち歩きが、住民であり旅人である参加者にどのようなインパクトを与えているのか（第16章）、といったテーマは、ポストマスツーリズムのオリエンテーション（見当識の構築）に大いに役立つと思われる。

　本書はコロナ禍の最中に書かれた『ポストマスツーリズムの地域観光政策』を、コロナ禍後の時代変化に合わせ、一部は大幅に書き変え、また多くは書き手を変えて新しく書き直したものであり、本書のタイトルも変えている。様々な角度から見た観光の「景色」を捉えているため、単一のテーマで編まれたものではないが、新しい時代の新しい観光のあり方について、数々の示唆に満ちた論集となっていると、編著者を代表して自負するものである。

# 第一部　観光総論

# 第1章　日本における観光の変容と
## 　　　　ポストマスツーリズム（ニューツーリズム）の誕生

須藤　廣

## 1　はじめに

　多くの観光研究は、経済的利益をもたらし、文化と社会を活性化させ、衰退する地方を再興させる起爆剤であるという、観光がもたらすユートピアを前提として進んできた。一方で、世界的な Covid-19 危機（以降「コロナ禍」と表現）がもたらした一年以上続く移動なき鎖国状態は、いつまで続くかわからない萎縮した世界を露見させた。観光的移動がもたらす弊害についてはコロナ禍以前から、オーバーツーリズムの問題として取り上げられてきてはいた。しかし、観光者の倫理や教育云々が叫ばれても、観光者が移動することは賞賛すべきことで、移動することこそがリスクの根源であるかもしれないとは思われてこなかった。観光のユートピア言説が観光の夢を語ることによって現実から目を反らす役割を果たしたのに対して、コロナ禍のなか頻繁に語られた観光のディストピア言説もまた、観光の悪夢を語ることによって、観光がもたらす希望的現実を描く想像力を奪ってしまったともいえないだろうか。ユートピアもディストピアも現実から目を反らせているのである。

　現実を異なる視点から「異化」してみること（あるいはその場所）を M. フーコー（Foucault）は「ヘテロトピア」と呼ぶ（Foucault 2009=2013；33-53）。観光をもう一度、現実の姿として歴史をとおして異化しつつ振り返ってみること、その可能性と限界を現実的に見ること、観光の多様性のなかから、現実的なもう一つの可能性を見つける手立てを考える観光の「ヘテロトピア」の構想こそが、コロナ禍以降の観光研究者の向かうべき道だと考える。観光がつくり

出す世界は、日常の現実とは違った姿をしている。しかし、それは日常の現実と地続きの、現実を異化する、構想可能なもう一つの現実、「ヘテロトピア」の姿なのである。

　現代社会において人々が観取する生活世界のリアリティは多元的である。社会学者A.シュッツ（Shutz）のいうように、我々が生きる日常生活の現実は科学の現実、夢の現実、小説の現実等、多様な層の現実で成り立っており、それぞれの現実が人々によって構築された意味世界を持っている（Shutz1975=2015）。観光の現実も多様な現実「世界」の一つであり、特に観光経験が織り成すのは、日常の世界との差異で成り立っている意味世界の「飛び地 enclave」世界である。航空機、電車、車等による移動が、そして人と人との対面的な相互作用が、あるいはメディアを介したイメージが、日常とは区分けされた「飛び地」の世界を観光的に染め上げていく。

　構築された観光的意味の織物は、現代においては、消費されることによって初めて価値を持つ。観光とはおおよそ、橋本和也が定義していうように「異境において、よく知られているものを、ほんの少し、一時的な楽しみとして、売買すること」（橋本和也 1999）であり、その価値は観光という行為を遂行することのなかで、すなわち何らかの観光対象を経験する消費の利那において立ち現れてくるものである。またそれは、D. マキャーネル（MacCannell）が明らかにしたように、移動を伴う観光者の行為遂行（performance）を原動力としつつ、表象と実在、記号と現象の緊張関係のなかから集合的に生成される、「演出された真正性（staged authenticity）」を持つ（MacCannell1999=2014：110-130）。こうして人々によって創造され共有された独特の観光的世界は、人と人をつなぐ現代の「弱い宗教」といっても差し支えないだろう。少なくともマキャーネルの著書からはそう受け取れる（MacCannell 1999, 2011）。

　とはいえ、メディア、移動、実在のリアリティが混在しつつ、人々によって構築される「観光的リアリティ」の様相は時代によって異なる。現代の観光と、宗教的習俗を背景とした伝統社会における観光は峻別されるべきであろう。伝統的観光は、伝統を再解釈しながら絶えず作り変えてはいるものの、概ね伝統守護者（Guardians）の権威に依拠しながら──例えば伊勢参りにおける御師等のように──聖なる場所を宗教的な聖地、名所、旧跡、名勝として一定の

時間をかけて構築し「定式的真理 formulaic truth」(Beck, Giddens & Lash 1994
＝1997：156-172) として固定化してきたものである。しかしながら近代におい
ては、交通の発達と観光行為自体の産業化のもと——日本では明治の末期以降
——「聖なる場所」は人工的に開発、変形されるものとなる。
　産業化された観光は、伝統を再構築しつつ、新しい目的地を開発し続ける。
観光は消費者である観光客の「夢」や「希望」や「連帯」の願望と結びつき、
あるいは地域の文化産業の振興対象となって、「価値」を創出しつつ自己展開
してゆく。新旧の宗教と同じように、観光による「夢」や「希望」や「連帯」
の幻想は、現代人の社会的価値の創造と、それにフックとしたつながりの創造
のエネルギー源となる可能性を持つ。一方で、それはまた、「産業」としての
自己展開に下支えされるものであるがゆえに、災害、事故、紛争、感染症等
が引き起こす認知的リスクに脆いものであり、それらに地域の利害も絡めば、
地域社会の分裂にも結びつくこともある。この章では、日本における観光の
発展史を振り返りながら、観光のユートピア（希望）とディストピア（破滅）
の軌跡をいささか強調気味に描き出しながら、観光のもう一つのあり方（オル
タナティヴ）について考えていく。

## 2　日本における観光の脱伝統化と人工的世界創出

　前章でも述べたように、前近代（主に江戸時代）の日本においては、観光的
実践は仏教や神道といった宗教が主導して作り上げられていた習俗であり、儀
礼をともなう伝統的行為であった（鎌田道隆 2013）。観光的実践として最も人々
に行われてきたのは、「伊勢参り」「金比羅参り」「善光寺参り」「大山詣」「富
士参詣」等の社寺巡礼（参詣）である。多くの地域では、参詣は、「講」とい
う地域金融システムをとおして組織的に行われており、生業や生活と、それら
による人々のつながりに根差したものであった。温泉における「湯治」もまた、
治療の名目で行われていたものだが、多くは宗教が混在した習俗によるもの
であり、その形式——例えば入浴の仕方、回数等——しきたりによって社会的
に構成されていた（関戸明子 2007）。宗教や習俗を背景とした「観光的なるも
の」は、政治的な近代革命である明治維新後も、30 年近くは江戸時代同様に

行われていた。明治末期までの観光は、伝統的生活のなかに「埋め込まれて embedded」いたのである。

　どの国においても、近代観光は交通の発達と関係を持っている。日本においては特に、鉄道やバスシステムの発達が、伝統的観光のあり方、すなわち、伝統的巡礼や湯治のあり方を大きく変えきた。イギリスから遅れること約 50 年、1872 年には新橋―横浜間の鉄道が開業し、1900 年頃には日本全国に鉄道網が敷設されている（1901 年には山陽鉄道が現在の下関、「馬関」まで延伸された）。鉄道は都市と観光地とをつなぎ、多くの観光地は鉄道会社によって開発されていった（老川 2017）。こうして成田山や日光、草津、熱海等伝統的な巡礼や湯治の目的地には鉄道が敷かれていったのである。近代観光の目的地は、相変わらず伝統的な場所であったのだが、「初詣」の習慣のように鉄道会社が主導した観光地開発によって、「古い」伝統の一部を借用しながら、新しい「伝統」として塗り替えられていったものが一般的であった（平山 2015）。交通手段の発達によって「聖なる場所」のリアリティは、伝統や習俗から次第に「脱埋め込み dis-embedded」され、より人工的な場所へと変質していった。産業（日本では主に交通産業）や国家の主導のもとで観光化された伝統は、再解釈され、人工的に演出されていったのである。

　1970 年以降、日本の観光地における人工性は顕著になる。1970 年以降の先進国は、モダン社会の進展と同時にモビリティ（流動性や不確実性）や再帰性が強まる「ポストモダニティ」の時代の幕開けを迎えていた。1970 年代からの日本においても、上からの開発に加えて観光地住民と観光客との参与による、場所の価値の再発見、再発掘といった下からの表象創造の力が観光地を形成していった。宗教的権威、あるいは国家的権威が担っていた「権威付与」や「アイデンティティ付与」の機能を代替した「聖なる場所」への意味付与は、集団的なものから、個人化された観光が個人の欲望を掘り起こすことによってなされていった（岡本 2015）。

　1970 年行われた大阪万博（正式名「日本万国博覧会」、約 6,400 万人もの入場者があった）はトップダウンの定式的な近代礼賛型であったと共に、ボトムアップによる集客のポストモダン型のノウハウが凝縮されていた。その効果は、鉄道会社の開発計画だけではなく、広告代理店が大きく関与した「ディズ

カバージャパン・キャンペーン」に受け継がれていった（森彰英 2007）。このキャンペーンのなかに使われた、山口百恵が歌う『いい日旅立ち』（1978 年からのキャンペーンソングであるのだが）の歌詞からも分かるように、いささかナルティシズムを刺激する「自分発見」や「日本文化の再発見」の潮流は、『an・an』（1970 年創刊）や『non-no』（1971 年創刊）等雑誌や、『遠くへ行きたい』（1970 年〜）等のテレビ番組等メディアとの意識的あるいは無意識的協働によって、日本全体に広がっていった。個人と伝統の「再発見」は現実の経験を超えた集合的な記憶の形成と結びつき（現在においても JR 西日本等の車内放送に使われている）、移動をともなう観光文化の創造的展開へとつながっていった。

　近代化を推進するなかで「脱埋め込み」された伝統は、F.ジェイムソン（Jamson）がいうように、過去に存在したと夢想されるユートピアの回顧によって疑似的に人々を結びつける「ノスタルジア」として（Jamson1983）、あるいは G.ヴェッティモ（Vattimo）がいう集団の記憶を個人のものとして表象するような「アイロニカルな解釈」（Vattimo 2000=2012）として消費されていった。このことは伝統やアイデンティティの個人的「再埋め込み」と合致する。そして、2000 年以降の主に双方向メディアの発達のなかで、この傾向はより顕著になる。観光による下からの参与や価値の発見とは、「社会的に創り出された不確実性が不気味に迫ってくる」（Beck, Giddens, & Lash:107）ポストモダニティのただなかで勃興した、人々の再帰的なアイデンティティ構築の観光的あり方なのである。ノスタルジアのなかで共に夢を見るといった習慣（プラクティス）が、観光がつくり出す文化の中心へと置かれていった（**写真 1**）。

**写真 1　「ディズカバージャパン・キャンペーン」によって見直された倉敷**

1973 年の第一次オイルショックによって日本経済の高度成長が終わると、日本社会にはそれまでの生産、発展、平等といった「大きなものがたり」はリアリティを失い、次第に喪失感が漂うようになる。ノスタルジアとは「大きなものがたり」のユー

トピアが潰えた後、ユートピアに代わって現れた文化現象なのである（若林 2022）。成長の時代という近代の第一幕の終焉の後、オイルショック後の舞台を彩ったのは、不安定と「実存的不安」を抱えつつ、成長の陽炎を追いかける「不確定性の時代」という、近代の第 2 幕の景色であった。

　さらに 1985 年のプラザ合意のすぐ後の先進国には、国際的な政策協調をもって世界を制する「グローバリズム」の時代が到来する（佐伯 1989：4-5）。1970 年代末から後の「不確実性の時代」と「グローバリズム」は、日本経済の基軸をモノからサービスへと変えていった。経済の基盤的変容は、その後の「地方創生」の政策と結びつき、日本経済の方向を生産よりも消費主導の内需拡大策へと突き進めていった。

　佐伯啓思は、ここで起こった情報化やソフト化というのは「市場の枠外にあった情報やサービスを市場の領域に大規模に取り込んだことの結果」（佐伯 1989：5-6）であるという。「消費文化」が経済の原動力となったということは、経済以外の損益が政策へと入り込むことである。こうして、経済以外の「文化」「知識」「政治」が市場に入り込んだ結果、逆説的に純粋な経済的損益で単純に政策を図ることが難しくなる。しかしながら、生産から消費（モノから情報へ、また経験へ、さらには人間関係へと消費の対象は広がっていった）へとトレンドが移ったことは、文化や社会が経済に打ち勝ったのではなく、経済（市場）が文化や社会をも飲み込んだことを意味し、必ずしも市場の膨張に対する反省が巻き起こったとはいえない。むしろ、市場は文化を取り込み「文化政策」といった政治へと結びつき、「再魔術化」（G.Ritzer　1999=2009）という形で高度化したとみるべきであろう。特に観光文化は地域政策と結合し、やがて「ニューツーリズム」を標榜する「観光政策」として、国家的なアイデンティティ形成の役割を果たすことになる。観光のポストモダン化がいかに日本の観光政策と関与していたのか、以下に見ていこう。

## 3　戦後の日本の観光政策とマスツーリズム

### （1）　地域振興としての観光政策の誕生
先にも述べたように、戦前、戦後を通じて、観光地開発は鉄道会社等が民間

主導で行なっていた。戦前には観光政策は、外国人観光客誘致政策、国民教育のための修学旅行、家族旅行の奨励等、国民国家形成に向けて行った国威発揚のための余暇づくりのなかにあった。戦後、国威発揚のための観光政策は一時鳴りを潜めることになる。1948 年の観光事業審議会の発足、同 1948 年の観光設備整備 5 カ年計画、1956 年の観光事業振興 5 カ年計画といった、目立たぬ小さな施策以外に、観光が表立った国の政策として打ち出されることはなかった（老川 2017）。本格的な観光政策再起動は 1960 年になってからである。1964 年には 1963 年に制定された観光基本法にもとづき、初めての観光白書が、編纂され公開されるようになった。このころになると、観光を地域（あるいは都市）開発の一領域として位置づけることも視野に入ってくる。1960 年までの国による開発計画は、主にものづくりのための（特に重厚長大型）産業の振興と関連する工業地帯の開発等に関わるものであり、大工業地帯誘致からこぼれ落ちる地方からの批判に政府は答えられずにいた（寺前 2009）。これに答え 1962 年に制定されたのが「全国総合開発計画」である。この中では「国土の均衡ある発展」という概念が前面に押し出され、重工業開発政策から見放されていた地方の発展が強調されるようになる。これ以来、日本の観光行政は工業振興を補完する「国土の均衡ある発展」の一つとして位置づけられ、国民の福利が目的といったように表面上は繕われたとしても、実際にはハード面での「観光開発」を伴う地方の発展支援が強調されるようになる。さらに、レジャーブームが本格化した 1970 年代には、政府はより「余暇政策」に力を入れるようになり、通産省には余暇開発産業室、経済企画庁には余暇開発室が設置され、建設省、環境庁においても公的なレジャー施設の整備に力が注がれるようになった。しかし、この時点ではまだ、「観光」と「余暇」は様々に使い分けられており、「レジャー」施設への大規模投資が、国民の福利を醸成するビジョンをもって、「観光政策」のなかに明確に位置づけられることはなかった（老川 2017:211）。

　以上のことからは、発展や平等といった「大きなものがたり」を失う一方で、政府の余暇振興政策によって国民に確かな社会的アイデンティティを提供するという、屈折した「アイデンティティポリシー」が漠然とであるが底流にあったことが透けて見えるのである。このような意味において、日本における観光

政策は、工業開発から取り残された、あるいは一旦は重工業の発展を見た後に急速に衰退を余儀なくされた地方に、「国土の均衡ある発展」や「地域活性化」という経済的助け船を差し向けることと、国民の余暇活動の創造と管理といった文化政策が結びついたものとなっていく。これまで観光地とは見なされていなかった（あるいは、伝統的観光地としては衰退した）地域の復興を意識した、「個性的」な（このころよく言われた「固有価値」による）まちづくりを目指す「ニューツーリズム」政策もこの路線上にある。このことは、産業の発展の夢から覚めた「地域の夢」として、観光が絡んだ開発以外の「夢」を提供できなかったことの現れであるといえる。このことを、次節では、1987 年に制定された「リゾート法（総合保養地域整備法）」のインパクトを中心に述べていこう。

### （2）　リゾート法と日本における観光の制度的再帰性

　1960 年代に始まる「国土の均衡ある発展」とそれによる「地域の活性化」の政策は、1970 年代前半田中政権時の『日本列島改造論』（1972 年、田中角栄の著書名）から、中曽根政権下の「第四次全国総合開発計画（四全総）」（1987 年）、竹下政権下の「ふるさと創生事業」（1988 年）へと引き継がれていった。「四全総」を受けて策定されたのが「総合保養地域整備法（リゾート法）」（1987 年）であった。特に四全総から先の法整備は、1985 年に先進 5 か国の蔵相によってなされた「プラザ合意」（協調的なドル安政策だが円高ドル安への舵取りに焦点が当てられていた）――この時竹下登は蔵相として出席していた――で決定された円高政策と、それに続く円高不況への対策として内需拡大政策に向けた提言を受けたものであった。これらの政策が日本経済におけるマネーサプライの急増を生み出し、土地、株、ゴルフ会員権等の異常な資産バブルを発生させることになる。その結果起こった 1991 年の株価の暴落（資産バブルへの対策として、「総量規制」という急な引き締め政策を 1990 年に余儀なくされたことに由来するのだが）と、それに続く日本の資産バブル全体の崩壊および日本経済の長期の低迷はよく知られたところである。

　リゾート法による観光施設の開発の第一号は、1988 年に同法が適用された「宮崎・日南海岸リゾート構想」である（この年にはその他 2 件の開発も開始されているが「宮崎・日南海岸リゾート構想」は特に重点が置かれたものであっ

た）。この開発の中心にあった「宮崎シーガイア（現在のフェニックス・シーガイア・リゾート）」は主に宮崎県と宮崎市が出資した第三セクターで運営されていたのだが、2001 年には高額の赤字を抱え破綻し、外資（リップルウッド）に売却されている。その後も経営は低迷し、2007 年には、その中心的娯楽施設「オーシャンドーム」が閉鎖している（さらに、2012 年にはセガサミーホールディングスが子会社化し現在に至る）。

　当時「民活」と呼ばれた第三セクター方式には、多額の補助金があったものの、それは主に地方ではなく大都市の開発業者の収益に結びつくこととなる。そして、結果として長期の需要を無視し短期の資金の回収と収益を目指した経営は、地元の財政を圧迫することとなった。規制緩和と裏腹の自然環境への無配慮等も問題となった。「宮崎、日南海岸リゾート構想」の破綻は、このようなリゾート法による観光開発の典型的な例であった。

　佐藤誠は、リゾート法の目的は「民活による内需拡大」「過疎化、自由化に揺れる地域の振興」「都市生活者にゆとりある余裕を」といった一石三鳥を狙ったものだったのだが、結果的に環境保全に関する規制の緩和は環境破壊をまねき、さらに自治体職員までゴルフの会員権販売へと駆り立てた民間企業あげてのリゾート・ブームは、日本人の勤労モラルの崩壊をもたらしたと述べる（佐藤 1990）。日本列島はリゾートホテル、スキー場またはマリーナ、ゴルフ場といった三種の神器という金太郎飴と化していった。1987 年には日本の土地価格の合計はGNP の 5 倍へと膨れ上がっている。また、余剰資本は海を渡り、海外、特にハワイの観光資産を食い尽くすほどの異常な投資へとつながっている（須藤＆遠藤 2018：127-155）。バブル経済の産物としてのこのような観光開発が、背景として為替相場と貿易収支の国際的再編成といったマクロ経済的構造変容の産物であったことは先に述べた。しかしながら、マクロ経済の偏りの調整が観光政策へと向かったことは注目に値する。

　先に、宗教を背景とした伝統的習俗が、社会統合の機能を持ちつつ、それが近代の産業化された観光へと受け継がれていったことを述べた。日本社会は1970 年以前の「生産」にもとづく社会統合（あるいはアイデンティティ統合）から離れ、次第に「消費」にもとづく社会統合（あるいはアイデンティティ統合）へと、つながりの秩序のあり方を変えていった。コミュニティやアイデンティ

ティ統合の道が、特に私的なレジャーとして市場化されていったのである。観光は、第一次大戦以降すでにこの余暇の開発の波に巻き込まれており、その頂点として「リゾート法」による観光地開発はあったと考えられる。もちろん、バブル経済が生んだ一時的な価値創出（収益）の手段としても利用されてはいた。しかし、観光の欲望が、「非日常性（他者性）」にあこがれる人間の「本性」としてあり、その上で、それが商業化され資本の自動展開運動として働きだした結果として、この時代のリゾート開発は位置づけられるのである。この時代には、観光の欲望は、名所、旧跡、といった集団的に固定化されたされたものから、消費者それぞれの趣味にもとづいた（「大衆から分衆」へと分化され）「個性」的なものへと移っている。1983 年の東京ディズニーランドの開園年度一年間に 1 千万人もの入場客があったことからも分かるように、この時代、人々は個性的な体験を渇望していたのである（このころハウステンボスのような「外国村」が続々と開園している）。

　以下述べるように、リゾート法の「失敗」から、「リゾート法」による開発は規制されるようになり――特に 2000 年以降は、国も開発の評価を求めるように基本方針を転換している――観光政策も「箱もの」中心のハード開発からソフト（文化、体験とそれらによるつながり）の醸成へと転換している。とはいえ、「地方創生」（社会的アイデンティティ創造）としての観光地づくり、「民活」の推進（外国資本も入り込むが）、「都市生活者のゆとり創造」（趣味的消費によるアイデンティティ形成）等、底流に流れる基本的エネルギー源は変わらないものの[1]、それらはバブルを生み出したハード中心からソフト中心へと移行を余儀なくされたのである。

　この変化の中で、地方の観光地はより記号化され洗練され、「ブランディング」されていった。勤労による「進歩」「発展」とその裏側の息抜きのためのマスレジャーといった国家的な「大きな物語」は力を失い、また「物語」の重点が生産から消費と移るなかで特化していった文化創造の担い手は、地方行政

---

1　2010 年以降は、北海道（特にニセコ）や沖縄のリゾート（特に八重山諸島、石垣島や竹富島）のような、一旦廃れた「リゾート法」時代の施設が、主に外資より買い取られ、または新たに建設され「バブル」の再来の様相をもたらしたことにも注目。

であり、地域の住民もまたそのエージェントであることを求められるようになる。リゾート法による開発の経済的力は崩壊しても、リゾート法が残していった、都会の側からのまなざしの記号消費的浸透力はむしろ強化されていったといえよう。

　ただし、先に述べたように、90年代のバブルの崩壊とリゾート法による乱開発への批判が地方からも起こるようになり[2]、バブル崩壊後の開発政策が「外発的」開発批判をマイルドな形で取り込んでいったことも付け加えなければならない。その結果生じたのが、観光開発のプレイヤーを、開発される側である当事者から育成し、「内発的」発展を促進するというアイデアであり、日本の観光行政は「発地型観光」から「着地型観光」を促進する方向へと重点を移していくことになる。

　そのことはまた、多くは都市からの「まなざし」に答える形ではあれ、住民による地域のイメージの創造と演技、そのことによって生まれる社会的アイデンティティとシビックプライドの育成へとつながっていった[3]。また地方には、都会に比べて市場外に残されていた伝統的な要素——例えば「お接待」や「施行」と言われるような伝統的な「ホスピタリティ」（施し文化）等——がまだ一部に保持されてしていたということも、「内発的」観光にとってはメリットであったと思われる。こうして地方が主体となった「ニューツーリズム」（後述するように「ニューツーリズム」という言葉は、アメリカの経営学者Ａ・プーン（Poon）が提唱した概念であるが、日本では本来の意味とは異なった文脈で使われていたので、ここではその概念についての議論は差し控える）創生は日本的に受容されていった。リゾート法がもたらした地方の観光のインパクトは、実は両義的なものであったといえよう。次の節ではこの日本型「ニューツーリズム」の本質について議論を深めたい。

---

2　典型的な例としてＮＨＫテレビ番組「プロジェクトＸ」で取り上げられ広く知られるようになった由布院温泉の葛藤がある。
3　典型は、各地域のイメージの記号化に寄与した「ゆるキャラ」といわれるシンボリックな着ぐるみであろう。

## 4 日本の観光政策の成熟と「ニューツーリズム」

### （1） マスから個のツーリズムへ

リゾート法による開発型のマスツーリズムから、脱開発型の「内発的」観光創出への流れを受けて、2006 年には観光立国推進基本法が制定され、2008 年には国土交通省の外局として、観光庁が設置される。観光庁の創設は主に外客の誘致にあったのだが、これに加え「ニューツーリズム振興」もまた観光庁の看板といってよい概念であり、2018 年には「テーマ別観光による地方誘客事業」へと名称を変えているが、その方針は現在でも受け継がれている。観光庁による「ニューツーリズム」政策の基本的な姿勢とは何か、観光白書から追ってみよう（ここでは観光庁の最も重要な施策である「外客の誘致」の件にはあえて触れない）。

観光庁発足の前年である 2007 年の観光白書には「2007 年度の観光施策」として「ニューツーリズム」という用語が使われている。ここには以下のように書かれてある。

すなわちそこには、新たな顧客ニーズや地域の観光資源の特性を踏まえた（日本型）「ニューツーリズム」の創出、流通促進を行うことや、観光を通じた地域の活性化、将来に向けて成長可能性の高い観光産業の発展、旅行を通じた新たなライフスタイルの創出と、真に豊かさを実感できる国民生活の実現を図るとある（観光白書 2007：172）。これに加え、長期滞在型観光、エコツーリズム、ヘルスツーリズム等の地域独自の魅力を生かした「ニューツーリズム」の創出と流通を促進するため、データベースの構築や実証事業の実施等により「ニューツーリズム」市場の形成を促進することも記されている。具体的な「ニューツーリズム」の中身は、上記のものばかりでなく、「産業観光」「グリーン・ツーリズム」「文化観光」「船旅」が上げられているので、観光庁のいう「ニューツーリズム」とは伝統的な名所、旧跡、名勝観光から脱した観光一般を指しているように思われる。日本国の政策としての「ニューツーリズム」の概念には、プーンの言っているような、電子通信技術の発展を始めとした移動技術の革新を背景として特化し、消費者個人が持つようになった脱成長型の

意識やライフスタイルの変容にもとづく他品種少量生産型の観光や自然志向といった要素はあまりない。その主力は、ゲスト側のエネルギーよりも、地域が主体となった商品開発にもとづく「着地型観光」の推進、つまり地域行政を巻き込んだホスト側の営業努力と熱意の発揚の方にあることがわかる。

　貞包英之によれば、こうした地方の観光政策は、一次、二次産業が衰退した地方都市における経済再活性化の「魔法の杖」として期待されたものであるという（貞包 2015）。実際には、一部の自営業者、建設業者、交通、宿泊業関係者以外に地域住民へのメリットは実質望めないにも関わらず、政治的に進められてゆく（貞包 2015:123-136）。観光客の到来は、良くも悪しくも、土地の魅力の創出を目指す住民のアイデンティティの政治（住民の自治的「サブ政治」も含む）に寄与してゆく。しかし、同時に「観光客の増大は、衰退してゆく地方都市の現実を覆い隠すことになる」（貞包 2015:132）一面も持ち合わせているのである。

　2018 年度からの観光白書においては、名称が「テーマ別観光による地域集客事業」となったが、基本的な方針は「ニューツーリズム」の政策から引き継がれている。また、「テーマ別観光」と銘打っていることからも分かるように、この新しい政策はより新しい個人化した趣味的な観光者の欲望に寄り添うというゲスト側の視点も含んでいるものと思われる。1960 年代から続く開発政策は、工業中心の国土開発の偏向から地域開発へ向かう政治的希求に、あるいは流動化するポストモダニティのなかで、ライフスタイルを求める住民と観光客のアイデンティティ・ポリティクスとして、他方ではそれらに呼応する形で政治の側へと回収する「育成」型の観光政策という点において一貫している。観光は「外発的」なものから「内発的」なものに目を向け、地域を巻き込むようになったものの、観光の外部不経済の問題は解決されたとはいえない。

　何を「内発的」／「外発的」というかという定義の問題も残るが、観光が外部資本と外部の都市文化を招かかざるを得ないことは、どこの国や地方の観光開発の例を見ても分かる。ハワイのモロカイ島では、良し悪しを抜きにして「外発」的観光開発を徹底して排除した結果、観光がほとんど行き詰まっている（須藤 2008:157-182）。観光開発には、資本だけではなく、視点の問題も含めて、「外発的」要素がついて回る。

## （2）　消費者主導のポスト・マスツーリズム

　以上のような、施策としての「ニューツーリズム」とは混在しつつ、日本においては、「マンガ・アニメ・ツーリズム」「ボランティア・ツーリズム」「アート・ツーリズム」「下町観光」「ロックフェス」「ダークツーリズム」等、国の施策とは関係が薄い消費者主導型の「ポスト・マスツーリズム」（地域住民中心の「ニューツーリズム」とは視点も異なり、そこからは外れるものもあるため、「ポスト・マスツーリズム」と呼ぶ）もまた広がりつつある。例えば、アジアの都市観光で、どこも共通しているのは、生活臭のある古い街路を観光用に少し整備した場所を訪問する「下町観光」である[4]。

写真2　古い町並みを使い（リニューアルして）観光地化したハノイのターヒエン通り

　ハノイのターヒエン通り、台北の士林夜市等、観光用に上から開発するものとは無関係に観光客を集めているところが特徴であるが、都心にあり行きやすい、あるいは空港までの交通の途中に存在する等、アクセスが良く、気軽に訪問できることが共通している（写真2）。東京では、1990年代ころから谷中・根津・千駄木地区が、近場で気軽な観光地として観光客を集めている[5]。

　また、近年よく知られているマンガやアニメの舞台を巡るツーリズムは、インターネットによる情報の共有を前提としたボトムアップ型ニューツーリズムの現象として注目に値する。まんがアニメファンが作品の舞台となったまちを「巡礼」

---

4　これらが真にゲスト（消費者）主導型であるといえるのかについての問題点は多く指摘されており、別に議論が必要であろう。
5　1980年代発刊した「谷中・根津・千駄木」（通称「谷根千」）というミニコミ誌がこの地区のまちづくりのきっかけを作り、また訪問客を集めた。谷根千地区では、観光をきっかけに、新しく住民として住み着く人々も増え、旧住民、新住民、まちづくりボランティアを中心としたボトムアップのまちの再編成が進行している。

訪問することで、廃れた町が幾分にぎわいを取り戻した例として、埼玉県久喜市鷲宮地区がある。このまちづくりのコンテンツである『らき☆すた』は、2004 年にマンガとして、2007 年にはアニメとして、人気を博した。この町の特徴はまんがアニメというコンテンツを媒介として住民とファンが交流したことである。地域の祭等のイベントに、ファンがボランティアとして協力する、あるいはファンがイベントを主催するということが、まんがの連載やアニメの放映が終わって（ムック等の企画マンガや動画は出ているが）10 年以上経つ 2023 年現在も継続しており、数は少ないながら海外からのファンも訪れている[6]（**写真 3**）。

　下町観光、まんが・アニメツーリズムに共通しているのは、トップダウンの画一的なマスツーリズムから脱した、趣味的な観光を媒介としたボトムアップ型の「ポスト・マスツーリズム」である点である。これらに特徴的なのは、ホストとゲストの交流が、まちの社会関係的再編成につながっていることだ。谷根千においては、新住民とボランティアが、鷲宮においてはボランティア化したファンと住民が一種独特のコミュニティを形成している。

　なお、演技性が強いまんがアニメ観光においては実在の町の「真正性

**写真 3　まんが・アニメファンが まちづくりへと参加した鷲宮**

（authenticity）」はあまり問題とならない。ここに集まるファン[7]にとっては、実在としてのこの場所の「真正性」ではなく、まんがアニメの「世界」が消費の対象である。ここではマンガの「現実」はしばしば、この場所のリアリティへと越境し生活の現実に上書きされ、例えばマンガの登場人物の住民票や、ファンと登場人物の婚姻届が、市役所で発行されたりする。いうまでもなく、これらは「ごっこ遊び」であり「真正」かどうか問うものはではない。共有されている世界は「嘘を嘘と知りつつ、嘘を演じている」劇場空間なのであり（**写真 3**）、この点を踏み外す者はいない[8]。まんが・アニメツーリズムは、

まんが・アニメという「虚構」を真実性から距離を持って「アイロニカル」に「信じる」こと自体を人々が楽しむツーリズムの形態をとるために、ファンのコミュニティを欠かすことができない。同時にまた、こういったファンのコミュニティを受け入れる——あるいはともに演じ共感する——地元のコミュニティも欠かすことができない（「ごっこ遊び」には相互の役柄が必要なのだから）。しかしながら、「虚構を信じる」といった態度が基盤となるために、このことを受け入れる住民と、「無関心」である住民の温度差は必然的に生じる（須藤 2019）。趣味的観光はホストとゲストの（あるいはゲスト同士の）「弱いつながり」をつくり出すが、観光の対象が人と人との関係性に及ぶとき、従来の関係性を壊されたくない（敢えていえば「ごっこ遊び」に付き合いたくない）と思う住民もいるのは必然であり、それらの間で分断が生じることも念頭に入れておく必要があろう。

　以上のことを、マキャーネルの観光の構造（演出された真正性）に照らして位置づければ（MacCannell 1976=2021）、これらは「舞台裏」に踏み入る観光ということができる。このような観光によるモビリティは「不確実性」「実存的不安」の原因にもなるが、交流やアイデンティティ・ポリティクスのありかた次第では、演技性が強いということが、アートや歴史探求と結びつくことも多く、文化創造と社会統合の手段ともなりうる。ただし、アートを使った参加型のポスト・マスツーリズムが創り出すコミュニティは、アーティストが中心となって島宇宙的な側面を持つものであるために、必ずしも町全体に広がってゆく種類のものとはいえない。「社会関係アート」の実践において、参加者の参与とパフォーマンスが地域全体へとつながらず、アーティストと一部住民の「マイクロユートピア」へと閉塞してゆく姿を C. ビショップ（Bishop）が指摘していたが、この論理は時として地域参加型の「マンガ・アニメまちおこし」

---

6　まんがアニメの舞台となったまちが全て観光地となるわけでもなく、観光地となることを見込んで失敗した例も数多いのだが。

7　2004 年のマンガ雑誌連載の頃からのコアなファンから、マンガの連載もアニメの放映も終わってからの軽いファンまで多様なファンがいる。

8　下町観光でも観光客は同様の楽しみ方をしており、下町観光地を「伝統的な観光地」として受け取る観光客はあまりいないと思われる。

に対しても適用することができる（Bishop2012，須藤 2016）。趣味型の新しいツーリズムは、新しい文化と社会の創造の可能性と、限界の両方を合わせ持っている。

「まんが・アニメ」や「地域アート」等を使った安価な（だが、安易ではない）手法は行政や観光産業も取り入れようと思うのは当然の成り行きであり、ボトムアップ型の観光まちづくりが行政が中心となったトップダウン型のまちづくりと交差する姿も多く見られるようになった。ともあれ、観光を使ったまちづくりの運動の結果として、このような「演技型」の観光がボトムアップのエネルギーと結びつけば、観光が作り出す人間と人間の、人間と自然の交流を通して、観光によって作られた人工的な価値であっても、それが従来の固定的な観光対象からはみ出し、果てしない価値の発見とその相対化と結びついていく可能性を有していることは確かである。オイルショック後、そして特にプラザ合意後の日本の文化市場の「記号化」と同時にあったのは、「記号化」からはみ出す「価値」の創造的脱中心化である。良しも悪しくも、日本においては、観光は参加し創造しつつ消費するポストモダン文化の特徴を多く持つようになりつつある。

## 5　おわりにー観光の「ヘテロトピア」は可能か

どのような形であれ、観光が人々の創造性を培うと断じるのは早計だろう。近代ツーリストはツーリスト（tourist）でもあり、トラベラー（traveller）でもあるというマキャーネルの主張からも分かるように（MacCannell 1976=2012）、マスツーリズムとニューツーリズム、あるいはポスト・マスツーリズムは別物ではなく、地続きの現象なのである。ただし、観光とは社会の発展とともに形を変えるものであり、ポストモダン社会における観光の発展は、経済的利益のみではなく、リキッド（形の定まらない）な社会における人々の意識のあり方と深く関わっている。1980 年代以降の日本の観光政策は、経済的な成長が終わった後の目標を喪失した社会における社会統合の役割を果たしてきた。アイデンティティの再構築を求める観光者と住民の参与のエネルギーがそこに加わり、一つのボトムアップ型アイデンティティ・ポリティクスの場を形成してきた。そういった意味においては、前近代において宗教がそうであったように、

現代おいては観光がアイデンティティと社会創造の中心に鎮座しつつある。このことはまた、観光が社会的価値をめぐる認知的権力の奪い合いの道具となることも意味している。

　生活の観光化もまた、観光が生活の領域を「植民地化」する市場のひろがりによって生み出されたものとして理解できる。今まで汚い路地のイメージでしか解釈されなかった下町も、観光のまなざしが注がれ、路地に多少装飾を施すことによって、ノスタルジックな街へと変身する。前述したように、再開発するにはあまりに広大であったために、再開発を逃れたハノイのオールドクォーター（旧市街）は、ベトナム戦争以前に建てられ老朽化した低層ビル群（中心部はベトナム戦争であまり空襲を受けなかった）の外壁を塗り直し、電線を地中化することによって道幅を広げただけで（つまり、最小の投資で）観光の呼び物となることができた。同じように荒川区谷中の商店街も道幅を広げ、外壁を塗り直すことだけで、集客に成功している。今では観光は、旧来からある生活資源を利用した、安上がりの投資で、あらゆる場所を美的経験消費の対象へと変え得る力を持つ。観光開発は、ハードからソフトへと変容し、日常生活と観光とが重なりあいつつある。こういった場では、生活か観光かで争うオーバーツーリズムの問題とも絡みあいながら、元来市場化されていなかった自然、生活資源、人間性を観光の名のもとに市場化することの是非、すなわち、観光が誰の幸福に結びつくのかが問われてくる。

　また、2020年から世界を震撼させているコロナ禍は、主に人の観光的移動がつくり出したものであったことからも分かるように、移動は自由への手段でもあり、同時に社会的分断のリスクとも結びつく。この間、観光地ではホストはゲストの感染を防ぐ措置を求められた。また、ゲストもウィルスを運んでくるエージェントであることが明確になった。今までほとんど責任を負う必要がなかった——ゆえに気軽であった——観光者も、最低限の責任ある主体であるといった自覚を求められるようになった。実は、こういった責任ある観光（responsible tourism）の考え方は、自然環境、文化環境、社会環境に対する観光のインパクトを問題としている研究者たちが、観光が新しい産業として盛んに称揚されている時から、ずっと課題とされてきたことである（Wang 2000:224-226）。観光地の自然や文化には、いや地球の自然や文化には、ホス

トもゲストも対等に責任を負っている。

　コロナ禍は、移動することは手放しでよいことなのだというグローバリズムの暗黙の前提に反省をもたらした。しかしながら、これから先、2020年末から2022年の約二年間がそうであったように、世界が国ごとに、地域ごとに閉ざされていく（完全にブロック化されていく）ことはしばらくはないだろう。ジェット燃料を大きく消費する国際観光も再開されつつある。しかし今ここで以前の移動社会に全面的に戻る前に、観光がもたらす正負両面のインパクトを見つめ直しておく必要があろう。

　観光は地域の旅行者の再帰性に働きかける。観光が慎重に再開され、再び（あるいは新たに）観光対象になることによってはじめて目覚めるものもあることに気づくかもしれない。谷根千における住民インタビューで知ったことだが、観光的価値と生活の価値とは異なることを知りながらも、自分たちが観光の対象になってはじめて知ったことも多いという。J.アーリ（Urry）とJ.ラースン（Larsen）は次のように言う。「観光地になることは観光反射機能（筆者注＝観光的再帰性）による結果によるものであって、そのことによって、その社会的な場がグローバルな秩序のなかに投げ込まれ、あるいは『再投入される』されるということである」（Urry and Larsen, 2011＝2014:34）。さらにアーリとラースンはキューバにおける革命前のアメリカ製クラシックカーが場所マーケティング（place marketing）に使われている例をあげ、グローバルなマーケットなかで地域のブランドがいかに再構築されているかについて述べている（Urry and Larsen, 2011＝2014:34）。

　生活から自然まであらゆる領域を含む観光は、リスクを伴うものであり、全てが予測可能で制御可能なものではない。アーリとラースンは「混沌とか複雑性とかいう概念、これが、今世界中に吹き荒れている行き先は見えない。こういった動きが『観光』の閾値を予測不能なほど拡大させてきた」（Urry and Larsen, 2011＝2014:44）という。観光には「裂け目とズレ、階層と酔狂、波乱と余剰という空白地帯が残されている」のである（Urry and Larsen, 2011＝2014:45）。

　コロナ禍において観光が悲劇的状況であったことから分かるように、観光は予測不能性と脆弱性を抱えている。観光に経済的な繁栄の原動力、あるいは文

化創造の可能性を期待するには、幾多の困難な状況が待ち受けていることを想定内に収めておかなくてはならない。それでもなお観光のパフォーマンスが人々の多元的つながりへと至る文化の多様性の開花（「ヘテロトピア」）への道を、このディストピアの先に構想することは可能であると、著者は考える（**写真4**）。

写真4　伝統を復興するために敢えて観光を使うグアムの先住民族チャモロ族

### ＜参考文献＞

老川慶喜（2017）『鉄道と観光の近現代史』河出書房新社
岡本亮輔（2015）『聖地巡礼―世界遺産からアニメの舞台まで』
鎌田道隆（2013）『お伊勢参り―江戸庶民の旅と信心』中央公論新社
貞包英之（2015）『地方都市を考える「消費社会」の先端から』花伝社
佐伯啓思（1989）『産業文明とポストモダン』築摩書房
佐藤誠（1990）『リゾート列島』岩波書店
須藤廣（2017）"観光者のパフォーマンスが現代芸術と出会うとき――アートツール
　　ズムを中心に、参加型観光における「参加」の意味を問う"『観光学評論』Vol.5-
　　1,pp.63-78.
須藤廣、遠藤英樹（2018）『観光社会学2.0――拡がりゆくツーリズム研究』福村出版
関戸明子（2007）『近代ツーリズムと温泉』ナカニシヤ出版
寺前秀一編（2009）『観光開発論』原書房
橋本和也（1999）『観光人類学が戦略―文化の売り方売られ方』世界思想社
平山昇（2015）『初詣の社会史――鉄道が生んだ娯楽とナショナリズム』東京大学出版会
森彰英（2007）『「ディスカバージャパン」の時代―新しい旅を創造した、史上最大のキャ
ンペーン』交通新聞社

Beck,U. Giddens,A. &Lash, S.(1994). *Reflexive Modernization: Politics, Tradition and Aesthetics in the Modern Social Order*，Cambridge：Polity Press.［松尾精文、小幡正俊、叶堂隆三訳（1997）『再帰的近代化』而立書房］.

Bishop,C. "Antagonism and Relational Aesthetics," *October*, No.110 (Fall 2004), pp. 51-79.

Foucault,M.(2009). *Le corps utopique, Les hétérotopie* . Paris: Éditions Lignes［佐藤嘉幸訳（2013）『ユートピア的身体／ヘテロトピア』水声社］.

Jameson, F.(1991).*Postmodernism, or, The cultural logic of late capitalism*, Durham:Duke university Press.

Lash, S.& Urry, J .(1994). *Ecconomy of Signs & Space*. London:Sage.［安達智史監訳（2018）『フローと再帰性の社会学』晃洋書房］.

Lyon,D(1994). *Postmodernity*, London: Open University Press. ［合庭敦訳（1996）『ポストモダニティ』せりか書房］.

MacCannell, Dean （1999）. *The Tourist: A New Theory of the Leisure Class*，Berkeley：University of Califolnia Press.［安村克己・須藤廣・高橋雄一郎・堀野正人・遠藤英樹・寺岡伸吾訳（2012）『ザ・ツーリスト——高度近代社会の構造分析』学文社］.

Poon, A.(1993).*Tourism, Technology and Competitive Strategies* . New York：CAB International.

Ritzer,G.(1999). *Enchanting a Disenchanted World: Revolutionizing the Means of Consumption*, Los Angeles:Pine Forge Press,［山本徹，坂田恵美訳（2009）『消費社会の魔術的体系』明石書店］.

Shutz,A.& Luckmann,T (1975) *Strukturen der Lebenswelt*. Stuttgart:UTB［那須壽監訳（2015）『生活世界の構造』築摩書店］.

Urry, J.& Larsen, J .(2011).*The Tourist Gaze, 3.0*. London:Sage.［加太宏邦訳（2014）『観光のまなざし〔増補改訂版〕』法政大学出版局］.

Vattimo, G.(2000). *La Societa transparente* . Milano：Galzanti［多賀健太郎訳（2012)『透明なる社会』平凡社］.

Wang,Ning(2000). *Tourism and Modernity：A Sociological Analysis*，Oxford：Pergarmon.

# 第2章　境界物の創発性をとらえる

## 北九州市における「明治日本の産業革命遺産」の観光化と、その「無節操さ」あるいは「無尽蔵さ」をめぐる考察

濱野　健

## 1　はじめに

### 1.1　観光の「無節操さ」と「無尽蔵さ」

　あらゆるものが潜在的な観光対象だ。観光は地域社会の政策基盤としてますます重要になり、結果としてまちづくりの「ありふれた」対象となった。とはいえ、観光に含まれる社会的な実践が意味する内容は、商品としての側面や観光にともなうインフラの整備といった経済的な側面や、その機能的な運用のための政策的な次元だけに留まらない。「観光まちづくり」は地域の文化や歴史の「再発見」にもつながるし、地域の伝統を継承することにもつながるなどして地域コミュニティーの包摂にも期待感を募らせる[1]。私たちが観光のそのような様態に気がついたとき、それは学問対象にもなり、政策課題にもなった。観光地で観光者が「まなざし」（Urry & Larsen 2011=2014）の対象とするのは、地方の歴史や伝統と密接に関わり合う人々の姿である。見る、味わう、話す、聞く、そして交流する。観光にはそういった私たちのコミュニケーションの全てが関わっている。だからこそ、あらゆるものが観光の対象となり得るし、そのような「観光化」の運動も、私たちの「まなざし」にも際限がない。

---

1　当然ながら地域文化や伝統の観光化がコミュニティに軋轢を引き起こすこともあれば、オーバーツーリズムのように地域社会の広範囲にわたり否定的な影響をもたらすこともある。観光地のコミュニティ内部における葛藤や対立については須藤と遠藤（2018）らの議論を参照。

**図1　るるぶ特別編集「北九州市」**

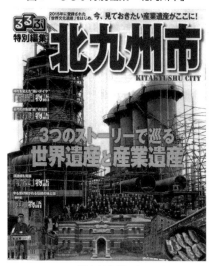

（北九州産業観光センター 2016）

このような観光の「無節操さ」と「無尽蔵さ」の共存は巷にありふれている。例えば**図1**である。これは福岡県北九州市内のいわゆる「産業観光」を扱った観光ガイド（パンフレット）である。近代日本の産業化を支えたという歴史を持つこの地区にとって、その産業の歴史は、以前からこの地域の歴史や文化的な特性を代表する観光資源として動員されてきた（須藤2019）。ここでもあらゆるものが観光となっている。工場地帯はそのライトアップされた姿を楽しむ「工場夜景クルーズ」の対象となる。都市の遊興として発展した公営ギャンブルは、その歴史を発展する大衆文化として組み込まれる。都市を支える人々の生活の中で培われた食文化もまた、こうした観光の目玉として私たちの目ばかりでなく胃袋も楽しませる。そして北九州市の産業遺産とその歴史は八幡地区に現存していた歴史的建造物が、2015年にユネスコによって世界文化遺産へ登録されたという出来事を経験した。このことは、地域的な文化や歴史を超えた人類有数の価値を伴い、地域の観光対象としての姿をあらわにしたのだとされている（UNESCO 2015）。

　このような出来事から現代社会を記述するとき、私たちはそこでどのような対象に目を向け、そしてどのような方法で観察する必要があるのか。そのための試みとして、観光における様々な実践を社会における特定のコミュニケーションの形式として捉え、観光に含まれる各種実践をして現代社会がどのように（再）構成されていくのかを検討する、そのような関心があってもよいだろう（濱野2023）。そこで注目したいのが、観光の「無節操さ」と「無尽蔵さ」だ。観光学は現在、観光地において観光資源として動員される地域の文化や歴史、あるいは伝統とそこに携わる人たちの「真正性」をめぐる絶えざるコミュ

ニケーションそのものに焦点を向けてきた（須藤ほか編 2023）。観光における
文化や歴史を、「ホンモノ / ニセモノ」、あるいは「歴史 / 伝統」そして「変化
/ 破壊」という対立的な枠組みににおいて捉えるかわりに、観光を地域社会に
おけるコミュニケーションの糧として捉える視点がある。観光と実践の中に、
地域社会の文化や歴史そしてコミュニティのあり方が、（そうした対象を保存
したり継承したりしようとする活動も含めて）ある種の「動的な均衡」状態を
描こうとしている点に注目する。さらにこうした理論的なモデルに加え、そも
そも観光における様々な関係性、いわばコミュニケーションのネットワークを
取り結ぶ「アクター」の中に、地域住民や観光者といった私たち人間のみな
らず、すぐ目の前に存在しながらもそうした役割の外部に置かれてきた観光
地のモノを等しく巻き込んでいこうとする視点も拓かれつつある（Dium et al.
2012）。観光地におけるモノは観光者による消費の対象のみならず、地域社会
によって生産される対象ばかりでもない。観光地において観光対象となるモノ
は、地域社会の様々な人やモノという「アクター」の間を、さらには地域と観
光者というアクターの間を「翻訳」する媒質でもある。

## 1.2　本章のねらい

　本章のねらいは以下の通りである。本章は現代日本の「地域づくり」とその
一部に含まれる「観光まちづくり」の中に頻出する、その「無節操さ」と「無
尽蔵さ」について考察を深めることを目的としている。その考察の対象とし
て、歴史や伝統を有する文化財がその保存と継承をあらためて強く意識させる
ような「文化資源」（佐藤 2018）として着目される対称について考察を進める。
地域における新たな文化資源の「発見」は、それまで歴史的に形成されたコミュ
ニティや地域に人やモノの新たなつながりを媒介したり、もやい直したりする
性質を与える。とりわけ観光の文脈において文化資源がそうした特徴をより強
く発揮すること、この点が考察のポイントである。そこから導かれる議論は、
単なる地域コミュニティや地域文化の再構成に触れるに留まらず、そこに関わ
る重要な外部、すなわち観光者も交えたよりダイナミックで地理的な空間を超
えたネットワークを描く。地域の文化資源はその歴史や記憶を継承すると同時
に、その未来や新たな可能性を媒介する対象になる。もちろんこうした動きは

予定調和なものではありえず、そこには常に葛藤や対立そして交渉や連携といった予測不可能な結びつきが生まれ続ける。

　その考察事例としてここでは、福岡県北九州市八幡東区において世界遺産として登録されている歴史的建築物がその世界遺産登録という出来事をきっかけとして、観光まちづくりをも含み得る新たな文化資源としての機能を創出することになったその状況を説明したい。ここで抑えておきたいのは地域の文化財に対して、その世界遺産という価値においてその歴史的あるいは伝統的な役割を「裏書き」することではない点にある。むしろこうした経験を経て、この文化資源となった対象が、地域内であるいは地域を越えて様々なモノや人々を等しく結びつけようとする独特の媒介作用を獲得した点に注目する。そのことは、対象の歴史的普遍性を高めるというよりも、新たなモノとの結びつきにおいて文化資源それ自身の価値や意味が問いなおされる契機を生み出す翻訳装置となる事を強調したい。そのためここでは、「境界物 /boundary object」（Star & Griesemer 1989）という概念を手がかりにこのような状況を説明する。地域社会において文化資源とみなされたモノがこのような境界物として作用する事は、その地域のコミュニティや歴史の結び直しにとどまるものではない。そうした対象物は観光という場において様々なアクターとの間での翻訳作業を促し、これまで接続し得なかった多種多様な地域の資源や、またあるいは観光者のような外部との接続を（それらに対する論争を含めて）もたらす。このような翻訳と接続を活性化する対象としての地域の文化資源が有する媒介作用は、まさに観光の「無節操さ」と「無尽蔵さ」の共存を支えるアクターなのである。

## 2　地域文化財から「文化資源」へ
### ─世界遺産「八幡製鐵所旧本事務所」の誕生

### 2.1　地域社会の「文化資源」
　近年、地域に残された有形無形の文化を「文化資源」として捉え直す試みが広まりつつある（東京大学文化資源学研究室 2021: 佐藤 2018）。このような現存する文化の再発見はそうした対象となる文化の継承や保存はもちろんだが、

むしろ対象となる文化資料が地域の資源として私たちの歴史や社会にどのような役割を果たしてきたのか、その点に焦点を当てる。このような対象を生み出し続ける私たちの社会的な関係性そのものが、文化資源をめぐる「語り方」あるいは「関わり方」、すなわち「コミュニケーション」の過程とその変化を捉える上で媒介や仲介の役割を果たしてきた点に着目する。

　このような議論のなかで、「文化」という概念がどのように捉え直されているか、その点に注意を向ける必要がある。はじめに、ここで扱われている文化が、特定の歴史的な経緯やそこに関わった様々な人たちの営みの中で継承され、保存されてきた点に注目する。文化資源を広範囲な社会の枠組みの中で捉え直す、すなわち、歴史的共同体による構成対象として捉えることである。同時に、その文化に含まれる特殊な価値の形成が、その特定の文化的な対象に「価値」を与える集合的な（あるいは、社会的な）営みによって維持されている点を強調する。言い換えるなら、「文化資源」という文化の対称化の背景には、私たちの社会的な関わりいわばコミュニケーションの中で文化そのものの価値付けや対象化を捉えようとしている試みが示されているのである。

　こうした文化資源は、その歴史的伝統的価値を継承することやそれを保存・管理するための「文化政策」にとっても、これまでに実現し得なかったあらたな視点を導入する。例えば地域社会においてこれまで注目を集めてこなかった文化やそれに携わってきたコミュニティ（あるいはアクター）への注目と包摂にも一石を投じることになる。なぜなら、この文化資源という概念がもたらす文化に対する独自のまなざしは、地域社会の中の様々な「文化」を通して、その共同体の中で交わされた様々な交流やつながりの多彩な次元に目を向ける機会を改めて意識させるからだ。他方で、現在を生きる私たちが、将来の地域社会や次世代に向けていかにしてその文化資源を継承していくかといった課題を改めて顕在化する機会をもたらす。こうした対象を議論するときに必ずついてまわった、地域の伝統文化の継承や保全をめぐる二項対立図式（「伝統の保全」それとも「変容の受容」）はここでは有効性を失うだろう。地域づくりやあるいはその一環としての観光まちづくりにおいて、地域の魅力やその文化的な豊かさを伝える資源として、その文化資源は新たな脚光を浴びることにつながる。ただし、そのような文化の発見、保全、継承をめぐる議論がもたら

すのは、その文化資源に誰が関わるのか、どのような対象が含まれるのかという地域社会における排除と包摂の問題をますます露わにすることになるだろう。言い換えるなら、この契機は諸々の「アクター」の参加（不）可能性をめぐる絶えることのないコミュニケーションにつながるだろう。

### 2.2　八幡製鐵所旧本事務所の世界遺産登録

　八幡製鐵所旧本事務所（以下、旧本事務所）は現在の北九州市八幡東区の日本製鉄（新日本製鐵と住友金属の統合の後、2019 年から以下の名称となっている）敷地内に保存されている建築物である。この地域は、近代日本において重工業、とりわけ鉄鋼業をおこすべく明治時代に操業を開始した官営八幡製鐵所の歴史を引き継ぐ場所である。旧本事務所は八幡製鐵所の創業開始年の 1901 年より早く、1899 年（明治 32 年）に完成した。赤レンガ造りの二階建てで、上部中央にドームが据えられた左右対象の建造物である。この建物は 1922 年まで製鉄所の事務所として実際に機能し、やがて製鉄所の研究室として利用されてから後に、長い間資料館として保存されていた。

　このように企業の歴史を記念する文化財としてその姿を留めていた建造物が、地域の文化資源として脚光浴びるきっかけとなったのが旧本事務所の世界遺産登録である。ドイツのボンで開かれた 2015 年の第 39 回世界遺産委員会にて日本から推薦された「明治日本の産業革命遺産　製鉄・製鋼、造船、石炭産業」が世界遺産リストに登録されることが決定した。この「明治日本の産業革命遺産」は日本全国 8 地域 23 遺産によって構成されるシリアル・ノミネーションである。旧本事務所を含む九州の登録遺産は、鹿児島県・佐賀県・長崎県・福岡県で合わせて 17 の遺産が登録されている。旧本事務所を含む官営八幡製鐵所関連施設は合わせて四つの産業遺産が登録されている[2]。

　この「明治日本の産業革命遺産」の世界遺産登録は、ここに含まれる地域の歴史的文化財、あるいは産業遺産に以下のような「翻訳」の契機をもたら

---

2　この四つの文化財については旧本事務所と同じ敷地内にある「鍛冶工場」と「修繕工場」、そして隣接する福岡県中間市に位置する「遠賀川水源地ポンプ室」である。鍛冶工場と修繕工場は現役稼働中の施設であるため公開されていない。

した[3]。まず初めに「世界」遺産登録における関連施設の価値付けがある。世界遺産登録の条件として、「明治日本の産業革命遺産」は世界遺産として登録するために必要とされる四つの条件のうち、(2) ある期間を通じてまたはある文化圏において、建築、技術、記念碑的芸術、都市計画、景観デザインの発展に関し、人類の価値の重要な交流を示すもの、および (4) 人類の歴史上重要な時代を例証する建築様式、建築物群、技術の集積または景観の優れた例、というこのうち二つの条件を満たしていることが登録の理由となった。このことが示すのは、それまで地域の人たちの日常やコミュニティの歴史の中で対象化されていた建造物や遺構が、こういったローカルな文脈を超えた「普遍的な」人類の遺産として翻訳されたことにある。次いで、この全国にまたがるシリアル・ノミネーションの登録名称が「明治日本の産業革命遺産」であることから、登録された対象がローカルを越えたナショナルな「近代日本」の遺産として翻訳され直したことを意味する。

　さらにこれらの建造物は上記二つの点に加え地域の歴史的建造物が「世界遺産」登録されることにより、地域の文化資源として新たに翻訳された点が何より重要だ。すなわち、旧本事務所の文化資源化によって地域の歴史やコミュニティーとの関わりを媒介する対象としてその存在のあり方そのものが変容したのである。例えば近年、地方行政における「シビックプライド」論はこの点に類似した議論を提供しており、日本においてはこうした日本の近代化と産業化の歴史的「正当性」によって、コミュニティの内外を結びつけ直すような新たな媒介として翻訳していこうとする動きが各地で見られる。こうした「文

3　北九州市は地域の産業や関連施設を見学や訪問の対象とするいわば「産業観光」を早い時期から進めてきた歴史を持つ。とりわけ旧八幡市では1960年代から学校行事による産業観光を推進していた（須藤2017：475）。現代でも北九州市の観光政策において産業観光がその主要なコンテンツとしてつねに地域の観光の中心的な位置を占めているのは「はじめに」で掲示した資料に明らかだが、北九州市において現在の産業観光の方向性がほぼ整えられたのは2000年代以降であり、2010年代には市の観光政策の柱として位置づけられるようになった（同掲476-477）。しかし旧本事務所については、それが民間企業の敷地内に位置していることや、所有者である新日鐵（当時）が原則として一般公開を行っていないかったことなどから、市内の産業観光の中に位置づけることができなかった。

化資源」の誕生は、その保存と継承のみならずその資源活用と言う文脈において、地域社会への外部のまなざしを惹きつけるいわゆる観光の対象として翻訳されることにつながる。ここにおいて、地域の歴史的建造物の二つの翻訳—地域社会のシンボルとしての文化資源への翻訳、および「観光のまなざし」の対象としての翻訳—は、旧本事務所という文化財に新たな対象＝モノとしての存在論的意味を与えたのである。

## 3　観光におけるモノと社会

### 3.1　地域社会の「アクター」の多様性

　地域の文化財がある出来事を契機に観光まちづくりの主要コンテンツとなり、その役割を担うような対象へと翻訳される。こうした対象の翻訳の結果、地域のコミュニティーやその中で育まれた多様な歴史とそこに隣接する文化、やがて地域を超えた人々や社会に接続されるようになる。私たちはこうした地域社会の「つながり」、あるいはネットワークの形成に中心的な役割を担う「アクター」を人間だけに狭めてしまうわけにはいかないだろう。その過程のリアリティは、それぞれの土地で生み出された歴史や文化、それらが具体的な形を伴って現れた対象＝モノの役割からも描かれる必要がある。

　この点に着目するため、ここでは近年の社会科学領域において人とモノとの対称性に着目しつつ社会をより動態的に捉えようとする、アクター・ネットワーク理論（以下、ＡＮＴ）に紐付けした理論的枠組みを与えてみたい（Latour 2005=2019; Law and Hassard 1999）。文化財や歴史的建造物のような地域における目に見える形を持った文化資源がある出来事（旧本事務所の世界遺産登録）をきっかけとして、地域社会における関係性を新たに接続し直す「アクター」へと変容したと捉えてみる。

　繰り返しになるが、私たちが社会における「つながり」つまりはコミュニケーションを意識する時、暗黙のうちにそれが人間の間にのみ生じうるものと見なしてきた。だがその実態は、特に観光（まちづくり）においてはもう少し複雑である。私たちが地域社会で共同体としてあるいはコミュニティとしてのつながりを意識する時、そのつながりを支えているものは何だろうか。例えばそれ

は、地域社会においてインフラとして整備された種々のテクノロジーや物質的な環境そのものでもある。このようなつながりは通常、人と人の間に対象が介在し、そうしたモノを媒介したコミュニケーションによって想定されている。しかし、時に私たちはこの関係性を反転させることも必要だ。むしろ対象の間に人が介在することで、人と対象を織り成す複雑なネットワークを意識できるようになる。ＡＮＴに関連する議論が現代社会をとらえるための理論的な探求として強調するのはまさに社会における「モノ」の存在だ。近代的な社会観に対する「コロンブスの卵」的発想の転換については、いまや現代社会を対象とする研究領域の広範囲にわたり、多くの批判も含めた活発な議論が続いている（Blok et al. 2020; Michael 2017; 日比野他 2021; 栗原他 2022）。

### 3.2　モノによる「翻訳」—「眺望スペース」というアクター

ＡＮＴではこのような対象の媒介による新たな社会的ネットワークの構築を「翻訳」と呼ぶ（Callon 1986; Star and Griesemer 1989; Law 2019）。通常の翻訳概念は、その精度にこだわり原テキストの複製を再生産する作業であると思われがちだ。しかし翻訳という実践は、オリジナルのテクストの中に含まれていながらも原テクストにおいて表出されることのなかった、新たな読解＝接続可能性を拓く創発的な営みである。よって対象の媒介による「翻訳」は、接続しえないはずのアクターの間の接続を生み出す契機となる。あるいはこれまで規範的であったりまたは支配的であったりした歴史や記憶との結びつき、コミュニティの間での関係性を「もやい直す」機会につながる批判的可能性も秘めている（Farías 2011）。このような作業が恒常的な安定を生み出すかはまた別の議論であるとしても、そのネットワークが布置することとなる地域社会の、通俗的な伝統や歴史に対するある種の「論争」が散種されていることに注意しておく必要がある。

こうした二つの翻訳と対象の変化を象徴するような出来事が生じた一つの事例として、ここでは「官営八幡製鐵所旧本事務所眺望スペース」（以下、眺望スペース）の設置を挙げることができるだろう（**図2参照**）。この地域における「世界遺産」の公開に際し、北九州市はとある課題に直面した。それは世界遺産登録を予定している旧本事務所を含む八幡地区の３つの建築物のいず

**図2　官営八幡製鐵所旧本事務所眺望スペース**

（著者撮影）

れもが、日本製鉄の敷地内に立地しており、安全と機密の面から施設内への一般人の立ち入りが制限されていること（とりわけ旧本事務所を除く他の2つの施設は現在も稼働中の施設であること）であった。地域の文化資源としての世界遺産が一般公開されない事を危惧した北九州市は企業側と協議を行う。その結果、旧本事務所から80メートルほど離れた敷地の周辺に沿って「眺望スペース」を設置し、敷地内への直接の立ち入りをせずとも旧本事務所を見学（眺望）できる施設が設置されることとなった。着工費3000万円をかけて建設された「眺望スペース」は、幅3〜12メートル、面積は約1300平方メートルとなっており、一部は高さ1メートルのステージ状の段が設けられて見学の利便性が整えられている。「眺望スペース」は、旧本事務所の世界遺産登録が決定された2015年6月の第39回世界遺産委員会に先駆け、同年4月17日に一般公開された（宍戸2015a；2015b）。「眺望スペース」の公開直後は、民間企業の敷地内にある施設であることや 施設内を流通する製品の機密保持などの理由により見学者の写真撮影は制限されていた（その後制限は一部解除され、現在はスマートフォンなどの精密なズーム機能を持たないカメラでの撮影は認められている）。

　この「眺望スペース」の設置により、本来であれば一般公開が極めて不可能、あるいは限定的にならざるを得なかった民間所有の歴史的建造物が、地域コミュニティや外部からの訪問者との接続が可能な、新たな「文化資源」として対象化されるに至ったのである[4]。これまでの工学的な都市デザインや都市計画のように、当初から人々と物を結びつけたり切断したりするような設計思

---

4　近年の都市社会学や都市人類学または地理学などでは、地域社会における建造物や構造物がこのように人と人を結びつけたり切り離したりする媒質として対象化することに注目している。

想とはやや趣が異なる点に注目する必要がある。むしろこのような様々な偶発的契機にて、人やモノを結び付け直すメディアとして、とあるアクターがそれぞれの側の間に介在してその翻訳を行う動態的な様子を捉え、記述することも可能なのである。

## 4　「対象物」としての世界遺産

### 4.1　人とモノを媒介する対象の創出

　社会的な関係性の中に開かれたこのような翻訳の過程は、これまで出会わなかった人と人、モノとモノ、あるいは人とモノとの結びつきが現れる創発的な場所だと捉えることもできる。そこで以下考察するのは、地域の文化財が世界遺産への登録という出来事を通じて、まさしくこのような翻訳を推進する対象＝モノへと変容した過程である。そしてその先に、冒頭で取り上げたあの「無節操」で「無尽蔵」な観光の眼差しが現れる。ここではこうしたアクターを大胆に結びつけ合う機能を強調するため、「境界物 /boundary object」という概念を導入したい[5]。

　「境界物」とは、スターとグリーズマーによるカリフォルニア大学バークレー校の脊椎動物博物館の設立とコレクション収集の過程における様々なアクターの関わりを検証した事例研究の中で用いられた概念である（Star and Griesmer 1989）。彼らは博物館それ自体を対象とし、物質的な属性を持つ博物館そのものが、博物館の設立とそれに付随するあらゆる活動—設立及び運営資金の獲得からコレクションの収集に至るまで—に必要な多種多様な役割を持つアクターを接続したその動きに注目した（**図3参照**）。そこから、「アクター」としての文化財がそれまで結びつき得なかった対象（人と対象の双方）を接続する媒質となったその新たな様態を「境界物 /boundary object」という概念で説明することを試みたのである。この概念的な作業を通して、地域の文化財 /

---

5　この "boundary object" という用語にはこの論稿執筆時点では定訳が不在で、「境界オブジェクト」、「境界対象」や「バウンダリー・オブジェクト」などと様々に「翻訳」されている。本章では、そのモノとしての性質を強調する点で、ひとまず「境界物」という訳語をあてる。

図3　対象物とその機能

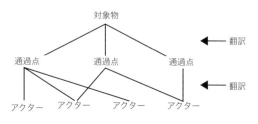

（Star and Griessemer 1989：390）
※図で示された各種用語については著者が適訳をあてた。

歴史的建造物がある「出来事」をきっかけに「観光」の対象となり、そしてそれが「無節操さ」と「無尽蔵さ」のポイントとして様々なネットワークを産出する翻訳過程がもたらされた。同時に、地域の対象＝モノをめぐるこうした出来事をきっかけに、地域と外部、伝統と革新、歴史と未来を大胆に（または論争的に）結び付け直す契機が生じる様を観察し、その課題と可能性を同時に表すような可能性をはらんでいることを検証することができる。とりわけANTにおける対象の「翻訳」機能、とりわけ「媒介子」としてこれまで接続されていなかった対象を結びつけるその働きに依拠しつつ、境界物の特徴はそれが二つのアクターの間をリニア（単線的に）媒介するあるいは橋渡しするというよりむしろ、そこで媒介されたアクター同士の間をも不規則に接続していくダイナミクスを強調する（Star and Griesmer 1989: 390）。ある意味でより予測不可能で非決定的、そして拓かれたネットワークを構築する可能性を秘めた物質的な属性を持つアクターの性質を観察し、記述するための概念的枠組みを与える。「類似性」あるいは共通の「価値」や「意図」によってこそアクターが接続可能であると思いがちだが、この境界物への着目は、そうした一貫した共通のプラットフォームに依拠することなしにアクターの間での接続すなわちコミュニケーションが可能であることを、具体的な事例の中から取り上げることを可能にするのである。

　よって「境界物」への着目は、社会構築の過程にこうした対象の役割をより明確に示す点で一石を投じたと言って良い。その上でこの論稿における独自の強調点は、社会的なコミュニケーションの結果として「旧本事務所」という対象物そのものが創出された点にある。これまで境界物を取り上げた議論の中であまり注目されてこなかった、こうした境界物そのものが「創出」されるその

産出過程について、今回の事例である旧本事務所の世界遺産化という出来事はその対象化の動態的な側面を何よりよく表している。すなわち、境界物それ自体が本質的にそのような役割を担う対象では必ずしもなかった。むしろ、これもまた私たち人とモノとの交差し合うコミュニケーションによって創発的に対象化されたのである。その点においてこの本章で取り上げた北九州市八幡地区の事例は、先に述べたような私たちの地域社会における「文化資源」の再発見という議論に接合していくだろう。

### 4.2　対象物の媒介とネットワークの創出
#### ―観光商品のあれこれと、その観察のための新たな公準

　では改めて、世界遺産としての旧本事務所の世界遺産登録を契機とした観光（まちづくり）とのネットワークの構築とその顛末を観察してみよう。対象物の「観光」資源としての翻訳により、この対象は「対象物」としてますますその機能を活性化させ、それがこの章の冒頭で示唆した新たなアクターとの結びつきを「無節操」にも「無尽蔵」にも翻訳していく。このような対象物の創発性を観察すること、それは観光を通したまちづくりをどう構想し、導入しそしてどう評価するのかという政策的課題を改めて捉え直すことにもつながるのである。

　観光はありとあらゆるものを無秩序に結びつける社会的なネットワークの構築実践であり、中でもその「無節操さ」と「無秩序さ」は他の並列する社会的実践と比べてもとりわけ傾向は顕著である。「まちづくり」と言う地域行政主導の政策にも明らかなように、そこに参加したあるいは結びついたアクターは地域社会に限定されず、地域の外部からやってくる観光者とそれらがもたらす経済的、政治的、文化的対象とのネットワークを構築していく。この特徴ゆえに、観光の持つネットワーク化の動きはそれを企図する側にあるいは実践するアクターにとってすら予想もつかないほどに無節操だ。一見すると、人類普遍の価値を持つ文化遺産が前面に押し出されると同時にそれが地域を代表する（とされている）B級グルメともつながっていく（**図1参照**）。この対象物は世界遺産であると同時に、地域固有の近代的な遊興のその歴史や文化的価値を生み出す媒質となったかと思えば、次世代のテクノロジーを生み出すような地

図4　北九州の産業観光ツアー

（北九州産業観光センター 2019）

域産業とも結びつく（**図4参照**）。そして当然ながら、このような「コンテンツ」の多様性は、**図3**で示したようにそれぞれの目的や関心の異なる様々なアクターとさらに接続していく。ただし、「観光まちづくり」の評価指数のような動員数や来場者数といった安易な測定では、その外部に拓かれたネットワークのダイナミズムとその影響を充分に評価することは難しい。対象物の媒介がもたらした「無節操さ」と「無尽蔵さ」をどのように観察して記述するのか、地域社会における文化政策に求められるのは、そのような創発性にふさわしいアセスメントの方法であろう。

## 5　おわりに―地域のモノ、その「存在の様態」をめぐって

　本章では、地域の文化財が世界遺産登録という出来事をきっかけとして、その対象としての位置づけを大胆に変容させると同時に、それ自身が対象物としてこれまでにつなぎ得なかったアクターを大胆に結びつけるその様子を観察するための枠組みを紹介した。伝統的な文化財の観光資源化をめぐるこれまでの問いではこのような社会におけるコミュニケーションのあり方について、それを観察し記述することに先駆けて、そのコミュニケーションの「真／偽」や「正／否」について何かしらの価値判断をせざるをえない。しかしながら、観光まちづくりのなかで地域の歴史的な対象や文化財の継承と保存を考えるとき、伝統の保存、次世代への継承、さらにそこに地域コミュニティばかりか外部の（不

特定の）観光者も巻き込んで、協働と協調あるいは対立と葛藤により批判的であろうとするなら、対象物による「無節操」で「無尽蔵」な翻訳過程により目を向けることも必要なのではないか。そうすることで、観光（まちづくり）において旧本事務所という対象物がご当地のB級グルメに翻訳される過程を人とモノとの織りなすコミュニケーションの「無尽蔵さ」の現れとして把握することができる。他方、地域の歴史的建造物という対象物が、ユネスコの示す「人類普遍の価値」、あるいは「明治日本の産業革命」と言うナショナルなラベリングの下に世界遺産登録されている翻訳結果の「無節操さ」にもより反省的になれる。このように、観光における地域の歴史的文化財について、その対象物としての独自の様態に着目することで、「ナショナル」と「グローバル」な文化的価値をめぐる二つの対照的な翻訳に加え、さらには地域の歴史を記念する対象という「ローカル」な翻訳にも着手することで、世界遺産への登録をきっかけに旧本事務所が複数の翻訳を産出する対象物へと創出され、これからも予断を許さないダイナミックな媒質としての機能を有したことは明らかだ。

　私たちの社会における対象物の生成について本章の文脈からどう考えるべきだろうか。地域の歴史的文化財の世界遺産登録をめぐるこれまでの一般的な共通認識とは例えば以下のようなものであり続けてきた。すなわち、私たちの地域の伝統や文化を体現した文化財に本質的に備わっていた地域や歴史を超えた人類の普遍的な価値が「発見」されたのだ、と。しかしここで強調しておきたいのは、旧本事務所という文化財が潜在的に人類普遍の価値を有していたとか、または「明治日本の産業革命遺産」として国民国家の産業史の歴史を「表象」してきた、といういわば対象の「起源」をめぐる議論ではない。その逆に、地域固有の文化資源としてその歴史や伝統にばかりそれを結びつけて対象化するといったような話でもない。世界遺産登録と言う一つの出来事によって、文化財の対象物としてその容態がこれまでになかった新しい翻訳装置にすっかり置き換わってしまったということだ。そのようないわばモノとしての「存在の様態」（mode of existence）の創出と、その結果としてのこれまでとは異なる（想定外の）ネットワークの構成に注目すべき起点となったのである。例えばデ・レートとモルによる事例研究は、考察の対象となっているある機械（ポンプ）の利用や整備補修をめぐる人とモノとのネットワークにおいて、ハー

ドウェアであるはずのポンプという器械の存在の様態が流動的に変容していく様を強調する（De Laet and Mol 2000）。モノは社会において常に安定した存在の様態を有しているわけではない。人とモノのネットワークと翻訳の過程の中では、人だけではなくモノそれ自身も自らの様態を変えることがあるし、それによってこれまで結びつき得なかった人やモノとの新たなネットワークの媒質となる。本章で取り上げた事例は、私たちがこれまで社会に対して向けてきた「まなざし」、特に観光という経験を通して観察してきたその対象そのものの様態をまったく新しいモノへと翻訳する。このような対象物に着目することで、私たちは地域社会の過去・現在・未来といった歴史的な次元と、ローカルなモノとナショナルあるいはグローバルな空間的次元を「もやい直す」方法を、従来とは全く異なる論争の形式において獲得する可能性をはらんでいるのである。

## ＜参考・引用文献＞

Benjamin, Walter.（山口裕之訳）,（2011）『ベンヤミン・アンソロジー』河出書房新社

Blok, Anders, Ignacio Farías and Celia Roberts.（2020）.*The Routledge Companion to Actor-network Theory*. New York：Routledge.

Cantwell, Smith, Brian.（2008）. 'So boundary as not to be an object at all,' Bowker, Geoffrey C.ed., *Boundary Objects and Beyond: Working with Leigh Star*.Boston,MA：MIT Press,pp.219-227.

De Laet, Marianne and Mol, Annemarie.（2000）. "The Zimbabwe Bush Pump：Mechanics of a fluid technology" *Social Studies of Science* 30（2）,pp.225-263.

Dium, Rene van der, Carina Ren and Gunnar Thor Johannesson, eds.（2012）. *Actor-Network Theory and Tourism: Ordering, Materiality and Multiplicity*, London：Routledge.

Farías, Ignacio.（2011）. "The politics of urban assemblages," *City* 15（3-4）,pp.365-374.

北九州産業観光センター（2016）『るるぶ特別編集「北九州市」』JTBパブリッシング

―――（2019）『北九州の産業観光ツアー』北九州産業観光センター

栗原亘・伊藤嘉高・森下翔・金信行・小川湧司（2022）『アクターネットワーク理論入門：「モノ」であふれる世界の記述法』ナカニシヤ出版

濱野健（2023）「観光の「ユートピア」、観光の「ヘテロトピア」―メディアと観光の連関にみる現代社会の見当識（の可能性）」須藤廣・遠藤英樹・山口誠・松本健太郎・神田孝治・高岡文章編『観光が社会をつくる―メディア・身体・リアリティの観光社会学』明石書店 , pp.195-214.

日比野愛子・鈴木舞・福島真人編（2021）『科学技術社会学（STS）：テクノサイエンス時代を航行するために』新曜社

Latour, Bruno.（2005）. *Reassembling the Social: An Introduction to Actor-netowrk Theory*, New York：Oxford University Press.［伊藤嘉高訳（2019）『社会的なものを組み直す：アクターネットワーク理論入門』法政大学出版局］.

Latour, Bruno.（2002）. *La Fabrique du Droit: Une Ethnographie du Conseil d'État*, Paris：La Découverte［堀口真司訳（2017）『法が作られているとき：近代行政裁判の人類学的考察』水声社］.

Latour, Bruno.（1987）. *Science in Action: How to Follow Scientists and Engineers through Society*, Cambridge, MA：Harvard University Press.［川崎勝・高田紀代志訳（1999）『科学が作られているとき：人類学的考察』産業図書］.

Law, John and John Hassard.（1999）. *Actor-network Theory and After*. Blackwell.

Michael, Mike.（2016）. *Actor Network Theory: Trials and Translations*. Thousand Oaks, CA：SAGE.

佐藤健二（2018）『文化資源学講義』東京大学出版会

宍戸護（2015a, 4 月 16 日）「八幡製鉄所旧本事務所：眺望スペースが完成　あすから一般公開」毎日新聞, pp. 8.

宍戸護（2015b, 4 月 17 日）「八幡製鉄所旧本事務所：眺望スペースを整備　世界文化遺産目指す／福岡」毎日新聞, pp.23.

Star, Susan Leigh and James R. Griesemer.（1989）.'Institutional ecology, "translations" and boundary objects: Amateurs and professionals in Berkeley's Museum of Vertebrate Zoology, 1907-39,' *Social Studies of Science* 19(3), pp.387-420.

須藤廣（2017）「第 3 章 第 9 節 観光」『新修・北九州市史』新修・北九州市史編纂会議編, 北九州市, pp.439-80.

須藤廣・遠藤英樹（2018）『観光社会学 2.0：拡がりゆくツーリズム研究』福村出版

須藤廣・遠藤英樹・山口誠・松本健太郎・神田孝治・高岡文章編（2023）『観光が社会をつくる―メディア・身体・リアリティの観光社会学』明石書店

東京大学文化資源学研究室編（2021）『文化資源学 : 文化の見つけかたと育てかた』新曜社

Urry, J.& Larsen, J.（2011）. *The Tourist Gaze, 3.0*. London：Sage.［加太宏邦訳（2014）『観光のまなざし〔増補改訂版〕』法政大学出版局］.

World Heritage Center of UNESCO.（2015）. Decision：39 COM 8B.14：Sites of Japan's Meiji Industrial Revolution：Iron and Steel, Shipbuilding and Coal Mining, Japan,（最終閲覧日 2019 年 7 月 23 日）https://whc.unesco.org/en/decisions/6364

## 第3章　ツーリズムワールド
### ――惑うまちのアイデンティティ

山本　朋人

### 1　はじめに――地域社会のために

　アドベンチャーツーリズム、ユニバーサルツーリズム、ツーウェイツーリズム、マイクロツーリズム、ガーデンツーリズム、エコツーリズム、ホープツーリズム、ロケツーリズム、ガストロノミーツーリズム、酒蔵ツーリズム、ショッピングツーリズム、サステナブルツーリズム、スポーツツーリズム、サイクルツーリズム、インフラツーリズム…。2023年3月31日に閣議決定された「観光立国推進基本計画」（以下、「基本計画」という。）に散りばめられた各種「ツーリズム」の文言は、現代における観光概念の受容における象徴的な一面を示している。

　観光学における必読文献の一つ『ザ・ツーリスト』終章に、「＜どんなもの＞も、潜在的に観光対象なのである。」（MacCannell 1999=2012: 231）とあるが、今やその生活領域への浸透は留まるところを知らない。観光経験は審美的な楽しみを伴うものとして自己アイデンティティの確認に用いられ、多様なライフスタイルの表現を促すとともに、各人の社会的行為が他者と共有されることである種の「現実」を生成し続けている。その意味において、観光はまさに日常に埋め込まれたモビリティの回路として機能しており、独自の仕方で世界をつくりだす作用をもっているといえる（須藤ほか 2023）。

　他方で、観光領域に限定しえない権力と情報のグローバリゼーションが、今ここにある日常とは異なる現実との同時性、相互依存、比較可能性の地平を拡大させたことは、身近な他者との隣接的な距離の範囲内に限定されていた「地域社会」の無実化をもたらした。実生活上において自己の生の比較対象となる準拠集団は持続不能となり、メディアを通じ客観的な不平等が可視化さ

れたことで、「相対的剥奪」への自覚は拭い難いものとなっている（Bauman 2017＝2018：121-128）。翻って、ある場所に従来とは異なる意味が付与され、人々の集合的参与によって別の社会的現実が構築されることは、既存のリアリティを維持する者たちの日常生活の解釈を侵犯するような事態を招く（Berger & Luckmann 1966＝2003：31-39）。限定的な意味領域の一つを構成するに過ぎない観光的な解釈が地歩を固め、万物に潜在的な観光対象としての意味が与えられることは、自明視された日常生活の地位に揺らぎを与え、疎遠な領域を拡張させるだろう[1]。

　本章では以上の観点から、観光空間を包摂する「地域社会」がいかにして観光的なリアリティの織りなす力に巻き込まれているのかに焦点を当てる。基本計画から読み解けるように、観光地域づくりでは開発主体にとっての便益が優先され、売り物となる「場所」の一部は都市住民に献身する役割を担わされているが、非対称的な依存関係をもとに生活世界へ波及する諸力について、不安定なまちのイメージとアイデンティティの変遷を通して考察を進める。

## 2　まちを消費する

　政府がインバウンド需要による外貨獲得と景気拡大を直結させるのと同様の論理で、地方においては人口減少による経済的衰退への穴埋めとして、外客の誘致が唯一の生存戦略であるかのような言説が声高に叫ばれている。この現

---

1　ギデンズ（Giddens）は、自身がその内に生きるローカルな日常的環境に、遠く離れたグローバルな現象的世界の出来事が否応なく書き込まれることによって生じるジレンマとして、個人化された経験と商品化された経験を対比させた。資本主義的秩序に沿って形成される「ライフスタイル」や自己実現の商品化は、自己のモデルとなるナラティブを市場に流通させることでアイデンティティの再帰的な構築に直接の影響を及ぼすのであり、自己の再帰的プロジェクトとは人為的に作られた環境や空間に対し個人が独自の観点による解釈を加えていくなかで進行する（Giddens 1991＝2021：327-334）。このプロジェクトにおいて観光は、ハイパーカルチャー（潜在的にすべてのものが可変的な方法で価値の対象になりうるものの実際にはそうでないような領域を作り出す文化化の原理）からなる市場の一角を占め、主体が交換不可能な存在として社会的承認を得るための主要なツールとなっている（Reckwitz 2019＝2023）。

状を把握するうえで興味深いのが、「観光立国推進基本法」施行以降に各県へ
浸透した、沖縄県を嚆矢とする観光振興条例の制定である。「北海道観光のく
にづくり条例」に「道民は、基本理念にのっとり、観光客を温かく迎えるよう努
めるとともに、地域の観光資源を活用した観光地づくりに参画するよう努める
ものとする」(北海道庁 2001)とあるように、全道民の「ホスピタリティ」の観光利
用を表明した条文は、市場の外部にあったはずの人間関係やコミュニケーショ
ンを経済活動の内部へと包摂し、資源化した実例として論及するに相応しい。

　2009 年に施行された「ようこそようこそ鳥取県観光振興条例」では、先の
県民の役割とは別の条文として「もてなしの向上」が掲げられていた。そこに
は、「県民等及び地域行政は、地域を訪れた観光客に本県への好意と再度の来
訪意欲を抱いていただけるよう温かな心配りで接するよう努めるものとする」
とある（鳥取県庁 2009)。特筆すべきは、「お客様」である旅行者を遇する「心
構え」やお辞儀の角度などが示された「おもてなしハンドブック」なるものが
作成されている点にある。それだけでなく、同条例の方向性を提示した鳥取県
観光振興指針「ようこそようこそ鳥取県運動取組指針」は、2015 年と 2019
年の二度の改訂を経た現在もなお、「お客様の心に響くおもてなしの向上」と
して県民一人ひとりによる主体的な「おもてなしの心」なるものの醸成が図ら
れている。

　須藤廣が 2008 年に上梓した『観光化する社会』では、日常と非日常の境界
がますます溶解する中、イメージ優先の観光消費に対する観光客と観光地住民
の欲望が相互に共鳴し合い、「まちづくり」等の集合的アイデンティティ形成
において結びつく過程が描かれていた。そこで問われていたのは、「観光のま
なざし」の更なる拡張が単なる視覚的経験を凌駕し、メディアを通じて先験的
に構築されるイメージの虚構性を超えた「現実」の社会的構築へと至る道程に
おいて、陰に陽に資源として用いられる自然や人間領域に向けられた対象化作
用にほかならない。同書では、観光が産業資本の外部にあるものを内部化し「商
品」としてシステム内に包摂することの一例として、「ホスピタリティ」とい
う「聖性」の資源化とその摩耗が挙げられていた（須藤 2008: 33-38）。

　基本計画では、観光産業によって地域が持続的に「稼げる」ことが目標とさ
れているが、そこでは誰が誰に何を売るのかという基本的な問いが欠如してい

る。売り物となる観光対象を下支えする人々の存在は後景化されており、観光というモビリティの回路は産業としての有用性のみが強調され、他の側面は恣意的に捨象されている。そしてまた、同計画を根拠として地域政策を主導する者たちは、「持続可能な観光地域づくり」が地方を救う無二の施策であるという錯誤を正当化し、競争原理を通じた地域の身売りを煽り立てているのである。

## 3　ザ・アーバニスト

　現代の旅の楽しみは、皆が同じもの見て同じものを消費するかつての「マスツーリズム」型から変容を遂げ個人化の一途をたどるとともに、旅行者が自らの趣味嗜好に沿った個人的な体験を求めてその場に参加する「ポストマスツーリズム」型へと移行した。大規模な資本投資による「上からの」開発を主導する経済力が衰微したことを受け、地域住民が主体となって地元の観光的価値を発見し育成するという「下からの」まちづくりが政策的にも推奨されてきた。もっとも、産業としての観光におけるまちの商品化という意味では従来の文脈から逸脱しておらず、国による助成金制度の活用を前提とした各事例からは、上意下達の開発が形を変えて継続されていることが伺える。

　その一方で、官民による政策的誘導のみによって生じるわけではない「下からの」力が、国のいう「ニューツーリズム」とは異なる観光形態を生んできたことも否定できない（須藤 2021：19-29）。行政主導による設備投資や企業誘致、観光スポットの作成といった地域振興の有無にかかわらず、潜在的な観光対象は顕在的なものとして光が当てられ、共有すべき価値を有するものとして新たな意味を与えられてきた。今日ではインターネットを介したコミュニケーション手段の拡張により、世界中の人々が写真や文章や動画を日常的に公開しており、大衆文化の実践という文脈における日常生活のデザインや演劇化は、美学的な自意識と自己生成的なセルフプレゼンテーションの出現を導いている（Groys 2016=2021）。現代のメディア環境では、数知れぬ撮影対象や「聖地」がイメージ制作に流用され、閲覧者たちは交わされる情報を部分的に参照し引用するだけでなく、個人の観点から独自の解釈を加えることもあり、消費者と生産者の垣根はますます低下していく。

　コロナ禍において「マイクロツーリズム」[2]の概念が注目を集めたように、身近な場所の再解釈は日常と非日常の曖昧さへの理解を促すだろう。旅の行先だけでなく帰路も重視した移動の原理のもと、ルートの選択過程と中途での出会いを意識してものを「観る」ことで、自己変容を伴わない自閉的で円環的な旅のあり方から逃れる道を探ることができるかもしれない（山口・須永・鈴木 2021）。何より景観に溶け込んだ各種標識や広告、インフラや建築物、街の区画割りや公共アート・動植物に至るまで、都市は記号とデザインに満ち溢れており、公共空間に配置された事物は時に市民の介入行為によって改変され、別のかたちへ置き換えられる可能性を有している（Mars & Kohlstedt 2020=2023）。そればかりでなく、都市の街路という観点を踏まえるならば、街頭に公衆が集いともに歩むだけでも、現実の公共空間を他者と分かち合う一つの表現形式として、直接の政治的行為ともなる圏域をつくりだすことができるのである（Solnit 2001=2017: 361-389）。

　マノヴィッチ（Manovich）が約 1,500 万枚のインスタグラム画像をベースとして考察を重ねたように、投稿者はメディアプラットフォームという土台の上で遠隔地の旅行経験といった外的世界を描写するだけではない。イスタグラミズムにおいて日常空間の演出は重要なテーマの一つであり、ライフスタイルという内的世界にかかわる経験は外界に開かれたものとして他者に共有される（Manovich 2017=2018:142-144）[3]。まなざしの対象に従前と異なる意味を付与する人々の創意は、ボトムアップ型の共同性によって日常を異化しうると

---

2　先駆けとして今和次郎による「考現学」の影響を受けて 1980 年代に提唱された「路上観察学」があげられるものの、『路上観察学入門』（1986/1993）に収められた森伸之「女子高生制服ウォッチング」が一方的な「観察」による対象の客体化の典型例であるように、日常を異化するまなざしそのものを無批判に称揚できるわけではない。外界を眺める者のイメージに個人的な意思が介在する限りにおいて、「世界からただ掠め取るだけでよいような世界のイメージは存在しない」（Belting 2001=2014: 294）のである。

3　イリイチ（Illich）は、成長を至上命題とする社会にあって公園での散歩がパックツアーの予行演習と化すように、非生産的な目的追求が困難になる時代状況を捉えていた（Illich 1973=2015:179）。日常空間における観光行動が商品化や画一化を免れていたとして、「自己の再帰的プロジェクト」の文脈を踏まえれば、生産的な目的追求と無縁ではないことを明記しておく。

いう点で、市場価値や商品価値のみには還元できない観光の社会的意義を明示するだろう。

　しかしながら、ツーリストの力が特定の社会的現実を生むような局面は、主要都市のアーバニズムにおける消費の美学として成立する余地はあるものの、アクセスの困難から集客に多大な労力を費やす地方の内部において発展させることは容易でない。その場合、観光という回路を通じてのみ生成する「下からの」力の表出、空間を構成する者たちの行為（パフォーマンス）を通じて立ち現れる共同性は、「移動の自由」の受益者たちが半ば排他的に占有する、それ自体が矛盾を帯びた一つの社会的連帯の似姿に過ぎないのではないだろうか。

## 4　聖地巡礼の神話

　「下からの」力の発露が容易には成立しがたい実情は、大都市と比較して経済的・文化的に未成熟とみなされる地方都市を例にとると理解しやすい。本章では分析対象として、第1節で言及した鳥取県の中部に位置する倉吉市の観光施策を取り上げる。同市が持続可能な観光まちづくりのキャッチフレーズとして2016年2月から用いている「レトロ＆クールツーリズム」は、その2年前にフィギュア制作で名の知られるグッドスマイルカンパニーの工場を誘致したことや、コナミデジタルエンタテインメントのキャラクターバンドコンテンツ「ひなビタ♪」のファンによる「聖地巡礼」の影響がある。

　コンテンツ内の架空都市である倉野川市と実在の倉吉市が重ね合わされ、少数ながら全国のファンが訪れるようになり、2016年4月には両市の間で姉妹都市協定が結ばれたことで一部の好事家の関心を集めた。同年秋に発生した鳥取県中部地震の被害回復がうたわれたイベントに県外からファンが集まったほか、一般社団法人アニメツーリズム協会が選定した『訪れてみたい日本のアニメ聖地88』において、「ひなビタ♪」及び倉吉市は認定プレート交付の全国第1号となった。現在も、市の観光の中心地である伝統的建造物群保存地区「白壁土蔵群」周辺の店舗にはキャラクターのパネルが設置されている。

　2018年には、現存するもので日本最古とされている円形校舎を改修した「円形劇場くらよしフィギュアミュージアム」が開館した。「フィギュアのまち」

という新たなアイデンティティが獲得され、現在では「ポップカルチャーを活用したまちづくり」の柱としてレトロ（白壁土蔵群に見られる歴史的な街並みの活用）とクール（フィギュアを中心としたコンテンツの拡充）の融合が掲げられている。コロナ禍にあっては、市内に曲亭馬琴作『南総里見八犬伝』のモデルが祀られている由縁から、バーチャルキャラクター「八犬士」が製作された。「ひなビタ♪」[4]も「八犬士」も円形劇場内で紹介されており、特に前者は専用のスペースが設けられ、両市長の「姉妹都市提携協定書」が紹介されるとともに、ファンアートなどが飾られ「聖地」としての演出が施されている。

**写真1　JR倉吉駅に張り出されたポスター**

筆者撮影：2016年12月29日

**写真2　円形劇場に展示された協定書**

筆者友人（松田卓）撮影：2023年8月13日

　全国的に行われ陳腐化した「レトロ」のアピールでは差別化が困難であり、弥縫策として掲げた観光政策の自画像を内面化していくことは、まちづくりにおいて月並みな光景である。付言すれば、観光の中心地と目される伝建地区の建築物は極めて限られた面積しか残存しておらず、まちの「イメージ」に人為的に新たな要素が付与されることへの葛藤や抵抗は生じようがないともいえる。周辺部の観光開発において、市民が恩恵を享受する機会は皆無というわけではないが、狭隘な空間で虚構的な「イメージ」を分有するかのような相互

---

4　山本（2019）は、ファンが主役となっているという「ひなビタ♪」を、「地域のあらゆる利害関係者」の参加による観光まちづくりの成功例と述べるが、調査対象者は市の観光課職員というごく一部の利害関係者に限定されており、同種の論文が陥りがちな誤謬を例証している。

行為を見出すことは至難であり、外部から訪れる人たちと地域住民の接点は、従前から変わらぬままごく一部の観光事業者や関係法人、周辺の飲食店等に限定されている。

　各種コンテンツは、一般の市民にとっての日常生活には基本的に影響を及ぼさないがゆえに、否定や肯定ではなく傍観の対象となる。集客のターゲットである「ファン」は、趣味嗜好に適合する対象地を発見し、同じまなざしを共有する者同士で交流を深め、まちの「イメージ」を再生産する側へ立場を移すが、現地のリアルに観光的なイメージという虚構を重ね楽しむ消費者に対して生産者から提供される経済的・文化的な資源は、両者の間である種の合意を成立させる。互いに物語を共有する人たちにとって魅力的な場が創出されることは一概に否定しえないものの、大半の地域住民は観光と無関係に生活を営んでいる。そこで看過されるのは、地域において共在する人たちが広く共有する生きられたまちの感覚とは別種の認識が、外部からの力を基盤として形成されておきながらも、決して押しつけられたものではなく、内的に構築されたものとして対外的に仕立てられることへの自覚に他ならない。

　まち全体が虚像をもとに売り出されるのと並行して観光空間と関わりのない日常が継続されることは、観光がもたらす諸力において両義的な意味合いをもつ。ここでは先に挙げた「聖性」の摩耗、すなわち「ホスピタリティ」が資源化されるという問題が生じているわけではない。注視すべきは、ある目的に沿った一定数の観光客の行動（需要）に対する反応（供給）が、事後的に当該地域の限定的な意味領域を塗り替えていくことの実態である。繰り返すが、地域外からの人の移動は地方経済にとって不可欠なものとみなされている。だからこそ、外部要因としての観光客の行動が奇貨として地域観光政策の合理的根拠に用いられるのであり、半ば共犯的に創られたまちの「イメージ」を既成事実として現地に適用するといった、いわば逆向きの現実が生まれるのである。

## 5　モビリティの時代

　2022年に鳥取県中部で全国的なニュースとなったのが、3年後の開館に向けて準備が進められている県立美術館の所蔵品をめぐる騒動である。展示の目

玉として購入したウォーホル（Warhol）の《ブリロ・ボックス》が高額とされ、各メディアで「炎上」した結果、行政は説明責任を伴う対応を迫られることとなった。とはいえ、県内でも賛否の声は上がったものの、結果的に反対運動や署名活動に至ることはなかった。これは、時を同じくして同市で発生したもう一件の「炎上」、小学校の合併に伴う校名の公募においてわずか1票の案が選ばれたことに対し、住民グループが学校設置条例の廃止を求めてひと月に満たない期間で署名を集め直接請求を行い、市議会の当初案を覆した事例とは趣を異にしている。

　《ブリロ・ボックス》が有するメッセージ性は、往時の米国でこそ有効に機能したという見方もできれば、円形劇場に配置された大衆的な複製芸術たるフィギュアを例に、万人が享受可能なアートとしての通事性及び連続性から収集の意義を導くことも可能である。いずれにせよ、ダントー（Danto）が60年代当時に「アートワールド」[5]で示したとおり、大量生産された市販の商業製品がアート作品たりえるのは、現実世界から対象を分離させ、アートワールドという「解釈されたものの世界」のもとで芸術作品として構成し直すような理論の存在が不可欠である（Danto 1981=2017）。作品に外在的な価値が付与される過程である解釈が他を斥けるには、鑑賞者たちの間で共有されるまなざし

---

5　「アートワールド」という概念は、何が芸術であるかを認知し決定する専門家集団を指すという言説が見受けられるものの（佐々木 2004/2019）、ディッキー（Dickie）に代表される制度論的な解釈にはダントー自身が反証している（両者の比較はステッカー（Stecker 2010=2013:169-175）を参照）。北野が要約するとおり、作家や受け手たちの間で作品が具現化する「意味」の往還を成立させる共同体とみなすほうが妥当だが、「芸術の終焉」以降の現代美術の活況は、「芸術とは何か」という問いが対象への共通理解を溶解させるにとどまらず、製作者や鑑賞者をその問いの渦中へと誘い込むように機能しているといえる（北野 2021: 23-38）。なお、制度論への異なるアプローチとしてベッカー（Becker）の『アート・ワールド』が挙げられるが、こちらは制作の場における各アクターの「集合的行為」からなる「アートワールド」を、共同する人々のネットワークの中に存在する概念として用いることで、相互作用と組織化の社会的プロセスが追究されている。どのような行為も対象も原理的にはアートとして正当化されうるものの、現実的には社会的制約による選択過程を通じた合意形成が不可避であり、同概念の包括的な把握（特殊なアーティストではなく多様なサポートグループや協業の担い手たるサポート人員への注目）にあたり、結果的にアートと見なされることのなかった無数の可能性に言及している（Becker 1982=2016）。

の成立が不可欠となるが、マキャーネル（MacCannell）になぞらえていえば、これはありふれたものが潜在的な鑑賞対象に変容する状況を指し示している。

写真3　開館500日前プレイベント企画

筆者友人（田中将人）撮影：2023年11月5日

スーパーマーケットのブリロ・ボックスと、アートとして差異化された《ブリロ・ボックス》を分かつ不可視の特質。視覚的には同一の物体が互いに異なる意味を受肉化することは、「アートとは何か」という哲学的な問いに一つの回答をもたらした。芸術史を紐解くと、知覚される経験世界の写実的な再現や模倣の時代から（＝模倣説）、各アーティストの情感の唯一性や独自性を基底に置いた表現形式の創造に至るまで（＝表現説）、各段階の歴史的過程を読み解くことができるが、《ブリロ・ボックス》は客観的な外観の「観察」による芸術作品の定義を無効化することで、この史的展開に終止符を打ったとされる（＝「芸術の終焉」）。作品にヘーゲル的な意味での自己形成というナラティブの終わり（自己の探求において自らが何者であるかを悟り認識上の最終到達点に至ること）を重ねたダントーにならえば、オリジナルの《ブリロ・ボックス》にはある時代の客観的精神が見出されるのではなく、作品自体が客観的精神そのものを体現しているがゆえに聖別されるのである（Danto 2013=2018）。

「ブリロの箱は50年前には芸術ではありえなかっただろう」（Danto 1964=2015：25）という作品発表当時の一文は、後の「歴史的影響」[6]を予見していただけでなく、令和の時代に《ブリロ・ボックス》を鑑賞する意味を別の

---

6　《ブリロ・ボックス》がデュシャン（Duchamp）によるレディメイドの後継に位置することは論を俟たないが、既存の「アートワールド」を規定していた理論を終焉へと導き、続くポスト・モダンの芸術と多元主義への扉を開いたことから、例え独創的でなくとも歴史的な価値を認めることができるだろう（Carroll 2009=2017：85）。

仕方で問い返すことにつながっている。哲学的アイデンティティの探求という
ナラティブにより構築された「芸術の終焉」は、あらゆるものが作品となりう
るポストヒストリカルな時代という多元的なアートワールドの成立を導いた。
どのような方法であれ、過去から現在に至るすべての表現上の形式がわれわれ
のものであるという意味ではすべてのことが可能であるといえる一方で、われ
われがそれらに関係する仕方は常に歴史的現在に規定されるという意味では、
すべてのことが可能なわけではない（Danto 1997=2017）[7]。この矛盾を抱えた
自由のもと、主客が永遠に一致しないアイデンティティに惑うまちへ《ブリロ・
ボックス》が収められることには、ある種の必然性が看取されるのではないだ
ろうか。

　レトロにせよクールにせよ、仮初の自己演出にアイデンティティを仮託した
まちの住民にとって、視覚的な差異を超越し自己自身を獲得した《ブリロ・ボッ
クス》を否認することは原理的に不可能である。この作品は存在論的安心の拠
り所となり、外的要因によって揺れ動く「〜の街/町/まち」というナラティブの
構築を逆照射する遺物として、美術館というアートワールドを体現する主体へ
と内蔵される。すべてが可能であるがゆえに自己言及的にならざるをえない現
代美術の文法は、見るべきものとしての位を高め注目を促すため、どのように
して他者の承認を取り付けるかということに価値の重心が動いたことを示唆

---

7　すべてが可能である芸術の領域において、芸術作品がアートワールドによる包摂
　と排除のあらゆる境界を揺り動かす自己言及性を兼ね備える以上、そのシステムは
　何が芸術なのかを疑問に付すような自己否定性・自己不決定性を含有する。ルーマ
　ン（Luhmann）によれば、この自己矛盾という重荷の引き受け、留保なき自己反省・
　自己記述は、芸術の再生産というオートポイエティックなネットワークにおける自律
　性の結節点となっている。彼はダントーと異なり、歴史主義に基づく表現形式の拘束
　性（暗黙裡の前提である過去の芸術の引用という権威づけの文脈とその可能性の消尽）
　に縛られた「芸術の終焉」、すなわちヘーゲル（Hegel）的な自己反省の完遂を「同
　一性の反省」として斥ける。芸術というコミュニケーションシステムのもとで、芸術
　作品が自己というプログラムの成否を不断に問い質されることは、現実が単なる可能
　性と二重化され、作品という固有のプログラムを通してその差異が先鋭化するという
　「差異の反省」を招来する（Luhmann 1995=2012）。ありふれたものの変容に解釈者
　の知覚による作用ではなく全体社会のコミュニケーションの秩序を読み解くルーマン
　が、芸術の再生産と延命において露わになる社会秩序に注目したことは、観光理論へ
　の応用可能性という点で少なからぬ意義を有するのではないだろうか。

するが、この力学が観光を駆動する虚構性を帯びたイメージの生成と反響するとき、「アートワールド」ならぬ「ツーリズムワールド」の相貌が露わになる。

　万物が顕在的な観光対象として、現実の多様な解釈という御旗のもとで資源化されながらも、潜在的な別のリアリティへの道が閉ざされたまま、観光というモビリティの回路を通じた「イメージ」の生成が再演されている。観光地においてはあらゆる想像力が平等に表出の機会を与えられるどころか、むしろ対象をまなざす人々による創発性の発露が非 - 観光的な現実の周縁化を後押しする場合もある。そしてまた、非対称的な消費力のもとで輪郭を描く可動性の偏在は、モビリティの優位をいわば今ここにある現実を変性する能力の証として、その権能を行使する主体が確立すべき地位の一つとみなされつつあることを忘れてはならない。ありふれたものを変容させる創造力の源泉が、「移動の自由」を謳歌する者の美学と技芸にゆだねられているという前提に根本的な懐疑を差し挟まない限り、「ツーリズムワールド」という概念が担う両義性の核心は即座に脱落するだろう。

## 6　おわりに——観光対象の哲学

　かつてクラウス（Krauss）は、新しいものが過去の諸形式から出現するという進化のモデルを、前衛美学に隠された歴史主義として読み解いた（Krauss 1985=2021：404-405）。差異の軽減と既知への還元という歴史主義のメッセージは鑑賞者に安心をもたらすが、今日の芸術の存在論的な基盤は、日々の経験的現実にオルタナティブな無数の次元をもたらし不安定化を導くようなフィクション的な機能に置かれていたはずである。わたしたちの日常生活の諸要素を作品制作の素材として利用することの企図は何よりもまず、既存のシステムによって描かれるシナリオとは異なる力学のもとで動く世界を垣間見させる点に存するからである（Bourriaud 2009=2022：142-144）[8]。だが、眼前に広が

---

8　昨今の美術館を取り巻く資本主義的・経済的価値観の過剰を指摘したビショップ（Bishop）が、ベンヤミン（Benjamin）に依拠しながらキュレーターによる「コレクション」の意義を述べるように、「文化は、オルタナティブなものを可視化するための第一の手段となる」（Bishop 2013=2020：81）。他方で、アート市場を支える価値シス

る膨大な選択肢のもと、場所を消費する者たちが互いに差異と個性を称揚しながらも、決して定型化を免れないライフスタイルの再帰的な構築に向かう社会においては、不安定化を忌避するような斥力もまた同時に生じている。

　社会の多元的現実は、自明視された世界が絶対的な意味を持たないことを自覚させるだけでなく、消費社会のもとで実存的に選び取られたライフスタイルとアイデンティティの構築性を、絶えざる自己反省と価値基準の不安定化により根底から揺り動かしている。自己実現のための原資を生む労働世界は、いまだ再編と解体の只中で正規雇用市場の縮小と所得配分の格差の増大を招いており、社会的ヒエラルキーのもとで生じる成員間の比較を通じて相対的な剥奪感を揺籃している。その意味において、集団的発想によって事後的に選び取られたアイデンティティが本質化される事態は、他でもない「存在論的不安」への応答として解釈することができる（Young 1999=2007）。

　観光を用いたまちのアイデンティティの創造は、生活世界の多元主義を加速させることで日常の侵犯に帰結する。それでもなお、まちづくりという作為に未来を賭すならば、公的空間が胚胎する他でもありうるという無限の多数性を、「社会的想像」[9]に根ざした経験的現実として埋め込む必要があるのではないか。すべてが可能なわけではないまちを生きる者たちはみな、日常の営みに逃れがたくとらわれているが、その受容性を歓待、抵抗、交渉といった特定の視座のみで点描することはできない。レルフ（Relph）がカミュ（Camus）を参照し述べたように、生活の重要な背景たる「場所」からの疎外をもたらす「不条理」[10]は明らかに抑圧的に機能する一方で、「嗜好や選択や価値観が重要でなくなるような、受け身の生活にとっての基礎」（Relph 1976=1999:263）ともなりうる。だからこそ、慣れ親しんだ現実に書き込まれる「ツーリズムワールド」の原理を審問に付すことは、外客の誘致によって生じる事柄そのものを生活者にとっての観光経験へと転変させる端緒となるだろう。

　マスカルチャーは、歴史的な前史を共有する伝統的共同体とは異なる共通の過去を超えた共同体を形成しうるのであり、身体は互いに文化的に隔てられているわけではなく、私個人がある空間全体において常に部分的でしかないという自覚は、代替可能な私が見過ごしたものを同じく代替可能なあなたが拾い上げる契機となる（Groys 2008=2017:296-299）。公的な場における商品化された

体験の拡張が、部分的であれ観光消費者にとっての機会の均等をもたらしたように、美術作品の創造過程に観る者を参与させ「開かれた」関係を樹立せんとする近現代の芸術観は、エリートや権能機関の権威主義と特権性を剔抉し、作品はもとより芸術家と非芸術家の定義に再考を迫ってきた。両者の地位の平等性と交換可能性を理想とする美的コミュニケーションのユートピア的理念は、たとえ現実化に至らずとも、解釈の自由の実践と未知の現実の構築に向けた問題提起として、政治における民主主義的理想と同様に未来へと生き続けているのである（Gamboni 2002=2007：443-448）。

　この文脈において、観光対象が具現化する意味の往還を成立させるような共同性に立脚した「ツーリズムワールド」は、複数の現実によりアイデンティティの分化に惑うまちを無限の可能性へと開くが、むろん無限のことが可能なわけではない。二十一世紀の《ブリロ・ボックス》が描き出す、それが、最もすぐれた批評である。

---

テムが、作品を経済的・社会的不平等の全面的な拡大に資する「代替通貨」として流通させている現状について、シュタイエル（Steyer）は「デューティーフリー・アート」（租税回避エリアの所蔵空間という治外法権区域に保存された作品群）に着目しながら批判的考察を加えている。美術が投機対象であるとして、重要なのはその流路が資本の偏りを是正する抗力を発揮し、部分的であっても自治＝自律の新たな基盤として機能しうるかという点にある（Steyer 2017=2021：324-337）。

9　テイラー（Taylor）が論じるように、近代の都市型社会において、同時的・水平的・相互的なつながりにより国際的な規模で連結した人々は、世界とじかに接するという意味でのアクセスの直接性により、何らかのかたちで集合的な行為主体に帰属しているといえる。とりわけスポーツやロックフェスにおけるカーニバル的な集合的沸騰のように、両義的な場としての共同空間は特定方向への動員という全体主義の誘惑と不可分の関係にあるが、既存の空間を完全に固定的なものとして想像し定位することは、決定的に重要な別の現実の歪曲や隠蔽へと収斂するだろう。そこにおいて、日常生活の秩序と慣行を成り立たせるような「社会的想像」（ソーシャルイマジナリー）の機能は、必ずしも自己利益と結びついた虚構や抑圧に専横されるわけではなく、別の可能性に向けた異議申し立てを結集するような力をもつものとして解される（Taylor 2004=2011）。

10　カミュが生涯をかけて深化させた、非 - 歴史的思考の出発点たる「不条理」という概念を端的に要約するならば、それは「習慣によって慣れ親しんだ世界に亀裂が生じ、見知らぬ非日常的なものへと変わってしまう異化の経験」（千々岩 2014：108）を示すものといえよう。

## ＜参考・引用文献＞

赤瀬川源平ほか（1986/1993）『路上観察学入門』筑摩書房

Bauman, Zygmunt（2017）. *Retrotopia*, Cambridge: Polity Press.［伊藤茂訳(2018)『退行の時代を生きる──人びとはなぜレトロトピアに魅せられるのか』青土社］.

Becker, Howard Saul(1982). *Art Worlds*, California: University of California Press.［後藤将之訳（2016）『アート・ワールド』慶応義塾大学出版会］.

Belting, Hans（2001）. *Bild-Anthropologie:Entwürfe für eine Bildwissenschaft*, München: Wilhelm Fink.［仲間裕子訳（2014）『イメージ人類学』平凡社］.

Berger, Peter L. & Luckmann, Thomas（1966）. *The Social Construction of Reality: A Treatise in the Sociology of Knowledge*, New York:Anchor Books.［山口節郎訳(1977=2003)『現実の社会的構成──知識社会学論考』新曜社］.

Bishop, Claire（2013）. *Radical Museology: or What's 'Contemporary' in Museums of Contemporary Art?*, London: Koenig Books.［村田大輔訳（2020）『ラディカル・ミュゼオロジー──つまり、現代美術館の「現代」ってなに？』月曜社］.

Bourriaud, Nicolas（2009）.*Radicant: Pour une esthétique de la globalization*, Paris:Denoël.［武田宙也訳（2022）『ラディカント──グローバリゼーションの美学に向けて』フィルムアート社］.

Carroll, Noël（2009）. *On Criticism*, New York: Routledge.［森功次訳（2017）『批評について──芸術批評の哲学』勁草書房］.

千々岩靖子（2014）『カミュ──歴史の裁きに抗して』名古屋大学出版会

Danto, Arthur C.（1964）. The Artworld, *Journal of Philosophy*,61(19), 571-584.［西村清和訳（2015）「アートワールド」（西村清和編・監訳『分析美学基本論文集』(pp.9-35). 勁草書房］.

──（1981）. *The Transfiguration of the Commonplace: A Philosophy of Art*, Cambridge: Harvard University Press.［松尾大訳(2017)『ありふれたものの変容──芸術の哲学』慶応大学出版会］.

──（1997）. *After the End of Art: Contemporary Art and the Pale of History*, Princeton: Princeton University Press.［山田忠彰監訳（2017）『芸術の終焉のあと──現代芸術と歴史の境界』三元社］.

──(2013). *What Art Is*, New Haven: Yale University Press.［佐藤一進訳(2018)『アートとは何か──芸術の存在論と目的論』人文書院］.

Gamboni, Dario（2002）. *Potential Images: Ambiguity and Indeterminacy in Modern Art*, London: Reaktion Books.［藤原貞朗訳（2007）『潜在的イメージ──モダン・アートの曖昧性と不確定性』三元社］.

Giddens, Anthony（1991）. *Modernity and Self-Identity: Self and Society in the Late Modern Age*, Cambridge: Polity Press.［秋吉美都・安藤太郎・筒井淳也訳（2005=2021）『モダニティと自己アイデンティティ──後期近代における自己と社会』筑摩書房］.

Groys, Boris（2008）. *Art Power*, Cambridge: The MIT Press.［石田圭子・齋木克裕・三本松倫代・角尾宣信訳（2017）『アート・パワー』現代企画室］.

──(2016). *In the Flow*, London: Verso.［河村彩訳（2021）『流れの中で──インター

ネット時代のアート』人文書院〕．

北海道庁（2001）「北海道観光のくにづくり条例」（最終閲覧日 2023 年 8 月 20 日）https://www.pref.hokkaido.lg.jp/kz/kkd/jourei.html

Illich, Ivan（1973）. *Tools for Conviviality*, New York: Harper and Row.〔渡辺京二・渡辺梨佐訳（1989=2015）『コンヴィヴィアリティのための道具』筑摩書房〕．

北野圭介（2021）『ポスト・アートセオリーズ——現代美術の語り方』人文書院

Krauss, Rosalind E.（1985）*The Originality of the Avant-garde and Other Modernist Myths*, Cambridge: The MIT Press.〔谷川渥・小西信之訳（2021）『アヴァンギャルドのオリジナリティ——モダニズムの神話』月曜社〕．

Luhmann, Niklas（1995）. *Die Kunst der Gesellschaft*, Frankfurt: Suhrkamp.〔馬場靖雄訳（2004=2012）『社会の芸術』（叢書・ウニベルシタス）法政大学出版局〕．

MacCannell, Dean（1999）. *The Tourist: A New Theory of the Leisure Class*, Berkeley: University of Califolnia Press.〔安村克己・須藤廣・高橋雄一郎・堀野正人・遠藤英樹・寺岡伸吾訳（2012）『ザ・ツーリスト——高度近代社会の構造分析』学文社〕．

Manovich, Lev（2017, September）. *Instagram and Contemporary Image*, from http://manovich.net/index.php/projects/instagram-and-contemporary-image.〔きりとりめでる・久保田晃弘訳（2018）「インスタグラムと現代イメージ」（久保田晃弘・きりとりめでる共訳・編集『インスタグラムと現代視覚文化論——レフ・マノヴィッチのカルチュラル・アナリティクスをめぐって』（pp.9-215）ビー・エヌ・エヌ新社〕．

Mars, Roman & Kohlstedt, Kurt（2020）. *The 99% Invisible City: A Field Guide to the Hidden World of Everyday Design*, New York: HarperCollins.〔小坂恵理訳（2023）『街角さりげないもの事典——隠れたデザインの世界を探索する』光文社〕．

Reckwitz, Andreas（2019）. *Das Ende der Illusionen — Politik, Ökonomie und Kultur in der Spätmoderne*, Berlin: Suhrkamp.〔橋本紘樹・林英哉訳（2023）『幻想の終わりに——後期近代の政治・経済・社会』人文書院〕．

Relph, Edward C.（1976）. *Place and Placelessness*, London: Pion.〔高野岳彦・阿部隆・石山美也子訳（1991=1999）『場所の現象学——没場所性を越えて』筑摩書房〕．

佐々木健一（2004=2019）『美学への招待　増補版』中央公論新社

Solnit, Rebecca（2001）. *Wanderlust: A History of Walking*, New York: Penguin Books.〔東辻賢治郎訳（2014）『ウォークス——歩くことの精神史』左右社〕．

Stecker, Robert（2010）. *Aesthetics and the Philosophy of Art: An Introduction*（2nd ed.）, Lanham: Rowman & Littlefield.〔森功次訳（2013）『分析美学入門』勁草書房〕．

Steyer, Hito（2017）. *Duty free art: art in the age of planetary civil war*, London and New York: Verso.〔大森俊克訳（2021）『デューティーフリー・アート——課されるものなき芸術　星を覆う内戦時代のアート』フィルムアート社〕．

須藤廣（2008）『観光化する社会——観光社会学の理論と応用』明石書店

——（2021）「日本における観光の変容とポストマスツーリズム（ニューツーリズム）の誕生」（上山肇・須藤廣・増淵敏之編著『ポストマスツーリズムの地域観光政策——新型コロナ危機以降の観光まちづくりの再生に向けて』（pp.14-32）公人の友社

須藤廣ほか（2023）『観光が世界をつくる——メディア・身体・リアリティの観光社会学』明石書店

Taylor, Charles（2004）. *Modern Social Imaginaries*, Durham and London: Duke University Press.［上野成利訳（2011）『近代――想像された社会の系譜』岩波書店］.

鳥取県庁（2009）「ようこそようこそ鳥取県観光振興条例」（最終閲覧日 2023 年 8 月 20 日）https://www.pref.tottori.lg.jp/102555.htm

山口誠・須永和博・鈴木涼太郎（2021）『観光のレッスン――ツーリズム・リテラシー入門』新曜社

山本敏也（2019）「ICT による CSV ビジネスの実現――鳥取県倉吉市から学ぶ共感の獲得」『産開研論集 = The economic and business review』31, 25-34.

Young, Jock（1999）. *The Exclusive Society: Social Exclusion, Crime and Difference in Late Modernity*, London: SAGE.［青木秀男・村澤真保呂・伊藤泰郎・岸政彦訳（2007）『排除型社会――後期近代における犯罪・雇用・差異』洛北出版］.

# 第4章　観光産業が主導する沖縄県の<br>　　　　LGBTQツーリズムの可能性と課題

中田　久美子

## 1　はじめに

　沖縄県は言わずと知れた観光立県であり、Covid-19危機以前より国内外から訪れる観光客によって安定した経済的利益がもたらされてきた。なかでも海浜リゾートは多くの観光客を惹きつけている。一方で、ひめゆりの塔、喜屋武岬、ガマなど南部戦跡観光や、米軍施政権下時代の名残がある場所への観光がなされるのは、いまや修学旅行ぐらいである。また、観光は社会運動とは切り離されてきた。

　個人観光客向けガイドブックの沖縄戦跡の表象は、2020年2月時点には、各書籍約120-220頁のうち2頁ほど、あるいは全く掲載がないものが出現し、2000年以降の観光ガイドからは喜屋武岬の紹介から戦跡としての記述がみられないなど、戦跡色が薄められている（正木2021）。1975年の沖縄国際海洋博覧会以降、行政や産業により沖縄県の観光は、海浜リゾートを大きく打ち出す政策へ転換し、戦跡イメージを薄め、成功してきたのだが、このような「明るい」観光政策をすすめる沖縄県のなかで、県内外の観光事業者が主導する形でLGBTQ[1]ツーリズムが展開されている。

---

1　本章のなかでは、LGBTとLGBTQという語が入り混じる。参考文献の発表時期により、Qクエスチョニング（自身の性自認や性的指向を決めない、決まっていない状態）にある人の概念が付加されて用語を使用する場合と、そうでない場合がある。また、同性同士の結婚式への言及に関しては、その時点では性自認・性的指向を決定しているため、〝LGBTカップル〟などとしてQを意図的に抜いて使用する場合がある。

　プライドパレードなどのイベントは、フェミニズムの潮流のなかでセクシャルマイノリティの権利を主張する場として発展してきた社会運動の要素が強いものであり、その地域の活動家や団体が中心となり開催されてきた。しかし、沖縄県で開催される Pink Dot Okinawa は、今現在は日本国内で唯一、観光産業の事業者である Allies（LGBTQ 支援者・理解者）によって主催されている（第1－4回目までは地元出身の活動家が代表となり、代表交代後も適宜携わっている）。沖縄戦、米軍施政権下時代の女性のセクシャリティを巡る諸問題は、沖縄県民のジェンダーやセクシャリティに大きな影響を与え、地域や当事者から運動が起こり、イベントを発展させていくことも考えられるが、そうではないところに沖縄という地域でこの事案が発展したポイントがありそうだ。LGBTQ ツーリズムの興隆も沖縄の戦跡イメージを薄めるこの大きなプロモーション戦略の潮流にあるとすると、社会的に意義のある貢献につながる一方で、この矛盾したムーブメントにおいて機能していない側面が重要な矛盾点として出現していないかという点に注視する必要もあろう。

　本章では、まず、セクシャルマイノリティのイベントを分類し、沖縄でのイベントの特徴を確認する。次に、沖縄のリゾート挙式の特徴とこれまでの産業の展開を整理することで、地域に生じている課題との関わりについて論じる。そのうえで、沖縄でのセクシャルマイノリティのイベント・LGBT 結婚式展開の背景を辿り、LGBT 結婚式の効果、携わる観光事業者のインタビューから今後の LGBTQ ツーリズムの可能性と課題について考察していきたい。

## 2　LGBTQ ツーリズムと本章の研究対象

　LGBT ツーリズムという言葉は、2012 年に国連世界観光機構（UNWTO）が出した "Global Report on LGBT Tourism" では、定義されないまま使用され、世界的なトレンド、経済効果、社会的影響力、LGBT にまつわる権利とともに、先進的地域の事例として、スペインの観光産業では LGBT 消費者が約 10％いること、ブラジル・サンパウロの LGBT プライドパレードで 400 万人中 65 万人は観光客の参加であったこと、南アフリカ共和国の同性結婚式と新婚旅行パッケージ展開などを紹介した。2017 年の "Second Global Report on LGBT

Tourism" では、LGBT ツーリズムの定義をレズビアン・ゲイ・バイセクシュアル・トランスジェンダーを対象とした観光商品、サービス開発・マーケティングと示し、加えて、儲けのために消費財としてマーケットの対象と据えるのではなく、旅行先や旅行サービス提供者が LGBTQ 当事者を歓迎し、尊重を保証する必要性があることを強調している。LGBTQ 向けにプライドパレードへ観光誘致することや、同性間のリゾート挙式の商品開発などは、この定義に当てはまる。

　2010 年以降、LGBTQ ツーリズムの経済効果について、UNWTO の調査報告を含め、メディアが報じる機会が活発化してきたが、その以前から LGBTQ 当事者は旅行をしてきている。最近では、LGBTQ フレンドリーホテルを検索可能な宿泊プラットフォームなども存在するが、通常の旅行において必ずしも性的指向を明らかにする必要はなく、LGBTQ 当事者が単に観光地に滞在・宿泊するのみの旅行からは、当事者ならではの観光ニーズを見出しにくく、観光商品・サービスとしての大きな差異は生まれにくい。そのため、本章の研究対象としては、LGBTQ ツーリズムのなかから当事者が自身のセクシャリティを可視化した状況での旅行、旅行サービスが提供されるものとして、プライドイベント、LGBT カップルの結婚式（リゾート挙式）に着目して展開する。

## 3　セクシャルマイノリティのイベントと沖縄

### 3.1　セクシャルマイノリティのイベントの種別
　現在、国内で実施されているセクシャルマイノリティのイベントは大別すると、「パレード」、「フェスタ」に分けられる。堀川（2015）は、「パレード」とは街頭でなされるセクシャルマイノリティを可視化する運動であり、その手法は行列をつくり練り歩くデモ行進を含むものとし、「フェスタ」とは広場での示威行為を含むものとしている。フェスタの示威行為とは、セクシャルマイノリティに関連した作品展示・活動報告・物品販売等を行うブース出展や、講演・パンフォーマンス等の実演である。堀川は、「パレード」、「フェスタ」のどちらもセクシャルマイノリティの可視化が関係しており、この二つの差異は「人の移動」にあるとしている。

　また、イベントのあり方として、性的嗜好・性自認に基づいて参加する「ア
イデンティティ型」とLGBTQ当事者のみの運動ではなく、より生きやすい
社会を作ろうと考える人達が集まる運動としての「ミッション型」がある。
1994年に日本初の「パレード」が東京で開催された際は、南定四朗がこの運
動を担い、セクシャルマイノリティの権利獲得を目標に掲げ、社会変革のため
の抗議活動としての「パレード」と学習会活動がセットで行われる政治的要
素が強いものであった。しかしながら、「アイデンティティ型」のイベントは、
性的カテゴリーによる参加判断につながり、分断や1996年以降の鎮静化を招
いた。分断、参加者数の少なさという問題を解消するために、2000年の同イ
ベントの実行委員長を務めた砂川秀樹[2]は、戦略的に「ミッション型」へと転
換し、政治的要素よりも、祭りのような楽しさを前面に掲げることにより、非
セクシャルマイノリティを含めた多くの参加者を集めることに成功する。この
ようにセクシャルマイノリティのイベントは、主催者、形態、目的、参加者属
性などによって意味を持ち、同地域で開催されるイベントであっても回によっ
て変化が生じていく。
　では、沖縄県でのセクシャルマイノリティのイベントには、どのような展開
の特徴があるのかを次節で確認したい。

## 3.2　ピンクドット沖縄の展開

　沖縄で開催されているPink Dotとは、2009年にシンガポールで始まった
セクシャルマイノリティのイベントである。このイベントは、前節で確認した
「フェスタ」に近いが、「フェスタ」よりも消極的なイベントとして位置付けて
よいだろう。それは、シンガポールではデモなど政治的な示威行為ができない
ため、ピンク色（レインボーカラーと並び、世界的に用いられるLGBTQのシ
ンボルカラー）を身に着けて集まることで、LGBTQを含むより生きやすい社
会の実現を望む人たちの存在を可視化し、アピールするスタイルであった。ま
た同様に、Pink Dot開催地は、ソルトレイクシティ、トロント、香港など宗教・

---

2　沖縄県出身の文化人類学者。著書には『新宿二丁目の文化人類学』、『カミングアウト』
　などがある。HIV、LGBTに関する活動を牽引する。

政治的な事由で LGBTQ の示威行為に対し、何らかの制限や抵抗が生じるリスクのある地域であった。この流れを日本で引き継いだのは、2000 年以降の東京レインボープライドの集客を成功させた Pink Dot Okinawa の発案者、砂川秀樹である。砂川は、2013 年当時、故郷沖縄では世間が狭く、当事者によるパレードの実施は現実的ではないと考え、明らかな制限や抵抗があるわけではないが、このスタイルを取り入れた。

　地方でのセクシャルマイノリティの活動、及び、セクシャルマイノリティのイベント開始時に地域からおこる抵抗や、運営者・参加者など関係者の心理的障壁を示した事例として、杉浦 (2022) の 2014 年の東北調査がそれを明らかにしている。青森出身のイベント主催者は、大学進学を機に上京し、その後、他都市にも居住後、パートナーと地元に戻り、2014 年にまずはコミュニティカフェ＆バーを開いた。その際、自己防衛のために全国の知人に開店祝いの花を贈ってもらい、店前を花であふれさせ、また、積極的にメディア取材に応じるなどし、「注目されていること」を可視化した。それでも店前に産業廃棄物が置かれる、誹謗中傷ビラを貼られる、差別的な発言を投げかけてドアを蹴られるなどが起こり、こうしたことを警察に相談して解決していくことをも啓発の機会と考えて活動した。また、同年に青森で開催された「第 1 回青森レインボーパレード」のパレード参加者は、たった 3 人であり、プラカードを持って繁華街を歩く怖さから、敢えてプラカードのメッセージが読み取られないように英語でのみ表記し、好奇な目でさらされた際には足早に歩いたことなどがインタビュー記録として残されている。この主催者たちは、こうした経験をばねにし、社会関係を活用してうまく発展させていったのだが、受容の下地がない地域でのイベント初期の状況として「人の移動」がともなう「パレード」には暴力性が生じることを示唆している。沖縄での開催は、この「暴力性」に配慮して展開がなされていったといえる。

　次項では、沖縄のリゾート挙式の特徴について述べ、そのことと沖縄のLGBTQ ツーリズムとの関わりに触れておこう。

## 4　沖縄県内の結婚式事情

### 4.1　リゾート挙式地としての沖縄のマーケット特徴

　沖縄のリゾート挙式は、まさに海浜リゾートのイメージと合致し、国内外からのカップルを惹きつけた。2007年より沖縄県は、リゾート挙式誘致を本格化し、顧客ニーズ調査を始める。その際、沖縄リゾート挙式の対象を他都道府県及び海外在住のカップル・参列者と据えてきた。結果、1999年には3軒のリゾート挙式会場で200組の結婚式実施数であったが、県外誘致に成功し、2022年には会場数41軒で18,430組へと会場・実施数ともに増やした。少子化・未婚化が進むなか、ここまで結婚式実施率を伸ばした地域は他にはない。国内リゾート挙式の顧客ニーズ調査は難しく、その要因のひとつはリゾート挙式の顧客条件の曖昧さにある。例えば、舞浜で挙式する場合、首都圏在住カップルはリゾート挙式なのか、地元挙式なのか、分けることが難しい。顧客がリゾート挙式と定義する条件は、距離的移動、あるいは、心理的事由にあるのかは、それぞれに委ねられ、量的調査ではリゾートと地元客が混在し、顧客像を特定できず、具体的ニーズもひろいにくい。しかし、沖縄では県民と他県からの顧客が曖昧にならない。それは、沖縄の結婚式が「会費制」、「参列者平均が300人前後」、「家族が主賓席に座る」など本土の慣習と異なることにある（玉城 2010）。特に参列者数の要件が異なることが、顧客を分ける要因となった。沖縄リゾート挙式の平均参列者数は25名（国内）であり、2023年8月現在、ゼクシィネット掲載の沖縄県の39会場のうち、100名以上収容できる会場は、4会場のみである。つまり、沖縄県内にあるリゾート挙式会場の多くは、県外挙式者に向けられているのである。

### 4.2　沖縄県民向けの婚礼事業化の遅れとその影響

　全国的な婚礼事業の発展には、メディアの役割があった。なかでも結婚情報誌『ゼクシィ』は、結婚式会場の見積掲載を必須としてスペック比較を可能にし、結婚式市場をオープンなものへと変えた。[3] それまでは、親や地域の婚礼エージェントを介した会場決定が多く、祝い事にけちがつくことを嫌う顧客

は、提示された定価を受け入れてきた。1993 年の『ゼクシィ』創刊以降、次第にカップルが主体となり結婚式を選択する手法が支持され、居住地を元に結婚式場を検討する読者用に、全国各地に版を増やす。しかし、『ゼクシィ』本誌が唯一進出していない地域、それが沖縄である。なぜ沖縄県民向けに沖縄版を出版していないのか、ゼクシィ事業部に在籍していた筆者にとっても疑問である。理由としては、小規模市場で好展開が望めない、伝統的慣習や地場企業の結びつきが強く、参入が困難なことなどが考えられる。しかし、二県合わせても沖縄よりも小規模市場の鳥取・島根は、2012 年 12 月号より「中国版」に二県の情報を入れ、掲載を開始した。また、より婚礼の慣習が異なり、市場への参入障壁もある中国へ進出し、2004 年 10 月に「上海版」、2007 年 9 月に「北京版」の創刊を果たす。その後、沖縄県民向けの展開としては、2015 年に「ゼクシィ相談カウンター沖縄」をオープンしたことにとどまる。『ゼクシィ』は、沖縄県民向けの版を展開できない訳ではなかったが、成長の可能性が高い地域を優先して後回しにした結果、沖縄県内での県民の存在を置き去りにしてしまったといえる。

　では、次に全国メディアがほとんど介在しないことで、沖縄の地域婚礼にどんな影響があるのかについて考察したい。彭（2021）は、九州ゼクシィ創刊当初の 2000 年頃は、首都圏版と統一される記事が 30％程度であったのに対し、2012 年 2 月以降、記事の 90％程度が統一されたことで首都圏と同一化し、さらに元々あった地域の慣習を多く掲載する地元メディアが淘汰されたことで地域色が消えていき、構築される理想イメージも「首都圏」と同じようになり、首都圏から日本全土の理想的な結婚イメージを論じることが妥当であるところまで、画一化を進めたと分析する。

　これを沖縄県に置き換えると、逆の現象が生じているといえるだろう。県内に全国展開するメディアの介在が少なかったことにより、地域の慣習を守る

---

3　『ゼクシィ』は読者向けには、ブライダル情報誌・ネット媒体であるが、マルチサイドプラットフォーム（業者と直接連携し、ユーザーには、無料または安価にサービス提供し、法人とは有料で契約する仕組みの媒体）であり、ブライダル広告媒体の売上シェアは独自首位となる。市場化は、広告宣伝しなければ売れない仕組みを作ったともいえる。

ことに繋がったが、県民用の婚礼の事業化の遅れ、日本全土の理想的な結婚イメージ（価値観）が県内に広まる機会の損失を招いた。さらに、『ゼクシィ』が本誌展開する都道府県で毎年行われる調査は、各版 500 頁程度にまとめられる国内の婚礼に関する最も有用な記録となる。この調査がなされない沖縄県では、企業の商用のみならず、自治体や研究機関が沖縄県民の結婚・結婚式についての動向を把握することを困難にしている。沖縄県は、結婚やパートナーシップに関して、未婚出生率、授かり婚率、DV 件数率、離婚率などが高いことで知られるが、調査がなされないことは、家父長的な結婚に対する価値観を根強く残し、地域課題への取り組みに遅れをとる一因にもなったはずである。

　県外へみせる「明るい」婚礼事業イメージと上記などの事由から全国より約 10％結婚式実施率が低く県内事情が異なる沖縄県は、いかにしてリゾート挙式として LGBT 結婚式を執り行うようになっていったのかを次項でみていく。

## 5　沖縄県内で実施される LGBT カップルの結婚式

### 5.1　観光産業が沖縄で LGBTQ ツーリズムを主導していった背景

　観光産業が LGBTQ ツーリズムを主導するきっかけとして、Pink Dot Okinawa の集客やテーマが関係するだろう。県外からの来沖には付随して、航空・宿泊などが発生し、観光消費が見込める。2013 年 2 月から 2016 年の砂川・宮城共同代表時の Pink Dot Okinawa の公式 Facebook 投稿は、ほぼ全て英語・日本語の二言語表記をし、定期的に中国語のお知らせを入れ、当初より海外からの訪沖を期待していたことがわかる。実際に 2014 年度の参加者アンケートでは、約 1,000 人中、14.8％が県外から、内 7.4％は海外から誘客できている（近似年 2016 年東京：海外来訪率 2.1％）。この来場者数実績は、多くの観光産業の協賛や協力へと繋がることとなる。

　また、Pink Dot Okinawa の展開は、**表1**にまとめているが、テーマとして「結婚・結婚式」を据えることでメッセージを発する機会が多いことがわかる。2014 年に行った沖縄出身のゲイカップルの「里帰り結婚式」は、クラウドファンディングで資金を集めて実施し、2015 年は、イベントに協賛する那覇市が全国二番目となる「レインボーなは宣言」を行い（全国初は大阪市淀川区）、

これが同市の同性パートナーシップ制度の運用につながる。翌年、那覇市は2016年7月8日から制度施行し、2016年7月19日の4回目のイベントで制度利用第1号カップルの人前結婚式を行う。市は、制度施行時期がイベントに間に合うよう、条例ではなく、スピーディに制度準備が可能な要綱[4]で取り決めをする。2019年には、アジア初の同性婚を実現した台湾より活動家を招き、「同性婚の実現」をテーマに実施した。このように、Pink Dot Okinawaは「パレード」に代わり、イベント内でLGBTカップルの結婚・結婚式を通じてパートナーシップのあり方を可視化し、地域での受容のひとつの形として、LGBTカップルの支援に繋げた。

そして、2017年からPink Dot Okinawaの代表者が、沖縄県内で観光事業を展開するカトープレジャーグループ（KPG）のリゾートホテルの総支配人である荒井氏へと引き継がれ、参加者数、協賛企業の顕著な増加がみられる。また、2014年から同社は、すでにLGBT結婚式の企画をすすめており、イベントの代表が引き継がれる時点で、LGBT結婚式の実施実績を多数持つ同社は、LGBT結婚式のパイオニアであり、プロ集団であっが、ここでイベントと実事業が結びつく。

旅行事業は、単独の事業者のサービス展開では成立しえない。旅行を構成する要素として、「交通」「宿泊」「食事」「観光」など組み合わせることで旅行となる。結婚式も同様に実施する箱以外に「衣装」「写真」「司会」「引出物」など関連業者との連携が不可欠である。リゾート挙式は、「旅行」と「結婚式」の両特性を含むため、さらにステークホルダーが多くなる。イベントの主催をそのハブとなるリゾート挙式を展開するKPGが実施し、年に1度のイベント以外にもLGBT結婚式を実際に実施して周辺企業を巻き込むことで、ある種説得力を持って、LGBTQツーリズムの有用性を示し、名実ともに主導する形となったのだ。

その後、2017年以降より「パレード」を行う前段階として出展者や来場者

---

4　要綱は首長の権限により策定されるマニュアルのような位置づけに対し、条例は議会の議決によって決まる法令のひとつであり、要綱よりも時間がかかる。（中田2020:9）

がカーペット上を歩く「ピンクカーペット」の実施を経て、2022 年に同イベント初となる「パレード」の実施を成功させる。

表1　Pink Dot Okinawa の展開のまとめ

| 回 | 開催日 | 代表者 | 参加者 | メインイベントなど | 協賛 |
|---|---|---|---|---|---|
| 1 回 | 2013 年<br>7月14日 | 砂川秀樹 /<br>宮城由香 | 約 800 人 | ワークショップ、トークイベントなど | 10 社 |
| 2 回 | 2014 年<br>7月21日 | 砂川秀樹 /<br>宮城由香 | 約 1000 人 | 里帰り結婚式 | 不明 |
| 3 回 | 2015 年<br>7月19日 | 砂川秀樹 /<br>宮城由香 | 約 1100 人 | 那覇市「レインボーなは」LGBT 支援宣言。ピンクドット・ペナンの実行委員招待、ＨＩＶ啓発プログラム、エイサー、著名人ステージなど | 不明 |
| 4 回 | 2016 年<br>7月17日 | 砂川秀樹 /<br>宮城由香 | 約 1500 人 | 那覇市「パートナーシップ制度」開始。第 1 号カップルの結婚式を実施。県出身著名人トークやライブなど。 | 20 社 |
| 5 回 | 2017 年<br>9月23日 | 荒井達也 | 約 2900 人 | 「レインボー都市うらそえ宣言」県出身著名人のトークやライブ、ピンクカーペット実施など | 69 社 |
| 6 回 | 2018 年<br>9月16日 | 荒井達也 | 約 3000 人 | 「すべての人がより生きやすい社会を」を軸にしたトークイベント、ピンクカーペット実施など | 100 社 |
| 7 回 | 2019 年<br>9月1日 | 荒井達也 /<br>高倉直久 | 約 3000 人 | 「同性婚の実現」がテーマのトークショーや写真展、ピンクバルーン配布<br>羽田―沖縄チャーター便を運行<br>アジア初の同性婚を実現させた台湾の活動家を招聘 | 130 社 |
| 8 回 | 2020 年<br>11月28日 | 一般社団法人<br>ピンクドット<br>沖縄 | (オンライン開催) | 県内における性の多様性に関する政策の現状や課題について、有識者らを交えた議論 | 34 団体 |
| 9 回 | 2021 年<br>12月11日 | 一般社団法人<br>ピンクドット<br>沖縄 | 約 200 人<br>(オンライン・対面ハイブリット開催) | 1 部: 映画上映・トークセッション<br>2 部: 沖縄アーティストライブ、パネルディスカッション (ユーチューブチで生配信) | 不明 |

| 10回 | 2022年11月20日 | 一般社団法人ピンクドット沖縄 | 約5000人 | 国際通りパレード実施（100人規模）、ライブ、パネルディスカッションなど | 60社 |
|---|---|---|---|---|---|

出展：沖縄タイムスプラス、Pink Dot Okinawa公式Facebook（2014年〜2022年）を元に筆者作成。

　2014年以降の数年間、沖縄県内ではリゾート挙式としてLGBT結婚式が確かに興隆した時期があったが、パイオニアであるKPGの持つリゾートホテルのチャペルが壊され、別屋号の宿泊棟が建ち、新たな挙式会場が作られなかったことは、リゾート挙式そのものが主力事業から外れていったことが予測される。このことから外部環境変化による事業変更や、雇用流動性の高い観光産業で対応力が肝となるLGBT結婚式を継続的に販売していくことがいかに難しいことかがわかる。次節では、LGBT結婚式は、どんな効果と意味をもつのか考察する。

## 5.2　LGBT結婚式、及び、イベントでの披露が行われることの効果・意味

　現行の日本の同性パートナーシップ制度は、LGBTカップルがパートナーと共に生きることを決めても、ふたりの関係性を公的に示すものとしては弱く、その地から転居すれば無効となり、異性間の結婚に付随する相続や遺族年金など補償を受けることもできない脆弱なものである。そのような状況下で、当事者は結婚式をすることで、関係性の変化を自身とコミュニティに示して実感することや、コミュニティへの披露と承認という効果があることを見出していた（中田 2022:81）。

　A・ギデンズ（Giddens）は、「親密な関係性」は性やジェンダーの核心にあり、個人生活の倫理全体の根本的転換が今日争点になるもので、自己投入の在り方が性関係と同じぐらい重要な問題となっているという（ギデンズ 1992）。日本のように同性間の結婚が認められていない国のLGBTカップルにこそ、自己投入を担保する「儀礼」として結婚式は意味を持つのである。

　また、吉井（2015）は、自らのジェンダーやセクシャリティについていざカミングアウトした時に受け入れてもらえる下地を作りながら、それまでと変わらず社会と付き合うように溶け込み、人に自分の考えを押し付けず、自分のことさえ決めつけないことを「カミングイン」と呼び、当事者側も孤立するので

はなく、コミュニティに入り込む必要性を強調する。パートナー関係を周囲に
示す結婚式は「カミングイン」の役割を果たす。

　砂川は、イベント立ち上げ前から地元沖縄で講演をはじめ、将来を描けない
と悩む同性愛者の高校生から相談を受け、メディアに顔を出し、カナダで結婚
生活を送る金城さん（2回目のイベントで「里帰り結婚式」を実施する方）を
見つけ、イベントをすることで、将来結婚する可能性を若者に伝えられたら
よいと思い、企画する。砂川の意図した通り、イベントでのLGBTカップルの
公開結婚式は、当事者、地域の住民などに新たなパートナーシップの形を広
く伝える効果があり、イベントで祝福する経験により、地域のなかでセクシャ
ルマイノリティを受容する風土形成にも繋がった。

　日本における現代の結婚式は、異性カップルにおいても儀礼的意味、社会的
意味、家と家を結ぶ意味など、共通した概念は薄れ、結婚式に求める意味や効
果も多様化している。そのため、万人に共通する残された意味は、カップル
が周囲に自分たちの在り方を伝える手段としてのメディア機能である。特に
LGBTカップルの結婚式には、慣習をそのまま踏襲することよりも個人と個人
を結ぶ表現が多用され、カップルの在り方が伝わりやすい（中田2022:39-41）。

　多くのプライドイベントで行われる「パレード」は、LGBTQの存在を可視
化するためにジェンダー（自認する性）の性表現を服装・髪型・ふるまい・プ
ラカードなどを使い、示すが、セクシャリティ（性的指向）は見た目からは
一見してわからないものである。しかし、LGBTの公開結婚式をすることによ
り、カップルの背景、衣装、セレモニーなどを通じ、LGBTカップルの関係性
やセクシャリティ（性的指向）が可視化される。沖縄のイベントが持つ他と異
なる特徴は、LGBTの結婚・結婚式をテーマとして多く扱い、可視化すること
で、見た目には表れにくいセクシャリティの理解やエンパワーメントに繋げて
きたことにある。

　次節では、LGBT結婚式はどのようにつくられているのか、観光（ブライダ
ル）事業従事者へ行ったインタビューの紹介とそこからみえたものについて考
察を行う。

## 6　観光産業従事者へのインタビューから見えたもの

　沖縄県内のリゾート挙式会場でLGBT結婚式の運営に携わった観光（ブライダル）事業従事者へ行ったインタビューから、LGBT結婚式を実施する際の準備・心がけと必要だと感じていることに関して紹介したい。

　インタビューは、2023年3月に実施した。

　対象者の経験・背景詳細は**表2**にまとめ、3つの質問について下記に展開する。

表2　インタビュー対象者の経験・背景のまとめ

|  | LGBTカップルの<br>結婚式実施経験 | 背景 |
|---|---|---|
| A氏 | 単独会場で<br>10組以上 | 沖縄県等でのウェディング関連業務の経験10年以上<br>所属企業内でカミングアウトし、当事者としてLGBTカップル向けの企画・運営・実施に携わる |
| B氏 | 複数会場で<br>10組程 | 沖縄県内でのブライダル司会者の経験10年以上<br>2014年より個人事業主として婚礼司会派遣業をはじめる |

### （1）LGBTカップルの結婚式の企画、実施、スムーズな進行のために準備したこと

　A氏は、初期導入のLGBT基礎知識、対応の仕方まで当時のスタッフ、取引先業者に対して研修を実施している。それは、会場で接客を担当するスタッフのみならず、ドライバーから会場設営スタッフまですべてを30名位ずつセッティングして実施した。研修実施後、すぐにリリースできるよう、LGBTカップル用の結婚式プロモーションの準備をした。LGBTウェディングというカテゴリーでの特別なプロモーションをすることは、差別なのではないかという意見が出ることも想定したが、問い合わせすることだけでも勇気が必要な顧客のことを考え、全てのスタッフが一言目から「おめでとうございます」と言えるように準備することに尽力し、対応するまでの下地作りを大切にしてきた。

　B氏は、挙式・披露宴を進行するなかで、これまでの婚礼の司会経験から

「新郎新婦のご入場です」などお決まりのフレーズがつい出てしまわないよう、名前で呼びかける場面だとすぐにわかるように、シナリオにマーカーを引くなどの工夫している。また、セレモニーにおいて男女カップルであれば、バージンロードを花嫁と歩くのは新婦父がする、男性はタキシード、女性はドレスであることが多いが、LGBTカップルの場合、そうとは限らない。セレモニーも家族を交えての演出よりも、ふたりでの登場や参加者を意識して参列者の参加型セレモニーなどが取り入れられることも多くあるため、その内容から背景の確認や汲み取りをするようにしているという。

### （2）特にカップル・関係者への対応において心掛けたこと

　この質問に関しては、A氏、B氏ともに文字通り問うた際には、特段LGBTカップルだからといって、他のカップルと変わりはないという回答であったが、具体的な事例を確認していく過程で、それぞれの立場でLGBTカップルや親族等へ配慮している様子が見られた。

　A氏は、社内研修のなかでLGBT結婚式等の問い合わせがあった際には、電話での一次対応中に対応者になるべく保留しないように指導する。どうしても自分では解決できない場合、「こう相談してもいいですか」とお客様に確認し、了承を得たうえで保留するよう指導するという。問い合わせする顧客は、電話で話している対応者に自身の極めてプライベートなセクシャリティに関する情報が含まれた相談をしているにも関わらず、顧客の確認も取らずに、「社内で確認いたしますので、少々お待ちください。」と簡単に保留されることがないようにしている。

　B氏は、当事者家族に即興のインタビューする際、雑な質問をしないように心がけているという。例えば、男女カップルの結婚式では、新婦の父に娘のウェディングドレス姿をみた感想を「お父さん、今の心境はいかがですか。」など挙式後に尋ねることがあるが、同様の質問をLGBTカップルの家族に聞く際には、ふたりのセクシャリティについて聞いていると誤解されないように、単純に晴れ姿をみた感想を聞いていることがわかるよう、「今日の〇〇さんとっても綺麗ですね。お父さんご覧になっていかがですか？」など丁寧で且つ、相手

が答えやすい発問をするように配慮している。

　A氏、B氏ともに知識や経験を重ねるなかで暗黙知となっていたことが多くあり、具体的に必要な心がけとしてすぐに出てこなかったようだが、LGBT 接客経験者の「他のお客様と変わらない」という言葉を鵜呑みにしてはならない。下線部分、A氏の発言「こう相談してもいいですか」という顧客への提案や、B氏の対応、丁寧で且つ、相手が答えやすい発問をすることは、高度な接客であり、新人や知識だけを与えられた人材では対応できず、知識を自身で活用する力が必要である。

### （3）事業者が LGBT カップルの結婚式を実施していくうえで<br>　　必要だと感じること

　A氏は、事業者の制度整備に課題感を感じている。LGBT カップルの結婚式の実施には、数十万円単位での研修費用がかかるため、小さな会場が単独では取り組みにくく、費用対効果もすぐに目に見えるものでもないので、地域にある協会などが主導していく形がとれるとはじめられる事業者も出てくるのではないかと考えている。

　実際に、婚礼を扱う事業者は中小企業が多く、競合も多数存在し、飽和するなかでハードの陳腐化を避けるために設備投資する企業が多く、教育・対応などソフトに投資できる事業者は一部である。

　B氏は、派遣先の会場によって、全スタッフが研修を受けている会場と一部のスタッフしか教育されていない会場の両方で結婚式を経験し、後者の会場では、基盤となる知識を持たず、顧客の情報もきちんと共有されていないと、おどおどするスタッフが出てきてしまい、場の空気感の醸成がうまくいかないという気づきがあったという。その他、同業の司会者が LGBT カップルの司会を断った理由として、知識不足から当事者カップルとのコミュニケーションにいらぬ心配を抱くことや、相談に乗れないといけないという思いを持ち、躊躇するケースがあったという。結婚式の実施を決めた時点でカップルや両親も熟慮して決めてきているので、何か決めてもらう場面があっても大体多くは普通にすんなり決まり、経験していないための不安が生じているため、教育の機会

とまずは一度仕事を引き受けてみようと思う勇気が必要であると感じている。

　婚礼の司会者には、新たな顧客への対応になかなか踏み出せない人もいるようだ。トレーニングに加え、組織のなかで高い提案・運営力も持つスタッフへの評価・報酬体系を整備し、挑戦したいと思えるような企業の体制づくりも必要であろう。

## 7　おわりに

### 観光業者のセクシャルマイノリティイベントへの関わり

　沖縄県内で実施されるセクシャルマイノリティイベントと観光業者の関わりは、どのような影響を与えただろうか。イベントに協賛する観光産業の貢献には、スポンサー契約料、ブース出展料などの資金が集めや、各社の取り組みがサービスとして広がることにある。例えば、日本航空が 2019 年のイベントのために運航した「ＪＡＬ LGBT ALLY チャーター」や 2020 年 10 月より機内アナウンスの「Ladies and gentlemen」という表現の廃止は、全国的に報道がなされ、広く世間に知られることとなった。では、マイナスの影響はどうか。

　川坂（2018）は、イベント運営資金を当事者団体の広告費で賄うよりも企業協賛を得る形への変更は、規模と可視性の拡大が見込める一方、他組織が積極的に商業的・政治的な利用することとなり、非政治化したイベントが引き起こした議論の活発化は、LGBTQ の運動や政治的コミットメントに対する圧力や、バックラッシュの予兆である可能性を示唆した。2018 年の東京プライドパレードで、安倍政権批判などの政治的メッセージが発せられ、野党が参加したことなどが主にインターネットで「LGBT を政治利用するな」という批判に発展し、結果、野党の政治的アジェンダからマイノリティ問題を削除する要求がなされ、政治的圧力になった（川坂 2018）。

　この問題は、LGBTQ の運動とパレードが拡大化されることにより政治性と切り離され、歴史的文脈の理解が、いかに一般化されていないかを露呈させた。この事態に関しては、運営、メディアへの露出手法を含め、今後も実施には注意が必要な点であろう。

　しかし、沖縄では第 1 回目から企業が結婚式の実施などに関わり、他組織の

参入があったからこそ共感を呼ぶものとなり、後に、地域行政（政治）を変える成果を生む展開となった。LGBTQ の運動をめぐる議論には、「アイデンティティ型」と「ミッション型」の二項対立の構図がよくあげられる。その際に「ミッション型」を抗議の側面を捨て去ったものとして誤認しているケースも多いのだが、初期の沖縄の事例は、「祭り化」「大衆化」「商業化」や声高に社会への異議申し立てをすることのない「ミッション型」のイベントがイコールで、政治的イデオロギーを欠いたものではないことを示した。

　日本国内の 20–30 代の若者層は、社会運動に対して社会を変えるための有効な手段と据えつつも、デモを迷惑で過激なものとしてとらえ、担い手に対しても、個人的なうらみ・ねたみに基づいて自己満足で行動していると考えているという（富永 2021）。東京プライドパレードの参加者の中心は 20–30 代であり、混乱の原因は、野党議員の抗議演説などが目立ち、イベント全体の印象に影響を与えたことにあると考えられる。観光産業がイベントを主導し、当事者向け商品を開発することも商業利用と批判される可能性はある。大掛かりな企画は、日本航空や本章インタビューの A 氏も批判を恐れつつ、覚悟して実施していた。しかし、観光産業の主商品は無形サービスであり、商品化に資金も時間も要さないものもある。機内アナウンスのように、できることからサービス化することが可能で、それを実践する姿勢は、当事者・支援者が実施する「迷惑で過激な」活動の対極にあり、支援者の実施する「親切でさりげない」ものとして、好意的に受け取られたという点にもあったであろう。

## 観光業者と LGBT 結婚式の関わり

　沖縄県内で観光産業が LGBT 向けのリゾート挙式を盛り上げる一方、県内の異性カップル向けの婚礼事業や調査が取りこぼされている状況があった。沖縄県内のリゾート挙式事業には、「観光客 / 沖縄県民」という分断が生じていると言え、ドメスティック・イデオロギー[5]の概念に当てはめることができる。

---

5　近代的な性規範が性別役割分業や妻＝母 / 娼婦という女性の分断、男性 / 女性と性の二重基準を生み出し、植民地における性暴力や性的搾取に繋がることを示す概念。ここでは、国内 / 国外（植民地）など他者を作り出すことにより、主体を持ち上げるという意味で使用。

玉城福子（2022）は、竹内が唱えるグローバル化によりドメスティック・イデオロギーが変化し、形を変えて継続する可能性があるという説に対し、沖縄の沖縄戦・米軍基地・観光の事例からは、ドメスティック・イデオロギーが機能し続け、むしろ格差が広がるなかで、より分断が強固になっている可能性があり、それは暴力を受けてきた女性の沈黙化、聞こうとしなかった、沈黙化を強いた大多数の存在があることを示唆した。

　また、砂川は、沖縄で LGBTQ の受容に関して特徴的なのは、「寛容である」「生きづらい」という相反する語りが、同じレベルで聞こえてくることであり、沖縄社会にある家庭に関する価値観の両義性により輻輳する多様性の複雑さが現れているという。その両義性とは、家族の理念系が弱いのにもかかわらず、家の継承や子を持つことに対して強い価値が置かれているということである。未婚出生率・離婚率の高さ故に、伝統的家族の規範は弱く、未婚の母などに寛容であるが、長男が子を持つことで家を繁栄させ、家を継ぐべきであるという考え方が根強い。その矛盾した価値観は、他の家のことならオッケーだけれど、自分の家のことなら許せないという姿勢として現われやすいという（砂川 2018）。

　このような背景を持つ沖縄では、異性カップルであっても、県民から必ずしも生殖・ジェンダーを意識しない現代の結婚に関して新たな価値観が発信されにくく、さらに先進的な LGBTQ ツーリズムを発展させられたのは、県外事業者の関与があったからであろう。そして、那覇市は同性パートナーシップ証明の登録者数を堅調に伸ばしているが、ここ数年、大都市圏からの移住者も増加しており、登録者は地元住民とも限らない。沖縄リゾート挙式、及び、LGBTQ ツーリズムは沖縄県民にとって、県外観光客が実施するものだから受入れているという形にならないよう、県民の結婚やジェンダー意識について調査研究をすすめ、活動には地元住民を巻き込み、LGBTQ のみならず異性カップルのパートナーシップの在り方についても、新たな価値観を共有していくことが本質的な多様性の受容には必要となる。沖縄県内の LGBTQ ツーリズムには、県外と県内において二重基準があることが矛盾点といえる。国をあげて LGBT ツーリズムでインバウンド誘致を行うイスラエルでも、国外の人権促進に取り組むようにみせかけ、国内の諸問題に沈黙する姿勢（2018 保井）があり、これも「国外 / 国内」の二重基準と言え、問題視されてきた。

　一方、沖縄県で実施されていた LGBT 結婚式の事業展開、観光産業従事者の
リテラシーや対応力の高さは、本章からも明らかであり、今後の LGBTQ ツー
リズムや、沖縄観光の発展に寄与する可能性がある。特に、LGBT 結婚式に関
しては、最も婚礼事業者数の多い首都圏においても実績は少なく、必要な教
育や対応の経験がないまま受入れて、カップルが不快な思いをすることもあ
る。米国・ニューヨークで、同性婚に関連する州法が施行された翌年に LGBT
結婚式関連の需要が大きく伸び、大きな経済効果をもたらしたことから（中
嶋 2022）、2022 年 11 月に東京都で同性パートナーシップ制度が施行され、
2023 年 7 月には登録組数が 746 組（全国の自治体一位）となった今は、ま
さに首都圏を対象にした LGBT 結婚式は大きな商機であるが、コロナ禍が明け、
観光・リゾート挙式需要が戻るなか、企業がどこまで LGBT カップルに向けた
取り組みができるかは課題である。

　また、沖縄県は、自治体として観光関係者向けに無料の LGBTQ 理解のため
の研修を実施し、観光地における面の対応を強化する。こうした官民の政策が
広まった背景には、現在のイベント運営元の社団法人の理事長を務める高倉氏
が那覇市出身であり、市内のホテルの総支配人であることから、十年以上にわ
たり、継続的に具体的な提案ができたことがあろう。そして、2023 年 7 月に
は浦添市の国際観光科を持つ高校の授業の一環として、LGBT カップルを想定
した模擬挙式が実施されている。観光人材も観光産業が生み出した観光資源の
ひとつであり、元々は県外の事業者がはじめて育っていった人的資源である
が、地元の観光人材育成という形でも広がっている。

　官民が連携し、都度現状を振り返り、課題への具体的取組みをすすめるこ
とができれば、沖縄県は LGBTQ ツーリズムのディスティネーションとしても、
公共政策としても、さらなる発展が期待できるだろう。

## ＜参考・引用文献＞

川坂和義（2018）「「非政治化」されるプライド・パレード――LGBT の権利へのバックラッシュ」『世界』913, pp150-156.

Giddens A.（1992=2021）松尾・松川訳『親密性の変容――近代社会におけるセクシャリティ、愛情、エロティシズム』而立書房

彭永成（2020）「『ゼクシィ』における理想的な結婚イメージの創出――結婚情報誌からブライダル情報誌へ」『マス・コミュニケーション研究』97 号, pp125-142.

彭永成（2021）「結婚情報誌における地方色の喪失――「九州ゼクシィ」に着目して」『京都大学教育学研究科紀要』第 67 号, pp29-42.

杉浦郁子・前川直哉（2022）「「地方」と性的マイノリティ――東北 6 県のインタビューから」青弓社

砂川秀樹（2018）「マイノリティから社会を開く――ピンクドット沖縄の実践から（特集 人びとの沖縄）」『世界』912, pp100-106.

砂川秀樹、宮城由香、山城紀子（2016）「鼎談 沖縄のセクシュアル・マイノリティムーブメント――「ピンクドット沖縄」のあゆみ（特集 沖縄から学ぶ：「平和と性の権利」の実践をつくる）」『Sexuality』" 人間と性 " 教育研究協議会, pp128-137.

玉城愛（2010）「――抱腹絶倒エピソード ああ、沖縄の結婚式！」でいご印刷

玉城福子（2022）「沖縄とセクシャリティの社会学――ポストコロニアル・フェミニズムから問い直す沖縄戦・米軍基地・観光」人文書院

富永京子（2021）「若者の「社会運動嫌い」？―社会運動に対する忌避感とその原因―」『生活経済政策』288「生活経済政策」編集委員会, pp17-21.

中嶋真美（2022）「イノベーション普及理論からみる日本における LGBT ツーリズムの浸透――同性婚ディスティネーションとしての可能性に着目して」『日本国際観光学会論文集』第 29 回, pp25-33.

中田久美子（2022）「LGBTQ 当事者にとっての結婚や結婚式の意味について――ブライダルを通してみる多様なセクシャリティの社会的受容の課題と可能性」法政大学

堀川修平（2015）「日本のセクシャル・マイノリティ運動の変遷からみる運動の今日的課題――デモとしての「パレード」から祭りとしての「パレード」へ」『女性学』23 日本女性学会, pp64-85.

正木聡（2021）「ガイドブックの表象に見る沖縄戦跡観光の変遷と現状について」『日本観光研究学会全国大会学術論文集』第 36 回, pp159-162

保井啓志（2018）「中東で最もゲイ・フレンドリーな街――イスラエル性的少数者に関する広報宣伝の言説分析」『日本中東学会年報』34(2), pp35-70.

吉井奈々（2015）「カミングインという生き方」『日本保険医療行動科学学会雑誌』29(2), pp20-21

World Tourism Organization（2012）. *Affiliate Members Global Report, Volume 3 - Global Report on LGBT Tourism*, Madrid：UNWTO

――（2017）. *Affiliate Members Global Reports, Volume fifteen – Second Global Report on LGBT Tourism*, Madrid：UNWTO

## ＜参考ウェブサイト＞

沖縄県「令和3年版観光要覧」https://www.pref.okinawa.lg.jp/site/bunka-sports/
　kankoseisaku/kikaku/report/youran/r3kankouyouran.html

沖縄県「沖縄リゾートウェディング統計調査結果」（最終閲覧日 2023 年 8 月 25 日）
　https://www.pref.okinawa.jp/site/bunka-sports/kankoshinko/yuchi/rwtoukei.htm

沖縄新報「同性カップルの模擬披露宴、生徒らで演出「海や人魚をコンセプトに企画
　から運営まで浦添商のブライダル実習」」（最終閲覧日 2023 年 8 月 28 日）https://
　ryukyushimpo.jp/news/entry-1748457.html

沖縄タイムスプラス（2014,7 月 22 日）「生き方いろいろ ピンクドット沖縄開催」（最
　終閲覧日 2023 年 8 月 1 日）https://www.okinawatimes.co.jp/

沖縄タイムスプラス（2015,7 月 19 日）「LGBT イベント・ピンクドット沖縄那覇市が「
　レインボーなは」宣言」（最終閲覧日 2023年8月1日)https://www.okinawatimes.co.jp/

沖縄タイムスプラス（2016,7 月 20 日）「LGBT の理解進む企業ピンクドット沖縄への協
　賛社も増加【深掘り】」（最終閲覧日 2023年8月1日)https://www.okinawatimes.co.jp/

沖縄タイムスプラス（2017,9 月 24 日）「性の多様性、広がる理解「ピンクドット沖縄」
　過去最多 2900 人参加」（最終閲覧日 2023年8月1日)https://www.okinawatimes.co.jp/

沖縄タイムスプラス（2018,9 月 17 日）「ピンクドット沖縄に 3 千人——多様性尊重を
　アピール」（最終閲覧日 2023 年 8 月 1 日）https://www.okinawatimes.co.jp/

沖縄タイムスプラス（2019,9 月 1 日）「LGBT が当たり前の社会に…「同性愛カップル
　の結婚」が今回のテーマ「ピンクドット沖縄」きょう開催」（最終閲覧日 2023 年 8
　月 1 日）https://www.okinawatimes.co.jp/

沖縄タイムスプラス（2019,9 月 2 日）「誰もが生きやすい社会に / 那覇でピンクドッ
　ト 2019/ 県内外から 3 千人■協賛最多 130 社」（最終閲覧日 2023 年 8 月 1 日）
　https://www.okinawatimes.co.jp/

沖縄タイムスプラス（2020,11 月 29 日）「多様な性 県宣言に期待　ピンクドット沖縄、
　条例頓挫など議論」（最終閲覧日 2023 年 8 月 1 日）https://www.okinawatimes.co.jp/

沖縄タイムスプラス（2021,12 月 15 日）「個人の性を認めて生きやすい社会に——学
　校での教育を望む声も——那覇で「ピンクドット沖縄」」(最終閲覧日 2023 年 8 月 1 日)
　https://www.okinawatimes.co.jp/

沖縄タイムスプラス（2022,11 月 21 日）「性の多様性を認め合い、生きやすい社会目指
　すピンクドット沖縄、10 年目——那覇で初のパレードを開催」（最終閲覧日 2023 年
　8 月 1 日）https://www.okinawatimes.co.jp/

ゼクシィネット（最終閲覧日 2023 年 8 月 10 日）HP https://zexy.net

駒澤大学文学部社会学科専攻 松信ひろみ研究室「「東京レインボープライド 2016 来
　場者アンケート調査」報告書」（最終閲覧日 2023 年 8 月 10 日）https://www.
　komazawa-u.ac.jp/news/files/20170523bun_matunobu.pdf

株式会社リクルートホールディングス「結婚情報誌『大衆皆喜北京版』創刊のお知らせ」
　（最終閲覧 2023 年 8 月 10 日）https://oldrelease.recruit-holdings.co.jp/news_data/
　release/2007/0906_1228

日本航空株式会社 公式HP「LGBTQへの理解促進」（最終閲覧日2023年9月26日）
https://www.jal.com/ja/sustainability/human/diversity/

Forbes JAPAN（2019,12月6日）「「企業は試されている」。JALがLGBTチャーター便
を飛ばした覚悟とその理由」（最終閲覧日2023年9月26日）https://forbesjapan.
com/articles/detail/31036/page2

MARRIAGE FOR ALL JAPAN「日本のパートナーシップ制度」渋谷区・虹色ダイバーシティ
全国パートナーシップ制度共同調査（最終閲覧日2023年8月5日）https://www.
marriageforall.jp/marriage-equality/japan/

Pink Dot Okinawa 公式Facebook（最終閲覧日2023年8月15日）https://www.facebook.
com/pinkdotokinawa

PR TIMES（2015）「沖縄県へカウンター事業で初進出！結婚情報誌『ゼクシィ』」（最終閲
覧日2023年8月5日）https://prtimes.jp/main/html/rd/p/000000109.000010032.html

SYNODOS「沖縄から、LGBTが生きやすい社会を目指して」（最終閲覧日2023年8月1日）
https://synodos.jp/opinion/society/13368/

# 第5章　コンテンツツーリズムについての政策的考察

## 観光で変容する地域とアニメの〈真正性〉

齋藤　光之介

### 1　はじめに

コンテンツツーリズムとは、映画や小説、アニメといった「コンテンツ」に動機づけられた観光を指す。今日においては、観光地の土産店や交通のハブとなっている施設では、こうしたコンテンツの展開が目にとまることも多いだろう。たとえば「温泉むすめ」は、温泉地ごとにその地域の特徴を反映したキャラクターがつくられる、いわゆる「擬人化」コンテンツである。「温泉むすめ」は、キャラクターたちが地域プロモーションをおこなうアイドルとして描かれており、そのコンセプトから地域プロモーションをになう存在として自らを規定しているといえる（渡辺 2022）。そのため、温泉施設のみならず、土産店や駅などでもグッズやフォトスポットなどが設置されている様子が見られる。

このように、今日においてはあらかじめ観光を励起することに自覚的なコンテンツが出現しつつある。こうした状況の背景には、コンテンツツーリズムが「フィルムコミッション[1]」等をはじめとして、コンテンツのマーケティングと地域社会による観光開発が相互に依拠しつつ展開することが挙げられる。また、増淵敏之が指摘するように、コンテンツツーリズムは「クールジャパン政策」等をつうじて一般に認知を獲得してきつつあり（増淵 2018）、マーケティ

---

1　その地域において、おもにアニメや映画、テレビドラマといった映像コンテンツのロケハンやプロモーションに協力する機関（増淵 2018）。

ング×観光開発の幸福な結婚というイメージが、なかば自明のものとして受け入れられつつあるのではないだろうか[2]。

　以上のような背景から、コンテンツツーリズムは「政策」と不可分であるといえ、「お上」によるトップダウン的な観光政策の一手法であるといえるだろう。しかし、このようなお仕着せの観光開発のイメージに反して、岡本健の埼玉県の鷲宮神社における「アニメ聖地巡礼」をめぐる研究では、観光者たるファンたちの「ボトムアップ的」な観光のありかたが強調されている。そこでは、アニメ聖地巡礼をおこなうファンたちは、アニメの舞台を「発見」あるいは「開拓」し、地域の人びとや他のファンと交流し、メッセージやイラスト、グッズを残すことで「聖地」を形成していくとされる（岡本 2018）。このようなアニメ聖地巡礼をおこなうファンたちは、「オタク」とよばれる人びととして把捉されるが、東浩紀によれば彼らはオタク文化に耽溺し、それら以外に興味を示さない閉じた欲望の回路をもった（「動物化」した）人びとである（東 2001）。岡本は、以上のようなファンたちの創造性や積極的な交流をとりあげ、アニメ聖地巡礼に「他者との出会い」を見出すことで、「動物化」から開かれたオタク像を描出しようとした（岡本 2018）。

　このようにコンテンツツーリズムは、政策的なトップダウンとファンカルチャー的なボトムアップという両極をあわせ持つ。こうした状況においては、「聖地」での観光経験は2つの極を中心として形成されていくと考えられる。本章では、こうした観光提供者の介入によるコンテンツツーリズムの変容を、ファンの観光経験に着眼しつつ考察していきたい。そこでは、ファンたちが「聖地」という観光対象にたいして「真正性〈オーセンティシティ〉」を見出す過程を分析する。そして、コンテンツツーリズムが、トップダウンとボトムアップのあわいにおいて経験されることで、地域の取り組み自体がコンテンツの一部として「真正な」観光対象となっていくことを明らかにする。

---

2　このような地域振興の様態は、地方を大都市による消費の対象として貶めていくとして批判される場合がある。貞包英之は、地方において観光資源として開発される「ゆるキャラ」や「B級グルメ」が、人気投票などで格付けされることに関して、メディアや大都市による価値判断に従属的であるとしている（貞包 2015）。

## 2　コンテンツツーリストの観光経験

　前述のように、コンテンツツーリズムには観光開発や地域振興という政策的な側面と、ファンによる自発的で創造的な実践という側面がある。この2つの性質は、コンテンツツーリズムをめぐる研究において、相反するものではなく相互に活性化するものとして描出されてきた。たとえば山村高淑は、コンテンツツーリズムを形成するアクターとして著作権者・地域社会・ファンをあげながら、そこでコンテンツをつうじて立ち上がる共同性を「クリエイティブファンダム」と呼んだ。そこでは、各アクターがそれぞれ互恵的な関係を結ぶことで「文化的一体感・連帯感」を生むとされる。より具体的にいえば、著作権者とファンは「コンテンツや関連商品の生産／消費」、著作権者と地域社会は「質の高いコンテンツの提供と地域ブランドへの貢献／ロケ地の提供と撮影協力、共同プロモーション」、ファンと地域社会は「迷惑がかからないよう配慮、経済的・社会的貢献／感謝ともてなし、良い経験・想い出となるよう配慮」といったことが挙げられている（山村 2021）。

　このなかで、ファンに想定される行動として、「コンテンツや関連商品の消費」や「迷惑がかからないよう配慮、経済的・社会的貢献」が挙げられていることに注目したい。これらは、ファンによる商品の購入や観光地への移動といった単純な消費行動を、クリエイティブファンダムに資する行動として意味づけすることで、その社会的な意義を高める言説であるといえよう。

　コンテンツツーリズムの観光経験は、経済的・社会的意義を強調するあまり、そこから導出される価値観から解読可能な「消費」や「配慮」といったような実践として描きがちである。しかし、コンテンツツーリストが「聖地」でおこなう「消費」や「配慮」は、「聖地巡礼」という観光行動の一部として現出しているにすぎない。そのため、そうした実践の外側にはトップダウン的な観光政策にそぐわない観光実践が存在しうる。そのような経済的・社会的意義にもとづかない視座からのコンテンツツーリズムをめぐる議論には以下のようなものがある。

　谷川嘉浩は、分析美学の概念を援用しながら、観光者の主観的な「想像」か

らコンテンツツーリズムを定義しようとした。谷川はその過程で、「ごっこ遊
び」をめぐる議論からコンテンツツーリズムの現実に存在するものを虚構に見
立てるという側面を指摘した。そのうえで、そうした「見立て」を現実の「モ
デル地」と「作品鑑賞の記憶」の結びつきとして把捉しつつ、鑑賞者が作品世
界の想像するための契機となっているとする。

> 作品鑑賞においては、「モデル地に関する記憶」が参照されていたのに対
> して、モデル地を訪れるとき、「鑑賞経験という記憶」が参照されている。
> いずれの場合も、「記憶」から活力を得ながら、作品世界の想像という心
> 理的参加に具体的な実感を持たせていることがわかる（谷川 2018:164）

　こうした構造は、観光がマスメディアによって作られたイメージによって駆
動される「疑似イベント」としても理解できる。疑似イベントとは、D・ブー
アスティン（Boorstin）による概念で、観光はメディアによって作られたイメー
ジを確認するだけの偽物の経験であることを表す（Boorstin1964）。そして、そ
のように駆動された観光は再びメディアによってイメージ化され、さらなる観
光＝疑似イベントを喚起するという循環がしばしば指摘される。コンテンツ
ツーリズムにおいても、コンテンツの表象というイメージが観光を喚起するわ
けだが、同時に現実の場所がそのイメージのモデルとなっており、現実とイ
メージの循環が認められる。
　しかし、疑似イベントはイメージの確認を「疑似」、すなわち「偽物」の経
験とするわけだが、コンテンツツーリズムにおいてはイメージの確認は、そう
した経験としてだけでなく「作品世界の想像という心理的参加に具体的な実
感を持たせ」る契機とされている。すなわちコンテンツツーリズムでは、写
真をとったりグッズを買ったりといった表面的な観光のほかに、「聖地」での
「作品世界の想像」という二重の経験がなされている。その観光経験は、「聖地」
における物理的な環境が可能とする実践だけでなく、観光者がコンテンツの作
品世界を想像するときに参照する記憶にも依拠しているといえる。

## 3　コンテンツツーリズムにおける〈真正性〉

　前節では、コンテンツツーリズムの観光経験が、観光実践や観光対象からだけでなく、コンテンツの「作品世界」からも構成されうることを示した。本節では、そうした観光経験を観光社会学における「真正性」をめぐる議論から考察していく。

　真正性とは、観光の場において見出される「本物らしさ」のことを指す。たとえば、日本のレジャー施設「ハワイアンズ」でみるフラダンスショーと、ハワイでみるフラダンスショーは、後者のほうが「本物らしい」と感じるだろう。観光においては、こうした「本物らしさ」が重要な要素となっており、場所や文化を観光対象たらしめるものといってもいいかもしれない。

　コンテンツツーリズムでは、観光者はコンテンツの表象との一致を確認したり、観光地＝「聖地」を「作品世界の想像」の補助として用いたりしている。その点でいえば、コンテンツツーリズムの真正性はつねにコンテンツにあるように思われる。そこでは、コンテンツやその作品世界を「本物」として参照しながら、その補助的な存在として観光地をまなざすからである。しかし、「聖地」はコンテンツのモデルとなった場所であり、「元ネタ」として特権化される場合もある。そのとき、コンテンツに向けられた愛着が「モデル地」へと拡張されることで「聖地」の「真正化」が生じているのである。

　岡本亮輔は、こうしたファンの熱意に支えられたアニメ聖地巡礼の真正性について、E. コーエン（Cohen）らによる「冷たい真正化／熱い真正化」という概念から考察している。「冷たい真正化」とは、社会的に権威とされているもの裏付けによる真正化を指し、ユネスコの認める世界遺産や、国の認める重要文化財のように、学術的・政治的に保証されることで生じるとされる。他方で「熱い真正化」は社会的にそれほど重要とされていない集団や人びとがある場所に価値を与えていくことを指し（Cohen 2012）、旅雑誌で特集されるパワースポット等がこれに当たるという。岡本亮輔は、このうち「熱い真正化」がアニメ聖地において生じているとしている。そして、そこでは「聖地」を中心としてファンと地域社会の緩やかな共同性が築かれており、コンテンツツーリズ

ムを一過性の経済的な効果をねらったものと断ずることはできないという（岡本 2015）。

　しかし前述したように、コンテンツツーリズムは地方自治体の観光政策や、国のクールジャパン政策として取り入れられてきており、公的な機関という権威に裏付けされつつある。また、アニメファンは、著作権者やコンテンツ制作者等を「公式」と呼び、そこから供給される情報を特権化する場合がある。これらの政策的な介入は、コンテンツやコンテンツツーリズムの観光対象に権威性を付与する。そして、そのなかでコンテンツツーリズムの真正性とそれにもとづく観光経験は「冷たい」ものへと変容しつつあるといえる。

## 4　政策的、あるいは政治的なコンテンツツーリズム表象

　コンテンツツーリズムの観光経験は、「聖地巡礼」実践だけでなくコンテンツの作品世界をつうじて構成されうる。それゆえコンテンツ内外の要素に影響されやすく、今日においては、コンテンツツーリズムが公的な承認を得ることで「冷たい真正化」が生起しつつあるのである。本節では、以上の整理からさらに歩を進め、こうした「冷たい真正化」によってコンテンツ内容が「公」を意識したものへと変容しつつある状況を明らかにしたい。以下では、コンテンツツーリズムの観光経験を構成する要素として、おもにコンテンツ内容や周辺情報を取り上げながら分析する。

### 4.1　「温泉むすめ」の炎上

　冒頭で示した「温泉むすめ」は、2021 年に SNS で批判的に取り上げられ「炎上」した。具体的には、いくつかのキャラクターの設定テキストに「スカートめくりが好き」「全温泉むすめのスリーサイズを覚えている」「夜這いを期待している」「肉感がありセクシー」といった内容の記述が見られたことがおもにフェミニズムの観点から批判され、運営者によって修正されることになった。しかし、その後コンテンツ自体への感情的な批判が増えていきメディアに取り上げられる事態となっていった。渡辺賢治はこの「炎上」について、一過性的な批判に対してファンたちによる SNS をつうじた応援や感謝を伝えよう

とする活動が盛り上がりを見せたことをとりあげている。また、「温泉むすめ」
は観光庁の後援をうけたコンテンツであることが、「炎上」の遠因になったの
ではないかと推察している（渡辺 2022）。

　ここでは炎上の是非や個別の内容に踏み込んで議論しないが、コンテンツ内
容が炎上をうけて修正されたことと、コンテンツの背景に国の官庁や全国の温
泉地といったさまざまなステークホルダーが存在していることに注目したい。
そもそも「温泉むすめ」は、観光資源とコンテンツを結びつけ、地域振興をは
かるという明確な意図のもと生まれたとされている（同）。このように、社会的
文脈によってコンテンツの内容も（しばしば政治的に）規定されうるのである。

## 4.2　『ゾンビランドサガ リベンジ』における「権力」の表象

　このほかに、2021 年に放送された佐賀県を舞台としたアニメ『ゾンビラン
ドサガ リベンジ[3]』における、災害時における県知事の描写を取り上げたい。
内容としては、ゾンビになった少女たちが正体を隠しながら佐賀県を盛り上げ
るためにアイドルとして活動するのであるが、スタジアムでのライブ公演を目
前に洪水が起こってしまう。主人公たちも避難生活を余儀なくされるが、県
知事への直談判によって交通インフラの復旧が急がれ、また東京のマスメデ
ィアによる告知によってチャリティライブとして開催することが可能となるの
である。

　前者は、コンテンツが舞台とする地域の首長を、果断な行動力で主人公らを
助ける存在として描いているといえる。これは、ある地域を舞台とする上で有
権者の支持のある政治主体を描出する際には、ある程度好意的なものにならざ
るをえないことを示唆している（このほかの公権力としては、たびたび警官が
登場するが、ゾンビである主人公たちにおどろいて銃撃するなど、「ネタキャ
ラ」として描かれている）。

　また後者は、地域振興を大きなテーマの一つとし、地方局や地元での地道な
活動を続けてきたストーリーがあるにもかかわらず、東京のテレビ局や新聞社
によるプロモーションによって多くの人びとが動員される様子が描かれるこ

---

3　2018 年に放送された『ゾンビランドサガ』の続編。

とになる。これは、アニメコンテンツがおもに東京で企画され、テレビ放送の形態をとっていることと無関係ではないだろう。こうした価値観のなかで、東京によって「地方」発のアイドルが発見される物語となってしまっているといえる。これらは「地域」や「地域振興」の様態を描出しようとしているといえるが、いずれも作品外的な要素によって規定されているといえないだろうか[4]。

　ただ、こうした点は指摘できつつも、「地域振興」そのものをテーマとしていることで、「存在自体が風前の灯火である佐賀を盛り上げる」といったような、「地域」に関する自己言及的な（メタ的な）表現が散見され、示唆の富んだ作品といえる。石岡良治は、そうした自虐的にもなりうる表現から『ゾンビランドサガ』をその他のコンテンツと区別する。

　　グループアイドルの活動を通じて、存在が風前の灯火である佐賀を盛り上げるという、一見自虐的な初期設定のおかげで、コンテンツツーリズムやアイドルを主題としたアニメの大半がネガティヴな側面を扱うことをリスクとみなす傾向があるなか、「作中の舞台をシンプルに称える」のではない仕方で佐賀の魅力を扱う展開が可能になり、結果的に題材の肯定的な側面を取り集めるうえでのフックになっている（石岡 2022:55）

　前述した洪水被災はもちろんネガティブなものであるし、『ゾンビランドサガ』の第3話に登場する、すでに取り壊されてしまい聖地巡礼の不可能な商店街は「過疎」の象徴といえ、挑戦的な描写であるといえるだろう。しかし逆にいえば、こうした描写は「自虐」や「メタ」をつうじてのみ可能なのであり、「ネガティブな側面を扱うことをリスクとみなす傾向」を前提としたオルタナティブなのである。

---

4　アイドルによる地域振興を描いたコンテンツとしてNHKで放送された連続ドラマ「あまちゃん」が挙げられる。この作品においては、アイドルになるために東京へ行くことが当然視されている。また、そうして「上京」したアイドル志望者によって「地元にかえろう」などと歌う「GMT」が結成される。そこでは、東京を中心としたメディアによる情報流通の不均衡を前提とした物語が展開されており、地方における支持が得られなかったとされる（貞包 2015）。

## 5　「地域振興」の観光対象化

　以上のように、コンテンツツーリズムを予期したコンテンツにおける表象は、地域振興の文脈を織り込んだものとなっている。そのため、こうしたコンテンツに喚起されたコンテンツツーリズムの観光経験も、その影響下にあると考えられる。本節では、コンテンツツーリズムによる地域振興を前提としたコンテンツが流通して以後におけるコンテンツとそれが励起するツーリズムの真正性について検討していく。

　真正性に関するもっとも重要な議論として、D・マキャーネル（MacCannel）による「演出された真正性」が挙げられる。マキャーネルによれば、観光者は「疑似イベント」的な観光対象を「偽物」と見抜いており、「本物」を求めているのだとされる。しかし、観光提供者もそれを知っているため、あえて「表舞台」と「舞台裏」を用意することで、「舞台裏」を「本物らしく」演出しているのだとするのである（MacCannel 2012）。

　前述のように、コンテンツツーリズムにおける真正性は、「聖地」における観光対象だけでなく、そこでの「作品世界の想像」を誘発するコンテンツ内容によって生起する。そこでは、地域社会を「表舞台」と考えた場合にはコンテンツが「舞台裏」に、コンテンツを「表舞台」と考えた場合には「地域」が「舞台裏」となり、観光的な価値をうむコンテクストを相互に依拠していると考えられ、実質的に「裏」の存在しない状況となっている。

　このような、コンテンツツーリズムにおける地域とコンテンツが相互に依拠する状況を「表」と捉えたとき、それを駆動する「地域振興」という論理が「裏」となりうるのではないだろうか。そうであれば、その地域が「地域振興」の一環としてコンテンツツーリズムに取り組む姿そのものが観光対象となっていくと考えられる。

　そのような観光の様態を、山梨県を舞台としたアニメ『ゆるキャン△』の例から考えてみたい。『ゆるキャン△』は、高校生がキャンプや観光をする様子を描いていくマンガ作品を原作として、アニメやアニメ映画化のほか、実写ドラマ、キャンプ雑誌や聖地巡礼のガイドブックといった盛んなメディアミッ

クスが特徴のコンテンツである。そのなかで、アニメ映画版では主人公たちが大人となったあとのストーリーが描かれている。内容としては、以下のようなものになる。

　主人公たちは、それぞれ東京や横浜、名古屋などで働いていたが、そのうち一名が山梨に戻り「やまなし観光推進機構」に勤めていた。そのメンバーは、地域振興の一環として使われなくなっていた山間の施設を改修する企画を任されており、そこにキャンプ場を作ることを提案する。主人公たちは、かつてのキャンプ仲間としてそれに協力することとなる。キャンプ場の完成が目前に迫るなか、敷地内で縄文土器の破片が発見され、調査のために開発はストップしてしまう。また、その施設を縄文時代の遺跡を用いた文化学習施設とするべきであるという案があり、キャンプ場の計画は頓挫するかと思われた。しかし、文化学習施設と一体化したキャンプ場を構想しなおすことで、無事キャンプ場は完成する。

　ここでは、地域振興や観光開発自体がコンテンツの一部として描かれている。また、「やまなし観光推進機構」は実在する公的な機関であり、所在する山梨県庁は「聖地」となっている。また、文化学習施設と一体化したキャンプ場の構想を提案する際のプレゼンでも、地域振興をつうじた自己実現を示唆するものになっている。

　　「私たちは昨年から、高下地区にもともとあった施設をベースにキャンプ場の開発を進めてきました。キャンプ場のコンセプトは「再生」。そこにあるものを活かし、使う人それぞれが楽しさを見つけられる場所を作ろうとしていました。縄文土器が見つかったことで、開発はストップしましたが、私たちはそんな出来事からも発見を得ることができました。

　　　　　　　　　　　（中略）

　キャンプでは普段の生活から離れた場所で自分と向き合うことができます。この場所を再生しようとしていた私たちは、キャンプ場づくりをきっかけに、昔の友達、そして自分と再会して向き合うことができました。も

ともとあった施設も、大昔の土器も、どんなものでも私たちに気づきを与えてくれます。だから、私たちのキャンプ場は、遺跡や土器を活かします。」

（『映画ゆるキャン△』より）

　ここには、地域振興をとりまく「若者のＵターン」や「地域の歴史や文化をいかした観光開発」といったトピックを取り入れられている。このように、コンテンツ内に地域振興を包摂していくことで、その地域の取り組む政策自体が観光対象となっていくのではないだろうか。

## 6　おわりに

　本章では、今日においてコンテンツツーリズムが政策的に利用されていくことで、観光者の観光経験やそれを構成するコンテンツ内容の変容を分析した。そして、そのなかで地域振興自体が観光対象となりうることを示した。そこには、観光の真正性を「演出」する取り組み自体が観光の対象となることで、新たな真正性が生起しつつあるのである。

　前節で引用した「プレゼン」においては、「自分と再会」や「発見」といった言葉が繰り返されていたが、こうした「自己の再発見」は今日における観光では重要な要素とされている。山口誠は、観光によって自己が「発見」され、真正性が生起していくメカニズムについて以下のように述べている。

　おそらくわれわれは、観光することによってはじめて、わたしの場所を「ここ」という形式で認識し、それを体験することが可能になったのだろう。観光のまなざしによって場所を再編し、観光の移動によって空間的かつ身体的に体験することで、わたしがつながりを持つ場所を「ここ」としてロケーションすること、そして「ここ」を観光するわたし自身をロケーションすることを実感できるという、再帰的な快楽を味わっているのだと考えられる。「ここ」への観光とは、「ここ」という形式で特定の場所をロケーションすると同時に、「ここ」を体験するわたしを、グローカルにロケーションする社会的行為である。観光することで「ここ」は生まれ、「ここ」

へ移動するわたしは「わたし」になる。そうしたロケーションの循環の果
てに、「ここ」と「わたし」の真正性は増幅し、より強度の高い快楽を生
み出していく（山口 2013：182）

　地域振興は、地域のアイデンティティ創出の一貫であるともいえる。そこ
では、地域そのものや地域の人びと、地域を訪れる人びとが、それぞれの「自
己の再発見」を試みている。前節では、コンテンツツーリズムの真正性がコン
テンツと地域が相互に依拠しつつ生成しうることを指摘したが、アイデンティ
ティにおいても地域はコンテンツを称え、ファンは地域を称えるという相互に
依拠し、循環する構造があるのではないだろうか。

## ＜参考・引用文献＞

東浩紀（2001）『動物化するポストモダン——オタクから見た日本社会』講談社新書
石岡良治（2022）「生命のかけらを拾い集める——『ゾンビランドサガ』からのアニメ
　　文化論」日本記号学会編『アニメ的人間——インデックスからアニメーションへ』新
　　曜社
岡本健（2018）『アニメ聖地巡礼の観光社会学——コンテンツツーリズムのメディア・
　　コミュニケーション分析』法律文化社
岡本亮輔（2015）『聖地巡礼——世界遺産からアニメの舞台まで』中公新書
貞包英之（2015）『地方都市を考える——消費社会の先端から』花伝社
須藤廣（2012）『ツーリズムとポストモダン社会——後期近代における観光の両義性』
　　明石書店
谷川嘉浩（2018）「コンテンツ・ツーリズムから《聖地巡礼的なもの》へ——コンテ
　　ンツの二次的消費のための新しいカテゴリー」『フィルカル Vol.3 No.2』株式会社
　　ミュー ,pp.140-174.
谷村要（2011）「「コミュニティ」としての「アニメ聖地」——豊郷町の事例から」『大
　　手前大学論集』11,139-150.
増淵敏之（2018）『ローカルコンテンツと地域再生——観光創出から産業振興へ』水曜
　　社
山口誠（2013）「「ここ」を観光する快楽 —メディア時代のグローカルなロケーション」
　　『観光学評論』1.1-2, pp.173-184.
山村高淑（2021）「コンテンツツーリズムで読み解く拡張現実化する社会——拡張し続
　　ける物語世界とツーリズム実践について」岡本亮輔・山田義裕編『いま私たちをつな
　　ぐもの——拡張現実時代の観光とメディア』弘文堂
渡辺賢治（2022）「表象文化における情報発信と受容のあり方——コンテンツ『温泉
　　むすめ』の展開と地域主導の文化再構築」東北芸術文化学会編「芸術文化」（27）
　　,pp.79-90.

Boorstin, Daniel Joseph（1962）. *The Image；or, What Happened to the American Dream*, New York: Atheneum.［星野郁美・後藤和彦訳（1964）『幻影の時代——マスコミが製造する事実』東京創元社］.

E.Cohen, and S.A.Cohen（2012）. "Authentication: Hot and Cool," *Annals of Tourism Research*, 39(3).

MacCannel, Dean（1999）.*The Tourist: A New Theory of the Leisure Class*, Berkeley: University of Califolnia Press.［安村克己・須藤廣・高橋雄一郎・堀野正人・遠藤英樹・寺岡伸吾訳（2012）『ザ・ツーリスト——高度近代社会の構造分析』学文社］.

# 第二部　メディア・文化

# 第6章　ミュージックツーリズムの行方

## ―日本では何故、ポップミュージックの聖地巡礼が一般化しないのか―

増淵　敏之

## 1　はじめに

　2012年にミュージックツーリズムに関連した単著を上梓した。『物語を旅するひとびとⅡ―ご当地ソングの歩き方』である。2010年に『物語を旅するひとびと―コンテンツツーリズとは何か』というタイトルでコンテンツツーリズムの総論を書いたので、各論に展開させてみようと考えたからだ。筆者は教員になる前は音楽畑の仕事に就いていたので、音楽との縁は深い[1]。ゆえにコンテンツツーリズムのひとつのジャンルとして、音楽を取り上げてみたのである。

　確かにアニメに代表される映像系のコンテンツはコンテンツツーリズムの発展に大きくに寄与したといえる。やはり映像は音声よりは直接的な訴求力、印象度も高いので、それは至極、当然のことだろう。音楽は楽曲を反復聴取することによってのみ記憶に留まるのだから、映像系に比べると印象度の弱いコンテンツであるのかもしれない。

　ミュージックツーリズムは、音楽と観光が融合した一種の文化観光であり、日本でいえばコンテンツツーリズムの範疇に入る。ミュージックツーリズムに関しては、Gibson&Connel(2005)がその定義付けを行っており、それによると音楽産業と観光産業の双方に経済効果をもたらす概念であり、延いては地域活性化に結び付くとしている。ミュージックツーリズムには、大きく分けると、

---

1　1981年からFM北海道、1994年から東芝EMI（現ユニバーサルミュージック）、
　　ソニーミュージックエンタテイメントに勤務。

①ビートルズのリヴァプール、ロンドンに代表されるようなアーティストの所縁の地への訪問、前掲した拙著のような歌詞探訪など聖地巡礼型と、②ライブコンサートや大規模音楽フェスティバル等の音楽イベントやレッスンへの参加などの体験型に分類される。

**図1　ミュージックツーリズムの類型**

|  | 聖地巡礼型 | 音楽体験型 |
|---|---|---|
| 目的 | アーティストの生誕地や墓地など、アーティストの聖地巡礼 | コンサートイベントあるいは技術向上のためのレッスン（習い事）への参加 |
| 性質・特徴 | 懐古的・物理的・テーマ的 | 体感的・現実的 |
| 消費のタイプ | ノスタルジア（郷愁） | 音楽体験を通じた楽しみ・刺激・感動 |
| 経済効果 | 観光産業に限定 | 観光産業と音楽産業 |

出典：八木（2018）

　日本でも後者に関しては従来からあったライブコンサート、そして近年ではサマフェス[2]と呼ばれる大規模音楽フェスティバルが若者たちを中心に定着している。つまり②のタイプの音楽の体験を目的にしたミュージックツーリズムは成熟しているともいえる。しかし②に関しては活発化しているようにはみえず、この点が以前からの疑問であった。何故、日本では欧米のような聖地巡礼型のミュージックツーリズムが定着しないのだろうか。

　本章ではそういう疑問のもとに音楽に関する観光行動に焦点を当てて、論を進めたい。ただしクラシックは除くいわゆるポップミュージックを対象としたい。まずは具体的な事例を取り上げて考察を加える。アニメなどに比べればムーブメントを作り得てはいないが、それでも先行事例は少なからずあるに違いない。日本ではまだ事例も少なく、先行研究も少ないので、様々な角度から

---

2　日本では「フジロックフェスティバル」「サマーソニック」「ロック・イン・ジャパン・フェスティバル」「ライジング・サン・ロック・フェスティバル」が4大サマフェスと呼ばれる。

聖地巡礼型のミュージックツーリズムを見ていくことになるが、後半にサザンオールスターズの聖地巡礼の考察を加えたい。

　また本章ではミュージックツーリズムの対象を欧米に準じて、アイドル以外のオルタナティブなポップミュージックを対象とする。アイドルは消費財のニュアンスが色濃く、文化財的な質量が低いと考えるためだ。この辺の議論もポップミュージックを研究対象とする場合には避けては通れない。クラシック音楽でさえ消費財的な側面を持ち合わせているわけだが、ただポップミュージックに比べれば芸術的指向性が高いという性格を持っているので、本論文のポップミュージックのカテゴリーには入らない。

## 2　これまでのミュージックツーリズムの捉え方

　溝尾（1998）に依拠する「魅力ある「まち」にはいい歌」があるという、つまりコンテンツとそれを創出する地域性に筆者の関心はあった[3]。そしてそれは観光文脈での誘客の可能性を探るものであった。音楽もひとつのジャンルであるコンテンツツーリズム研究も2000年代後半に議論が活発化したが、その本流はアニメ作品と地域の活性化を結び付けた事例の研究だった。確かにアニメの隆盛に牽引されてのものだった。しかしアニメツーリズムでファンが作品の舞台になった場所へ行く観光行動がムーブメントを起こすことになり、聖地巡礼という呼称も一般化した[4]。

　前出のGibson&Connel(2005)は、ミュージックツーリズムをふたつの類型に分けていたが、溝尾や筆者の研究はミュージシャンには一定の関心を寄せるが、あくまで楽曲を対象としたものだが、類型化するとしたらやはり聖地巡礼型のミュージックツーリズム研究ということにもなろう。近年では国内でもイギリスのミュージックツーリズムを対象にした八木（2018）、地域活性化とミュージックツーリズムの効用について論じた八木（2020）、さらに地域に絞っ

---

3　溝尾はのちに続編とも呼ぶべき、溝尾（2011）『ご当地ソング、風景百年史』を出版している。
4　「現代用語の基礎知識」選 ユーキャン新語・流行語大賞2016でアニメなどの『聖地巡礼』がトップテン入りした。

た遠藤（2019）は、イギリスのリヴァプールの研究、さらには宮入（2018）の
ようなミュージックツーリズムの概念研究と深化が進み始めている。

　ただ日本では聖地巡礼型の事例が少ない。本章の目的はその点を明らかにす
ることである。日本はポップミュージックの市場規模でアメリカに次いで世
界第2位である。しかし何故、体験型が大半で聖地巡礼型のミュージックツー
リズムが一般化しないのか、これは不思議なことであるが、その背景には日本
のポップミュージックの特徴も浮き上がってくる。

　仮説として考えられるのは、ひとつには日本のポップミュージックは海外
には訴求していない点が挙げられよう。しかし国内での聖地巡礼行動も一般
化していないとすれば、さらに別の問題も潜んでいるように思われる。それ
でもサザンオールスターズ、松任谷由実、さだまさし、松山千春、尾崎豊、
HIDE、稲葉浩志などのミューシャン本人や楽曲所縁の地を巡る観光行動は熱
心なファンを中心に存在するが、しかしメジャー感はない。あくまで熱心な
ファンを中心とした観光行動の域を出てはいない。

　増淵（2010）で指摘したミュージシャンや楽曲を消費財として捉える傾向が
強いということが理由の一つなのだろうか。文化財、もしくは文化的財という
位置付けになってはいないということでもある。誰もが知っている国民的な
ミュージシャンを作り得なかったことなのかもしれない。吉田拓郎や井上陽水
といった日本のポップミュージックに不可欠のミュージシャンですら、コア
ファンの聖地巡礼行動は別にして、聖地巡礼行動を伴うという話は聞いたこと
もない。

　以前、松任谷由実の事務所の方からファンクラブの人々の間では、聖地巡礼
行動も生じていると聞いたこともあるし、またウエブ上では特定ミュージシャ
ンに関しての聖地巡礼紀行的な時期にも遭遇することも少なくはない[5]。しか
し欧米のような現象が生じないのは何故なのだろうか。

　この点を本章ではできる限り、明らかなものにしていきたいと考える。体

---

5　YUKI（元ジュディ＆マリー）の聖地に関しては複数あり、主なものを掲げる。
　https://www.hakobura.jp/deep/2017/06/yuki.html
　https://www.google.com/maps/d/viewer?mid=1GaFRCWBEPkccrNOMOeiHbzmzWow
　&ll=41.778018278207696%2C140.73802711417235&z=14

験型だけでは欧米に比べると片手落ちのような気もする。つまりポップミュージックを文化として捉えることが重要なのだろう。音楽フェスを始めとする音楽イベントが地域活性化と結びつく事例は国内にも多々ある。しかし今回のコロナ禍が示したのはイベントのリスクだった。軒並み音楽フェスは中止を余儀なくされ、ライブハウスも死活問題に直面した。

　つまりミュージックツーリズムには聖地巡礼型が伴わないと、観光の奥行きと広がりが生まれないのではないだろうか。つまり聖地巡礼型とは音楽という文化と対峙する観光行動でもあるに違いない。ミュージシャンの生涯を確認することによって、また彼らの所縁の地を巡って深く思考するという文脈が生まれ、人々は文化や時代を確認することが可能になる。しかし国内では現実的には欧米に見られるようなムーブメントは生じてはいない。

## 3　イギリスのミュージックツーリズムの現状と先行研究

　体験型ミュージックツーリズムのイギリスにおける経済的効果の調査を行った UK MUSIC（2015）の報告書によると、ミュージックツーリズム目的の観光客の内訳は，国内観光客が95％、国外観光客が5％で、ミュージックツーリズムの種別としては、①聖地巡礼型が55％、②音楽体験型が45％であるという[6]。同報告書（2017）では、コンサートやフェスティバルなど、音楽ライブに訪れる人々が、2016年に3,090万人で前年比12％増、イギリス経済に約6,000億円の効果をもたらしているとされる。

　また2016年のイギリスの直接及び間接的な支出合計は前年比11％増、約4,566億円、観光客によって音楽によって直接費やされた金額は前年比9％増、観光客は1,250万人で9％増、うちミュージックツーリズム目的の観光客は82万3000人で20％増、海外からのミュージックツーリズム目的の観光客は47,445人で＋7％と活発化している[7]。

---

6　https://honichi.com/news/2018/05/25/brainmusic/（2023年6月30日確認）
7　UK MUSIC（2017）Wish You Were Here 2017: The Contribution of Live Music to the UK Economy, pp.1-25（2023年6月30日確認）

　その経済的効果であるが、イギリスの音楽は前掲の同報告書（2011–2015）によると、ミュージックツーリズムによる経済的効果は年々増加傾向にあり、2015 年に創出された経済効果は約 5,200 億円、そのうちチケット売上・宿泊費・食事代・アパレルグッズ等の直接的な経済効果が約 3,200 億円、海外からの観光客による平均消費額が約 1 人当たり 12 万円、創出された雇用の数は約 3,900 件と試算されている。また、同ミュージックツーリズムの観光客のうち、国内からが全体の 95％、国外からが 5％を占め、その観光行動形態は「聖地巡礼型」が全体の 55％、「参加型」が 全体 45％と報告されている。ただしその後、パンデミックの影響を受け、不活発になったが、収束後は回復基調にある。

　これらのデータから、イギリスでは聖地巡礼型の方が地域経済にもたらされる効果が相対的に大きいといえる。つまりイギリスでは、聖地巡礼型の方が優位に立っているということになる。正確な数字を日本では算出してはいないが、おそらく逆の結果になるに違いない。日本では 4 大サマフェスに大表される大規模音楽フェスティバルには毎年多くの観光客が訪れる。

　また事業展開としては海外では各地、活発で例えばニューオリンズでは有名な音楽フェス、ニューオーリンズジャズアンドヘリテージフェスティバルが知られているが、音楽フェス以外にもジャズ発祥の地として数々のミュージックツアーが存在している。①聖地巡礼型と②体験型の混合型としえるのかもしれない。これはニューオリンズに限ったことではなく、前掲したエルヴィス・プレスリーやビートルズなどの著名なミュージシャンを輩出した都市では一般的に行われている聖地巡礼ツアーだ。

　ライブ・エンターテインメント市場の調査を行う「ぴあ総研」は、コロナ禍の 2020 年、音楽フェスティバルの市場規模が 6.9 億円となり、前年比およそ 98％減だったことを発表した。そこでは市場規模は前年の 330 億円から97.9％減の 6.9 億円、総動員数は 295 万人から 96.8％減の 9.3 万人と、ともに激減した[8]。イギリスも同様の傾向にあっただろうことは予測に難くない。

---

8　https://corporate.pia.jp/news/detail_live_enta20210416_fes.html（2023 年 6 月 30
　日確認）

パンデミック前の状態に戻ってはいない[9]。

　海外ではミュージックツーリズムの研究も多い。例えば人類学的な視点からは Shinji Yamashita, Kadir, H.Dim & J.S.Eades（1997）は、グローバライゼーション時代の中での文化と観光の関係について論じたものだが、音楽は全面的な扱いではないが、1930年代に観光用として作られたというバリのケチャ舞踊、オーストラリア先住民の楽器ディジャリドゥに対する関心、沖縄音楽への本土の人々の興味などを事例として音楽と観光について言及している。

　同様の文脈では Philip Hayward（2002）がある。この論考は世界各地の小さな特定地域の音楽文化現象にどう取り組むかを、観光、エキゾティズム、アイデンティティなどから捉えていこうとするものだ。対象はオーストラリアのホイットサンデー諸島と隣接海岸地域であるから、聖地巡礼というよりもアカデミック色が強い。

　また Karal Ann Marling（1999）は、ミシシッピ州テューベローのエルヴィス・プレスリーの生家、メンフィスの育った公営住宅、通った教会、ツアーで宿泊したモーテル、そしてグレイスランド邸などを巡り、エルヴィスについての思いを綴ったもので、戦後、アメリカ人の生活についても論じられている。

**図2　ビートルズ『アビーロード』**

（https://www.universal-music.co.jp/）

David Bacon（1982）は、ビートルズに関するフォトブックだが、見方によれば文学散歩のような聖地巡礼本ともいえる。Bill Harry（1985）は、リヴァプールにあるビートルズ博物館に当たるビートル・シティの案内、再開されるキャヴァン・クラブの紹介、ビートルズ散歩コースの説明などビートルズファンのための一冊ともいえようか。ビートルズ関連の聖地巡礼本としては、

9　https://www.ukmusic.org/research-reports/this-is-music-2022/（最終閲覧日2023年6月30日）

さらに Richard Porter（2013）、Daniel K.Longman（2017）などもあり、前者は
ロンドン、後者はリヴァプールを扱っている。

　日本でのビートルズの聖地巡礼本としては、藤本国彦（2018）があり、実際
にビートルズの聖地巡礼を日本からツアーを組んで実施した際の紀行文的な
ものであり、しかし地図や補足説明等、十分にファンの聖地巡礼に答えること
のできる内容になっている（**図2**）。ミュージシャンを巡る聖地巡礼本は多いも
のの、学術的にミュージックツーリズムを論じたものは意外と少ないという印
象がある。

## 4　『フォークソングの東京・聖地巡礼 1968−1985』を考察する

　金澤（2018）『フォークソングの東京・聖地巡礼 1968−1985』は、1960 年
代後半からのフォーク全盛時代、東京ではミュージシャンたちが出会い、刺激
しあい、名曲が生まれたことに注目し、その聖地のガイド本である。吉田拓
郎が上京して初めて一人暮らしをした高円寺、岡林信康が「はっぴいえんど」
に出会った御苑スタジオ、小田和正が「赤い鳥」に衝撃を受けた新宿厚生年金
会館など、街と音楽が結びつく様を描いた。

　取り上げられているのは前掲の新宿厚生年金会館、岡林信康ははっぴえん
どと遭遇した御苑スタジオ、忌野清志郎、泉谷しげる、古井戸などが出演し
ていた渋谷・青い森、「日本語のふぉーくとろっくのコンサート」が行われた
日比谷野外音楽堂、吉田拓郎ファンの聖地、原宿・ペニーレーン、ＲＣサクセ
ションのライブが行われた久保講堂などどちらかというとライブハウスやコ
ンサートホールが多いという印象があるが、それでも初期の松任谷由実の描い
た西立川駅、さだまさしの描いた葛飾の木根川橋、かぐや姫の名曲「神田川」
が描く高田馬場といった聖地も紹介されている（**図3**）。

　ポピュラー文化史としても興味深い内容になっているが、そこで感じるのは
日本のミュージックツーリズムは知る人ぞ知る聖地が多いということだ。ファ
ンなら垂涎の聖地なのだが、一般人にとっては興味の対象にもならない場所で
ある。この点が日本の聖地巡礼型の特徴なのだろう。つまりミュージックツー
リズムの観光行動が欧米に比べて、一般化してはいない。あくまでファンやマ

**図3　『フォークソングの東京・聖地巡礼 1968-1985』聖地マップ**

（2019, 金澤）

ニアにとっての聖地で留まっているということだ。

　また『フォークソングの東京・聖地巡礼 1968-1985』はポピュラー音楽好きには楽しめる一冊になっているが、この聖地巡礼型でいえば、朝日新聞の土曜「be」に連載されていた記事を纏めた朝日新聞 be 編集グループ（2009,2010）『うたの旅人Ⅰ』『うたの旅人Ⅱ』が挙げられよう。これもミュージックツーリズムの聖地巡礼型の範疇に入るだろう。しかしやはり大きな広がりに結びつきはしなかった。

　このように聖地巡礼型を標榜する試みも行われているのだが、しかしなかなか一般的な観光行動には結びついてはいない。ポップカルチャーを語る上では必須のポップミュージックであるので、その観光文脈での発展形の可能性も十

分にあるのだが、やはり世界的なレジェンドが必要なのだろうか。それとも日本においてのポップミュージックは消費財の色が濃く、文化財としてのポジショニングを獲得できていないからなのだろうか。

　また日本のポップミュージックは政治や宗教の題材を忌避する傾向が強いといわれ、欧米と違ってほとんどがラブソングという点もあるのだろうか。しかしサザンオールスターズ、尾崎豊、浜田省吾、尾崎豊などは積極的にラブソング以外の題材に取り組むバンドやミュージシャンであることからして、この議論は余り説得力を持たないかもしれない。

　しかしアニメツーリズムの隆盛はインバウンド観光客をも伴う傾向にある。つまり海外からの認知がミュージックツーリズムに必要なのかもしれない。欧米の事例に対して不足しているのがその点である。ただ韓国のポップミュージックは日本よりも海外に浸透しているが、聖地巡礼型のミュージックツーリズム現象が生じているかといえば、甚だ疑問だ。この転換していえば、やはり一定の時間が必要だろう。

　現在、日本のシティポップが海外から注目されて久しい。この現象を嚆矢として日本のポップミュージックが海外にもっと浸透する方法はないものだろうか。もちろん言語の壁はあるものの、アニメやマンガの海外展開を参考にしながら、さらなる議論が必要だろう。そういう意味では可能性が全くないとはいえない。

## 5　日本におけるミュージックツーリズムの事例

　前述したように日本ではなかなかミュージシャン所縁の地を巡る聖地巡礼行動は一般化していない。ここではＪＲ茅ケ崎駅の列車接近音にも「夢の轍」が使用されているサザンオールスターズを見ていこう。サザンオールスターズといえばまず「湘南」のイメージが浮かび上がる。彼らのヒット曲の中には「湘南」を題材としたものが多い。サザンオールスターズの楽曲のほとんどを作ってきたヴォーカルの桑田圭祐が茅ケ崎出身という理由も大きい。通っていた高校は鎌倉学園高校で、いわば少年時代、青春時代を「湘南」で過ごしたといえる。故にサザンオールスターズといえば「湘南」というイメージが付加される根拠

になるのだが、実際のところ彼らの楽曲では「東京」、「横浜」が舞台のものも多く、決して「湘南」に特化しているわけではない。また「湘南」の中でも比較的、鎌倉がモチーフになっている作品が多いという現実がある。

　茅ヶ崎を描いた作品は簡単に列挙すると「勝手にシンドバッド」（茅ヶ崎、江ノ島）、「茅ヶ崎に背を向けて」（茅ヶ崎）、「PRIDE の唄〜茅ヶ崎はありがとう〜」（茅ヶ崎）、「ラチエン通りのシスター」（茅ヶ崎・ラチエン通り）、「希望の轍」「チャコの海岸物語」（烏帽子岩）、「HOTEL PACIFIC」（茅ヶ崎、HOTEL PACIFIC、烏帽子岩、江ノ島、国道１３４号線）、「夏をあきらめて」（HOTEL PACIFIC、烏帽子岩）、「夜風のオン・ザ・ビーチ」（烏帽子岩、辻堂）、、「湘南 SEPTEMBER」（湘南、Goddess）などである。

　サザンオールスターズは 1978 年にデビュー、それ以来 30 年に渡って日本のポップミュージックの第一線を走ってきた。楽曲はロック、バラード、民族音楽からテクノまで幅広く、テーマも愛、セックス、郷土愛、社会風刺など多岐に渡る。老若男女幅広いファンに支持されてきた。代表曲は 1970 年代に「勝手にシンドバッド」、「いとしのエリー」、1980 年代に「チャコの海岸物語」「ミス・ブランニュー・デイ」、1990 年代には「涙のキッス」「エロティカ・セブン」「愛の言霊 〜 Spiritual Message」などのミリオンセラーを達成したほか、2000 年代に入っても「TSUNAMI」「涙の海で抱かれたい〜 SEA OF LOVE 〜」がヒットするなど多数に渡る。1970 年代から 4 つの年代全てで 50 万枚以上のヒット作を生み出し、うち 3 つの年代でオリコンチャート 1 位作品がある。つまり押しも押されぬ日本を代表するバンドのひとつだといえよう。

　茅ヶ崎の成長は戦後、首都圏が拡大することによって東京への通勤圏に組み込まれたところにある。つまり従来的な言葉でいえば衛星都市といわれる昼間、夜間人口の差が生じる都市の側面を持ったということでもある。この傾向はいわゆる湘南地区の都市には概ね当てはまる傾向であるといえよう。保養地、別荘地から定住する住宅都市への転換であった。

　「ラチエン通り」という名称の通りがある。近年、茅ヶ崎では顕彰の意味を込めて「雄三通り」「サザン通り」などが「みちの愛称検討委員会」によってこれまで発表されている。ラチエン通りはすでに通称として市民に浸透していたが、この検討委員会によって 2001 年に正式な道路通称名となった。この通

りは国道1号から、国道134号のパシフィックガーデンまで伸びる茅ヶ崎市道だ。

　通りの名はドイツ人の貿易商、L.ラチエンが1935年からこの通り沿いに住宅を構えたことに由来する。彼がこの通りに桜並木を植えたので桜道という別名も残っている。彼は東京・青山に自宅、藤沢・鵠沼に別荘を保有していたが、関東大震災によって被災し茅ヶ崎に移ってきた。「ラチエン通りのシスター」は作詞者の桑田の親しんだ土地であり、かつ桑田の初恋の人が住んでいた通りであったことがファンの間では知られている。この通りからはビーチから見るよりも烏帽子岩が近くに見える。この茅ヶ崎を象徴するともいえる烏帽子岩はサザンオールスターズの作品の中には、「チャコの海岸物語」「希望の轍」「HOTEL PACIFIC」などに登場する。正式名称は姥島といい、茅ヶ崎の沖合にある無人の岩礁である。烏帽子の形から烏帽子岩の名前がつけられた。

　「ラチエン通り」の先には「ホテルパシフィック」のモデルになったパシフィック・パーク茅ヶ崎があった。このホテルは1965年に開業、ホテル、ドライブイン、ボウリング、プール、ビリヤード、サーキットを備えたものだった。俳優の上原謙、加山雄三の親子が出資していたことでも知られているが、しかし、ホテルは1970年に倒産し、上原、加山は巨額の負債を抱えた。その後は所有者が次々と変わったが、1988年には営業停止になった。最終的には1999年にリゾートマンション「パシフィックガーデン茅ヶ崎」に建て替えられた。パシフィックホテルの名称は1982年のアルバム『NUDE MAN』に収録された「夏をあきらめて」にも登場していた。学生時代の桑田はこのホテルのプールサイドで、バンドのバイトをしていたこともあるといわれている。

　例えば「勝手にシンドバッド」に描かれる舞台は茅ヶ崎であり、江ノ島である。いわゆる桑田のホームグランドの範囲であろう。その後、サザンオールスターズが「湘南」というイメージを一方的に付与されたことに対しての抵抗感もあっただろうが、しかしやはりそのイメージは払拭されることはないだろう。現在では1999年に茅ヶ崎観光協会がかつての茅ヶ崎海水浴場をサザンビーチに改名、茅ヶ崎駅西側のツインウェーブから国道134号線サザンビーチまで続く道が2000年にサザン通りという愛称になり、1999年にそのサザン通りと通りを東西に横切る道に面した商店街の名前も南口中央商店街から

サザン通り商店街と改称した。つまり茅ヶ崎はサザンオールスターズの名前を使った街づくりを始めたといえよう。

　つまりサザン通り商店街、サザンビーチ、烏帽子岩、ラチエン通り、パシフィックホテル跡、ライブを行った茅ヶ崎公園野球場などが茅ヶ崎におけるサザンオールスターズの聖地であり、地元ではサザンオールスターズを地域の活性化に活用しようとしているが、欧米の諸事例に比べると、今ひとつダイナミズムに欠けるように見える。これは何故なのだろう。ちがさき体験滞在型旅行推進協議会では 2019 年にサザンオールスターズの聖地を巡るツアーも実施しているし、2018 年からは「茅ヶ崎サザン芸術花火」も開催している。ましてやウエブ上には聖地巡礼の案内記事も数多く散見することができる。

## 6　おわりに

　日本の聖地巡礼型のミュージックツーリズムは、欧米に比べてまだ成熟しているとはいえない。サザンオールスターズの事例を見てきたように、地域の活性化と結び付けて観光促進を視野に入れての動きも見せてはいるが、やはりダイナミズムには欠けている。日本には音楽ファンが決して少ないわけでもなく、かつ音楽産業の市場規模も大きい。しかし聖地巡礼型のミュージックツーリズムが一般に浸透しない理由は先述してきたように幾つか挙げられるだろう。

　ひとつはミュージシャンと作品を単なる消費財と捉えるのではなく、文化財として捉えることだ。これにはもちろん音楽産業界や官公庁の理解と支援も必要だろう。先に挙げたようにシーズが全くないわけではないので、今後に期待することが大である。またアニメツーリズムに見られるように、海外でのミュージシャンと作品の認知を高めることも重要だ。欧米のミュージックツーリズムの普及と通底する点はそこにある。

　確かに言語的な条件も含めて、海外認知を高めるためにはハードルも高い。これまでも日本のミュージシャンは海外進出を何人も試み、しかし結果を出せずに来た。ただ現在はアナログからデジタルの時代に移行している。つまり情報伝達、拡散に関してインターネットというツールが使えるので、従来と海外

展開の戦略や方法論も様変わりしてきている。それを証明しているのが、韓国のポップミュージックだ。

　しかし日韓のポップカルチャーの形成過程が違うことやポップカルチャー振興に関する国の支援状況も大きく違うので、韓国の成功モデルを単純に日本に援用はできないが、視野には入れておきたい。ただ韓国のポップミュージックの聖地巡礼は、ミュージシャン（韓国の場合はアイドル中心）が訪れる飲食店等が中心になっているようだが、アイドルに関してはＡＫＢ48のような聖地・秋葉原に近い感覚で捉えればいいのかもしれない。

　さて日本における聖地巡礼型のミュージックツーリズムの可能性について論じてきたが、普及には一定に時間が必要なのかもしれない。ミュージシャンの顕彰や作品のアーカイブ化ということにも目を向ける必要もあるに違いない。つまり欧米のようを文化財というひとつ上のステージへの移行を視野に入れての具体的な政策立案が今後は不可欠になっていくだろう。追い風としてはYOUTUBEなどの動画共有サイトによって、日本のポップミュージックへの海外の関心も以前より高くなってきているという事実がある。

　体験型のミュージックツーリズムに関しては官民一体として取り組む事例も始まっているので、その動きとの連動もまた契機になるかもしれない。

### ＜参考・引用文献＞

遠藤英樹（2019）「リヴァプールにおける「ミュージックツーリズム」」『現代観光学 - ツーリズムから「今」がみえる』，pp.231-239，新曜社

金澤信幸（2018）『フォークソングの東京・聖地巡礼 1968-1985』講談社

増淵敏之（2010）『欲望の音楽 - 「趣味」の産業化プロセス』法政大学出版局

増淵敏之（2011）『物語を旅するひとびとⅡ：ご当地ソングの歩き方』彩流社

溝尾良隆（1998）『ご当地ソング讃―魅力ある「まち」にはいい歌がある。』古今書院

宮入恭平（2018）「ミュージックツーリズム：観光資源としての音楽」『研究紀要』pp.199-210，国立音楽大学 .

八木良太（2018）「ミュージックツーリズムの概念と日本導入の可能性に関する一考察」『日本観光研究学会機関誌』37-44，日本観光研究学会 .

八木良太（2020）『それでも音楽はまちを救う』イースト・プレス

Bill Harry（1985）. *The Beatles for Sale：The Beatles Memorial Guide*，Virgin.

Gibson, Chris and John, Connell（2005）. *Music and Tourism：On the Road Again*, Channel View Publications.

K.Longman（2017）. *The Beatles' Landmarks in Liverpool*，Amberley Pub Plc.

Philip Hayward（2002）.*Tide Lines:Music,Tourism&Cultural Transition in the Whitssundy Island*,Music Archive for the Pacific Press.

Richad Porter(2013). *Guide To The Beatles London*, Fab Four Enterprises Ltd.

Silberberg, Ted（1995）. Cultural tourism and business opportunities for museums and heritage sites, *Tourism management*, 16（5）, pp.361-365.

ShinjiYamashita,Kadir,H.Dim & J.S.Eades（1997）.*Tourizm and Cultural Development in Asia and Oceania*,Penerbit Universiti Kebangsaan Malaysia.

# 第7章　産業観光の可能性を問う

## 世界遺産 富岡製糸場の観光活用を例に

岩田　真理子

## 1　はじめに―産業遺産の観光資源化への課題

　産業遺産を観光やまちづくりに活かそうという取り組みは、特に 2000 年代以降に活発になってきた。産業観光は新しいタイプの旅行の形態「ニューツーリズム [1]」の一つとされ（産業観光という語には最先端の技術を見学する行為等も含まれるが、本章では産業遺産を観光対象とする観光を産業観光と呼ぶ）、旅行を商品化する際に地域の資源を活用できるので地域活性につながりやすいという利点を持つため、行政としても積極的に推進しているところである。

　しかし、そもそも産業遺産とは産業構造の変化や国際競争に敗れたことで遺産化するものであり、地元住民や経営者らにとっては「敗北の記念碑」（矢作 2004：194）としての負の記憶を想起させる存在でもある。とりわけ炭鉱跡などの近代化産業遺産は文化的景観や古代遺跡などと異なり、遺産の価値が必ずしも一般の審美的価値観と一致しないこと、産業にまつわる複雑な歴史と記憶を表象するに当たり「美しいもの」や「発展と栄光の歴史」だけを取り上げるにはいかないことから、保存・活用に際し様々な言説やポリティクスが渦

---

1　国内旅行のニーズの変化、特に「体験型」「交流型」旅行のニーズの高まりを踏まえた、地域資源を活用した新たな形態の旅行商品（長期滞在型観光、エコツーリズム、産業観光など）をニューツーリズムという。これらを促進するのが観光庁による「ニューツーリズム振興」であった。2021 年現在、ニューツーリズムの振興事業は終了し、代替事業として 2016 年度からは「テーマ別観光による地方誘客事業」が行われていたが、この事業も 2020 年度で終了した。

巻く側面が指摘されている（永吉 2008）。特に遺産が観光対象として商品化されるときにその表象から遺産が元々有する負の記憶（戦争や飢餓、病気など）が排除されたり、地元住民の生活史的な記憶が周縁化したりするリスクが、先行研究では批判されてきた（Hewison 1987, Urry 2011=2014, 木村 2014）。

　観光にはそのように、モノが持つ複雑な意味や価値を単純化したり排除したりする暴力的な側面がある。本章では観光が持つ暴力性という視点から、遺産の意味や価値がいかにして観光の文脈に創りかえられていってしまうのか、その際にこぼれ落ちてしまった価値はなんであるのか、この2点を明らかにしていくことで、産業観光の問題点と課題を考察していきたい。

## 2　研究対象と本章の構成

　本章では 2014 年に世界文化遺産に登録された「富岡製糸場[2]」（**写真1、2**）を研究の対象として扱う。富岡製糸場は日本で初めて近代化遺産として世界遺産に登録された産業遺産で群馬県南西部の富岡市の中心市街地に建つ。明治初期、政府が殖産興業政策の一環として設立した官営模範工場で和洋技術の混交により建てられた木骨レンガ造の繭倉庫や繰糸場などを今に残す建物である。

　研究対象の分析データは、2014 年 12 月〜 2015 年 10 月までの期間に行っ

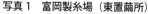

写真1　富岡製糸場（東置繭所）　　　　　　写真2　繰糸所の中

2　正式には、「富岡製糸場と絹産業遺産群」が文化遺産として登録された。

た断続的な現地調査から得た。その後 2018 年 3 月、2020 年 11 月に補足的な調査を行っている。調査は、富岡製糸場の場内解説[3] への参加と解説員個人へのインタビュー、周辺住民（主に富岡製糸場周辺で商店を営む店主など）への聞き取りである。そこから富岡製糸場が世界遺産として、観光対象としていかなる価値が付与され観光客に提供されているかを考察していく。

　本章は 5 節で構成される。次節（**行政によるモノの遺産化実践**）では富岡製糸場の歴史を概観し、世界遺産に登録されるまでの過程で見世物的な価値の取捨選択が行われていることを示す。4 節（**富岡製糸場を語る解説員へのインタビュー調査から見えたもの**）では、富岡製糸場で行った調査の結果をまとめている。解説員へのインタビューから、富岡製糸場の表象がいかなるものかを明らかにする。5 節（**おわりに**）では、観光の場で生まれる多様な解釈や偶然性が、世界遺産観光地において生まれることの困難さについて触れ、産業観光がそこから解放される可能性について検討していく。

## 3　行政によるモノの遺産化実践

### 3.1　富岡市の概要
　現在の富岡市は 2006 年に富岡市と妙義町が合併して誕生した。群馬県の南西部に位置し、人口は 2020 年 12 月 1 日現在 4 万 7798 人で群馬県内の 12 ある市の中では比較的小規模な自治体である。かつては養蚕をはじめとする農業が主要産業であったが、現在は機械製造や食品加工などを中心とした工業が基幹産業となっている。

### 3.2　富岡製糸場の歴史[4]
　富岡製糸場は 1872 年 (明治 5 年) に設置された器械式製糸工場であり、当時、世界一の大きさを誇った。以下、設立から操業停止までの経緯を概観する。

---

3　この解説ツアーは、2015 年 3 月 31 日までは無償で行われていたが、4 月 1 日からは 1 回 200 円の有料解説となった。解説員の出勤などシフトの管理は、すべて株式会社まちづくり富岡が行うようになるなど組織化されてきた。
4　富岡製糸場の歴史的な変遷については今井（2014）を参照した。

　明治時代、ヨーロッパで生糸と蚕種が品不足に陥っていたことなどの国際情勢に起因して外国から日本に生糸の輸出が求められたが、その際に質の悪い糸や種が市場に出回り日本の評判を落としてしまっていた。そこでヨーロッパ諸国は日本を視察し、解決を図るため「ヨーロッパの製糸法の技術や人を導入すること」などの提言を行い、これを受け明治政府は 1870 年（明治 3 年）、官営の製糸工場を設立するための構想をまとめた。その後、養蚕が盛んで広い敷地が確保できること、地元の反対がなかったことなどから上州富岡町（現群馬県富岡市）に建設することが決定する。ヨーロッパの製糸器機及び製糸法を導入し指導者としてヨーロッパ人を雇い入れることも提言され、4 人のフランス人女教師が日本人に技術を手ほどきで教え、またその日本人が他の工女の指導をするという仕組みになっていた。

　操業を開始した富岡製糸場だが経営は苦しいものであった。1893 年（明治 26 年）、富岡製糸場は三井家に引き渡される（民営化）こととなり、続く1902 年（明治 35 年）には原合名会社に売却され株式会社として独立した。そこで筆頭株主になったのは片倉製糸紡績株式会社（のちの片倉工業株式会社）である。第二次世界大戦後は化学繊維の普及や安価の中国生糸の輸入により業界全体へ陰りがみえ、富岡製糸場も 1987 年（昭和 62 年）に操業を停止する。以後多額の経費をかけながら片倉工業は建物の維持管理を続けていた。

## 3.3　世界遺産　富岡製糸場の誕生

　群馬県は 2003 年、富岡製糸場の世界遺産登録に向けた運動を開始し、2004 年には県庁に世界遺産推進室を設置して、研究プロジェクトも発足させる。また同年 10 月には、県内外の専門家や有識者などのメンバーから成る「世界遺産登録推進委員会」を開き、富岡製糸場を核として県内の「養蚕」、「製糸」、「織物」に関わる近代化遺産を結びつけて世界遺産の登録を目指すことを決定した。こうした運動を受けて、建物の維持管理を担っていた片倉工業が、富岡製糸場の今後の保存・活用について群馬県や富岡市と協議を進めることを決めている。これにより、保存・活用などを含めた世界遺産プロジェクトが本格的に展開されることとなっていくのである（新井 2006）。

　世界遺産に登録されるには、まず国内法による保護を受けていることが大前

提になるため[5]、群馬県と富岡市は富岡製糸場を国史跡に指定するための取り組みを始めた。そして 2005 年 7 月に富岡製糸場は国史跡に、2006 年には重要文化財にも指定されたのである。その後「富岡製糸場と絹産業遺産群」は、2009 年 1 月に世界遺産暫定一覧表に追加記載され、2013 年 8 月には日本政府が「富岡製糸場と絹産業遺産群」の推薦を決定。2014 年 6 月、「富岡製糸場と絹産業遺産群」が「世界遺産一覧表」へ記載され世界遺産登録となった。「富岡製糸場と絹産業遺産群」は富岡製糸場ほか 3 つの遺産・建築物から構成され、この際に採用された世界遺産としての「顕著な普遍的価値」は、以下の二つであった。

（1）高品質生糸の大量生産をめぐる日本と世界の相互交流
（2）世界の絹産業の発展に重要な役割を果たした技術革新の主要舞台

「技術革新」とは、特に当時の器械製糸から近代西欧の技術を導入して自動製糸機化したことを、「相互交流」は日本の技術が世界の絹産業の発展につながったことを指す。

### 3.4　「遺産化」実践

「富岡製糸場と絹産業遺産群」は、元々、2006 年に群馬県と県内の市町村が文化庁に提出した提案書の中では、富岡製糸場ほか、群馬県内 4 市 3 町 1 村、10 カ所を含めた一連の遺産群とされていた。この 10 カ所の遺産は、全て絹産業に関連する一連の文化的景観を形成してきたことなどから選ばれたものであったが、最終的には前述した「相互交流」と「養蚕・製糸業の技術革新」という世界遺産として顕著で普遍的な価値を示すストーリーに合致する資産にす

---

5　世界遺産へ登録されるには、まず世界遺産条約を締結する各国が、「暫定リスト」に記載された物件の中から、国内法や制度で万全に保護・保全等されている条件や環境が整ったものをユネスコ世界遺産センターに提出する。これを受けて同センターは、文化遺産については国際記念物遺跡会議（ICOMOS）、自然遺産については国際自然保護連合（IUCN）に現地での調査を依頼し（産業遺産については 2000 年から TICCIH という機関が審査に協力している）、両機関が物件についての評価報告書を作成する。この報告書に基づき、年に 1 度、ユネスコ世界遺産委員会が世界遺産リストへの登録の可否を決定する。

るよう検討が行われ、資産の絞り込みにつながった経緯がある（佐滝 2007）。

　ここで改めて、モノを遺産化するという実践がどのような意味を持つのかを考えたい。あるモノ（建築物や自然景観、文化遺産など）が遺跡や遺産として扱われるためには、その場所で担ってきた役割から切り離され、「見世物的なまなざし」（加藤 2010：197）のもとにおかれなければならない。特に世界遺産と認められるためには、遺産の歴史的価値を認識し、様々な人にその価値が説明可能であることが求められる。多くの観光客にとって魅力ある対象は「創られた」（ホブズボウム・レンジャー 1992）文化という側面を帯びるのである。さらに「世界遺産が世界遺産として評価されるためには、その遺産がそれまでローカルで担っていた伝統から現れる価値だけでなく」グローバルな貢献があったという「伝統の創出」（加藤 2010:201）が必要になってくる。富岡製糸場においてそれは、「相互交流」「技術革新」というストーリーであった。

## 3.5　小括

　ひとたび世界遺産登録を目指そうとしたとき、世界遺産登録というシステム自体の持つ力が作用し、遺産に付与される価値の構築や価値の絞り込みが行われてしまうことを確認した。ではこのシステムからこぼれ落ちてしまった富岡製糸場の価値はいったい何か。次節では、実際に富岡製糸場の場内を案内する解説員へのインタビューや解説内容から、このことを検討していきたいと思う。

## 4　富岡製糸場を語る解説員へのインタビュー調査

　富岡製糸場は操業停止後も片倉工業が独自に保全・管理を行っており原則一般公開はされていなかったが、1996 年からゴールデンウィークと夏期に外観の説明会が実施されている。また、希望者のみ平日限定で外観の見学を許可していた（新井 2008）。2015 年 4 月 1 日から富岡製糸場では場内の解説が有料化した（1 回 200 円。団体客を案内すると 3500 円）。解説員は 2015 年 12 月時点で 104 人いて、富岡市内出身者が約 7 割、男女比は 8：2 で男性が多い。年代は 70 代が多かった。解説員になるためには富岡市が主催する解説員養成講座に参加し認定を受ける必要がある。全 4 回の講座受講後、試験に合格すれば

解説員となることができるが、半年間はベテランの指導員の下につきながら指導を受ける必要がある。解説員によって解説の順番や内容に若干の違いはあったものの、どの解説員も語っていたことは以下の3点であることが分かった。

① 　富岡製糸場が、日本の近代化の礎になったこと（明治の日本は貧しかったが、富岡製糸場で生産された生糸を輸出することで外貨が獲得できたため日本が近代国家としてスタートすることができた、富岡製糸場での頑張りがあったからこそ、今の日本の技術力の高さや豊かさがあるのだ、というもの）

② 　当時の日本の技術としては、富岡製糸場の造りがいかに特殊であったかということ（国宝となった東置繭倉庫の説明で建築手法の特殊性が語られた。西洋の技術と日本の技術が融合した結果できたものであること、当時の日本人大工の技術の高さを語る）

③ 　富岡製糸場ではいわゆる女工哀史的なことは一切なく、当時としては理想的な労働環境であったこと

①②とも、前述した「技術革新」「相互交流」というキーワードを意識した語りだということが分かる。また③については、多くの観光客がこの時代の女性労働者に対して過酷な労働を強いられていたと想像するであろうことを先取りし、「富岡製糸場には、いわゆる女工哀史的なことはなかった」ことを強調していた。

次に、解説員個人へのインタビューについて考察したい。**表1**には、筆者が解説ツアー（有料）について回ったときの説明の内容とともに、ツアー後に解説員へ行ったインタビュー調査についてまとめた。ツアーについて回ったのは6人（うち重複1回）で、個人的にインタビューができたのは11人であった。解説員によってインタビュー

**写真3　解説ツアーの解説員の様子**

筆者撮影：2015年9月27日

表1

| | ガイド歴 | 解説に対するスタンス | 説明の特徴 |
|---|---|---|---|
| A氏 | 半年未満 | これまで、マニュアル通りの解説しかしてこなかった。しかし、歴史好きなこともあり、群馬の歴史について独学で調べて解説内容を変えた。 | |
| B氏 | 3年以上 | 産業遺産は観光地ではないのでホスト側が意味づけをしないと遺産ではなくなると考えている。「富岡製糸場が世界遺産になる価値は、どこにあるのか」を強調して伝えるようにしている。 | 他のガイドと比べると語り方が特徴的。富岡製糸場の歴史を面白く紹介することを心掛けているようだった。富岡製糸場の価値は「技術革新」にあったことを解説の中心に据えていた。 |
| C氏 | 1年以上 | 解説はマニュアル以外のことはできないという見解。 | マニュアル通りで筆者も知っているような知識を話していた。 |
| D氏 | 12年以上 | 世界遺産になる前は時間をかけて場内を解説できた。今は時間と最低限いうべきことは決まっているが、あとはガイドの個人にまかされている。 | 製糸場と関わった人物の描写に力を入れていて、自作の絵を持参したり場内に設置してある人物画が描かれたパネルをよく使用したりしていた。「視覚」に訴えるガイドをしていた。 |
| E氏 | 10年以上 | 日本が近代国家になった原点はどこにあったかということを強調している。解説を始めた当初は1時間以上かけて説明してきたけど、今は40分くらい。解説内容が間に合わないから、どこかを削るしかない。 | 日本の近代国家としてのスタートはここ「富岡」から始まったことを強調していた。世界遺産としての真正性や富岡製糸場の技術が国に貢献してきたことを強調していた。 |
| F氏 | 1年以上 | 観光客が求めるものにどうやって応えるかが仕事だと思っている。個人的な興味よりも初めて聞く人にも分かりやすいよう、マニュアル通りのことを話すよう心掛けている。「要領よく・コンパクトに・分かりやすく」がモットーである。 | |
| G氏 | 5年以上 | 当初、解説は先輩を見てまねる感じで、ざっとしたマニュアルはあったが基本的に自由。今はプロとして観光客を楽しませなければという思いがある。富岡市も、ガイドの内容をチェックするので根拠のないことは言えない。 | |
| H氏 | 7年以上 | 解説が有料になってから時間の制約がはっきりしたし、世界遺産としての「価値」を強調しなくてはならなくなった。地元民にとっては「片倉さん」というイメージが強く遺産としては見ていなかったが、観光客のために見ただけではわからない価値を伝えないといけない。 | |

| I氏 | 1年以上 | マニュアルにのっとって淡々とやる。解説が有料になったのでプロとしての意識をするようになった。 | |
| J氏 | 2年以上 | 「世界」の遺産であることを意識している。 | |
| K氏 | 一般公開以前〜 | 自分が生まれた場・生活の場としての思い入れがある。他の人が知りえない深い情報や、富岡製糸場で働いていた父親が所有していた写真などを見せながら解説したいが、ガイドの有料化や時間制約がかかることは、自分の解説スタイルとは合わない。 | 解説員の中でも一番特徴的だった。自分の歴史と製糸場の歴史をミックスさせて話す。他の解説員が話すようなことはほとんど言わなかったが、観光客は興味津々に聞いていた。ガイドが終わった後、観光客からの質問を多く受けていた。 |

項目は多少変えているが、全ての人に聞いた項目のみを記載してある。

　また解説員のうちの一人（**表1**内・K氏）へ、さらに詳細にインタビューを行った内容をまとめた。K氏は元富岡市長であった今井清次郎から依頼され長らく場内解説をしてきた。K氏の父親は、富岡製糸場（当時は原合名会社）の社員であったため、K氏は富岡製糸場内で生まれている。まさに生活の文脈としての語りを行っている人物である。

### K氏へのインタビュー

　地元の人にとっては、富岡製糸場は世界遺産という感じではなかった。工女に関しても、はじめは家柄も正しい士族の娘がきていたが、民間に払い下げになって時代を下ってからは、だんだんと人も集まらなくなってきて、その頃からは、比較的、家計に余裕がない家庭の娘が来ていたようだ。だから今、「自分がそこで働いていた」とか「世界遺産は地元の誇り」だなんて、近所の人はあまり言いたくないと思う。地元にとって世界遺産登録は、あまり歓迎されていないし、そんなに興味もなかったのが現実だと思う[6]。

---

6　2015年10月26日、解説員への聞き取りによる

　解説の典型例と**表1**を基にまとめると、限られた時間内で観光客という素人に、遺産の真正性や価値を語ろうとするときには、表象は画一的になり「日本の技術の高さ」といった理解されやすい語りに収斂されがちになるということが分かった。また解説員たちは、決められた解説を忠実に行うことを強く意識しており、地元民としてのK氏の富岡製糸場にまつわる記憶や物語を語ることは、時間的にも内容的にも現在の解説のスタイルとしては求められていないことも聞き取れた。

　世界遺産というグローバルな価値があると証明しなくてはいけないモノに対しては、その表象は欧米の目線を意識したものに偏りがちになる。遠藤英樹によれば、和風と洋風がまじりあったような空間を作り出している神戸の街並みは「西洋人のまなざし」を意識してつくられたものであり、神戸が「エキゾチックな」とか「おしゃれな」といった形容詞で語られるのは、明治初期に生成した「ミナト神戸」のイメージに起因するが、このイメージを獲得するために「日本的」「みすぼらしい」などの日本の風景を排除してきた結果である（須藤・遠藤 2005）。明治以降の日本の近代化は、とりわけ欧米列強国との関係性において語られてきた（渡辺 2011）。日本文化の独自性に言及するためには、日本人は「他者」としての欧米のまなざしをとりいれ東洋というイメージ、「オリエンタリズム」をとりいれなければならなかった。これは「セルフ・オリエンタリズム」ともいえ、観光と密接な関係があるとされる（濱野 2014）。

　こうした議論に基づけば、富岡製糸場において地元住民のローカルな「記憶」や地域における「価値」（遠藤でいう日本の風景）が「排除」され語られなくなってしまったことは、世界遺産制度という「西洋人のまなざし」が意識されたからだといえる。2015年に世界遺産となった「明治日本の産業革命遺産　製鉄・製鋼、造船、石炭産業」の構成資産・端島において、ボランティアガイドの表象実践を分析した木村によれば、産業遺産を表象するストーリーが技術中心でまとめられ地元住民の記憶が周縁化してしまったことの原因を「現実に残存する産業遺構が限られているという制約」や「複数の資産から一つの大きな物語を抽象しなければならない」（木村 2014:238）からだとしているが、富岡製糸場においてはこの視点に加えて「セルフ・オリエンタリズム」による遺産の価値の「選択」と「排除」という理由が挙げられる。観光にはそのよう

に、歴史や文化を多様な消費者に好まれる「文化的無臭商品」（岩渕 2001：27）
に創りかえてしまう機能があるのだ。

　また、富岡製糸場で語られなくなったことは地元の記憶だけではないことも
分かる。K 氏へのインタビューからは、富岡製糸場で工女として働いていたと
いうことは、地元民からすると今では隠したい記憶であることが伺えた。富岡
製糸場が三井財閥に払い下げられたのが 1893 年、「この民営化により、やが
て業務形態も変化していった。操業開始当時の 7 時間労働から倍近い約 13 時
間の労働となり、給料も月給制から日給制となる。さらに出来高制となった
翌年の 1898（明治 31）年には、工女 230 人による待遇改善を要求するストラ
イキが起き、製糸場は一つの時代の潮目を迎えるのである」（八木澤 2015：50）
ともある。つまり富岡製糸場での工女の労働条件は、良かった時期よりも悪
かった時期の方が長いことになる。確かに解説員のいうように官営工場として
稼働していた 21 年間は女工哀史的な労働条件はなかったのであろう。しかし、
国策として始まったこの生糸の生産事業が、やがては多くの女性たちの悲劇に
結びついていったことを看過している。「富岡からはじまる製糸労働史、ない
し女子労働史の全体像を無視した態度」（和田 2014：168）といった批判にある
ように、歴史の一部分のみを語ったり語らなかったりすることは歴史認識が正
しく継承されない一種の危険性を伴っている。


## 5　おわりに―新たな観光としての産業観光の可能性

　以上見てきたように、富岡製糸場にまつわる地元住民の生活史的・個人的な
記憶や歴史、富岡製糸場が地域において担ってきた役割や工女の労働のような
「負」の記憶については、そもそも地元民に積極的に語ろうという担い手が存
在しないため容易に隠ぺいすることが可能になっていた。富岡製糸場は①世界
遺産としての価値の創出②観光資源としての価値の創出という幾度にもわた
る価値の「排除」と「選択」を繰り返しながら作り上げられた遺産なのである。
　こうした表象の「選択」と「排除」を生み出した原因は、一つには解説員養
成が組織化してしまったことと解説内容がマニュアル化してしまったことが
挙げられる。解説員たちは、富岡製糸場が世界遺産に登録されたことにより自

分たちはプロの解説員だと意識するようになってきた。結果、機械的・画一的な説明を徹底することになってしまうのである。もう一つの原因は前節までで確認したように世界遺産登録という制度そのものである。遺産が世界遺産に登録されるには、西洋のまなざしを内面化して日本的なものを排除することや、普遍的な視点から遺産の価値を語る必要があるからである。

　しかし、観光客が観光地に求めるものは、単純化した語りではなく、「非日常性」や他者の生活を覗き見してみたいという「ものめずらしさ」であるはずだ。富岡製糸場で生まれ育ったK氏による解説ツアーに参加した観光客も、自分たちだけがK氏の解説を偶然に聞けたことに対して非常に満足していた。この非当事者である観光客のまなざしが、偶然性という観光の魅力の一側面を創り上げていくこともあるのだが、富岡製糸場ではそうした偶然性すらも「排除」されてしまっている[7]。産業遺産が世界遺産としての価値を獲得していく過程で、何度となく「選択」と「排除」が繰り返され、解説員の語りは「私」の語りから「私たち」の語りへ、そして「国家」の語り、「世界」の語りへと変容していく。これこそが、世界遺産である富岡製糸場を構築していったのである。産業遺産観光、とりわけそれが世界遺産観光地では、偶然性や他者性に開かれているはずの観光の厚みも魅力も奪われてしまっているのである。

　しかしながら筆者の最終的な主張は、産業観光にはいかなる可能性も残されていない、ということではない。戦争や災害、死の現場といった人類の悲劇を巡る旅「ダークツーリズム」について、井出（2015）は、観光客へダーク（闇）の記憶や歴史を見せることで人々が人生観を改め社会構築をも促す可能性に言及している。産業遺産の「負」の側面を隠すことなく扱うことができれば、現在の日本における「観光」というイメージを超えて、より深みのあるリアリティを追及した「観光」が生まれるのではないだろうか。

　かつてW・ベンヤミン（Benjain）は『複製技術時代の芸術』の中で、芸術作品の中には「いま＝ここ」という一回性に由来する伝統的な権威が存在したが、複製技術の到来がその芸術作品の中に備わる伝統的・物理的な文脈からの

---

7　筆者が 2020 年 11 月に富岡製糸場を訪れた際、K 氏が解説員を辞めてしまったことを確認した。

離脱を生み、新しい文脈に置き換えられ展示され、鑑賞されていくようになっていく、と論じた（ヴァルター・ベンヤミン 1999:20）。しかし彼は芸術の終焉を意図したのではなく、伝統的な古い芸術から解放されたより民主的で大衆参加に開かれた新たな表現の可能性について言及したのだった。ベンヤミンのいうように、展示や鑑賞が新しい表現への想像力へと開かれた新しい時代の行為であるならば、産業遺産に再び意味を与え、表象した「モノ」を商品として客に展示する行為である産業観光もまた、そのような新しい想像力や表現へと開かれているのだ。

### ＜参考・引用文献＞

Benjain,W.（1939）.*Über einige Motive bei Baudelaire*.［浅井健二郎編訳・久保哲司訳（1995）「ボードレールにおけるいくつかのモティーフについて」『ベンヤミン・コレクション 1 近代の意味』筑摩書房］.

Hobsbawm,E. & Ranger,T.（1983）.*The invention of tradition*, Cambridge. UK: Cambridge Univercity Press［前川啓治・梶原景昭〔他訳〕（1992）『創られた伝統』紀伊國屋書店］.

Hewison,R.（1987）.*The Heritage Industry:Britain in a Climate of Decline*, London：Methuen.

Said,E.W.（1978）.*Orientalism*. New York：Pantheon Books［今沢紀子訳（1993）『オリエンタリズム 上・下』平凡社］.

Urry,J. & Larsen,J.（2011）.*THE TOURIST GAZE 3.0.Leisure and Travel in Contemporary Societies*. London：SagePublications Ltd.［加太宏邦訳（2014）『観光のまなざし—現代社会におけるレジャーと旅行 増補改訂版』法政大学出版局］.

新井直樹（2006）「近代化遺産を活用した観光振興とまちづくり——富岡製糸場 世界遺産プロジェクトの展開と課題——」『地域政策研究』8（3）：201-218.

―――― （2008）「世界遺産登録と持続可能な観光地づくりに関する一考察」『地域政策研究』11（2）pp. 39-55.

井出明（2015）「東浩紀×井出明 ダークツーリズム対談」『DARKtourism JAPAN』1,pp. 44-49.

―――― （2018）『ダークツーリズム 悲しみの記憶を巡る旅』幻冬舎

今井幹夫（2014）『富岡製糸場と絹産業遺産群』ＫＫベストセラーズ

岩渕功一（2001）『トランスナショナル・ジャパン—アジアをつなぐポピュラー文化』岩波書店

遠藤英樹・堀野正人編著（2010）『観光社会学のアクチュアリティ』晃洋書房

遠藤英樹・寺岡伸悟・堀野正人編著（2014）『観光メディア論』ナカニシヤ出版

大河直躬（1995）『都市の歴史とまちづくり』学芸出版社

加藤裕治（2010）「世界遺産ゲーム——表象としての『世界』」遠藤知巳編『フラット・カルチャー——現代日本の社会学』せりか書房 ,pp. 196-203.

木村至聖（2014）『産業遺産の記憶と表象——「軍艦島」をめぐるポリティクス』京都

大学学術出版会

佐滝剛弘（2007）『日本のシルクロード――富岡製糸場と絹産業遺産群』中央公論新社.

――――（2009）『世界遺産の真実』祥伝社

須藤廣・遠藤英樹（2005）『観光社会学』明石書店

須藤廣（2008）『観光化する社会――観光社会学の理論と応用』ナカニシヤ出版

――――（2012）『ツーリズムとポストモダン社会――後期近代における観光の両義性』明石書店

――――（2017）「現代観光の潮流のなかにダークツーリズムを位置づける」『立命館大学人文科学研究所紀要』Ⅲ, pp. 5-36.

富岡製糸場世界遺産伝道師協会（2011）『富岡製糸場世界遺産伝道師協会 2011』上毛新聞社事業局

永吉守（2008）『近代化産業遺産の保存・活用実践とその考察――大牟田・荒尾 炭鉱のまちファンクラブの事例より』西南学院博士論文

八木澤高明（2015）「生糸を紡いだ女たちの道」『DARKtourism JAPAN』(2), pp. 48-53.

矢作弘（2004）『産業遺産とまちづくり』学芸出版社

遊子谷玲（2014）『世界遺産 富岡製糸場』勁草書房

和田英（2014）『富岡日記』筑摩書房

渡辺靖（2011）『文化と外交』中央公論新社

## ＜参考ウェブサイト＞

公益社団法人日本ユネスコ協会連盟＞世界遺産の登録基準（最終閲覧日 2021 年 4 月 11 日）https://www.unesco.or.jp/activities/isan/decides/

富岡市ホームページ（最終閲覧日 2021 年 4 月 11 日）https://www.city.tomioka.lg.jp/www/toppage/0000000000000/APM03000.html

富岡市観光ホームページ＞富岡製糸場ホームページ「世界遺産富岡製糸場」（最終閲覧日 2021 年 4 月 11 日）http://www.tomioka-silk.jp/tomioka-silk-mill/

国土交通省観光庁＞政策について＞「ニューツーリズムの振興」（最終閲覧日 2021 年 3 月 25 日）https://www.mlit.go.jp/kankocho/page05_000044.html

# 第8章　情報を消費する観光行動
## スマートフォンの普及と情報回遊

森　直人

　本章ではスマートフォンの果たす役割の拡大と変化に着目し、余暇行動の変化について考察する。

## 1　はじめに─観光行動の情報源「谷中ひみつ堂」

　観光地谷根千の谷中銀座の近くにある、かき氷の店「ひみつ堂」では、夏場の休日は、朝7時には店の向かいの行列専用の用地に整理券を求める行列ができている。数時間待ちの長蛇の行列を回避するために、入店時刻を指定する整理券を店員が配布する。午前中でも午後の時刻の整理券になるので、行列は回避できても数時間待ちになる。

　この人たちはどういうプロセスを経てここまで来ているのだろうか。

**写真1　谷中ひみつ堂**

　2023年9月15日（金）に「谷中　ひみつ堂」について Twitter（X）では35人がつぶやき、24時間以内に YouTube で上がった画像はニュース画像まで含めると23本、Instagram では18本あった。

筆者撮影：2023年○月○○日

地域を分けて観光資源を載せている一般的な観光ガイドブックで調べてみ

ると、谷根千地域は見開き2ページ、コンテンツが7項目前後で紹介されているケースが多いが、ひみつ堂はほとんど出てこない。唯一『まち歩き地図東京さんぽ2023』（朝日新聞出版2022:96）にだけ「名物食べてこ！」というコラムで紹介されているが、「行列ができる」と断りがあり、まち歩きで訪問しても、時間リスクがあることが書いている。

　次に一般書籍として出版されているかき氷のガイド本を閲覧してみると、閲覧した3冊には「人気店」「有名店」の扱いで、大きくひみつ堂の情報が掲載されている。

　一方、「東京　かき氷　有名」をキーワードにGoogleで検索をかけると、トップページには10のグルメサイト、旅行サイトのお勧めかき氷店のランキングが出てくるが、1サイトを除いて「ひみつ堂」の情報は掲載されている。

　谷根千という地域への観光情報を経由せずに、多くの来訪者はかき氷の情報や、SNSの情報でこの店にピンポイントで来ていると考えられる。

　ところで公益財団法人日本交通公社の調査（図1）によると、旅行の事前情報収集について利用した情報は上位4項目はすべて、インターネットメディアとなっている。全体ではインターネットの検索エンジンからの収集が圧倒的にトップとなっているが、ここで特徴的なのは、女性のZ世代（19〜25歳）のトッ

**図1　国内旅行の計画を立てる際にどのように情報収集しましたか【複数回答】**

| | インターネットの検索エンジン（Google、yahoo!など） | 宿泊施設のHP | インターネットの旅行専門サイト | SNS（Instagram、facebookなど）やブログ、動画投稿 | 家族や友人・知人 | 旅行ガイドブック | 観光施設のHP | 旅行雑誌 | 観光協会や自治体のHP | 旅行会社のHP | 口コミサイト（トリップアドバイザー、フォー…） | 旅行会社のパンフレット | 観光パンフレット | 旅行先の観光協会・宿泊施設などに問い合わせ | 旅行会社に問い合わせ（店頭・電話・メールなど） | その他 | 自分で情報収集しない |
|---|---|---|---|---|---|---|---|---|---|---|---|---|---|---|---|---|---|
| 全体 (n=1,448) | 51.7 | 27.5 | 20.9 | 15.3 | 14.3 | 13.5 | 10.4 | 10.2 | 10.1 | 8.1 | 7.5 | 7.3 | 4.4 | 2.3 | 2.0 | 2.1 | 10.2 |
| 男性 全体 (n=735) | 56.2 | 26.5 | 23.4 | 10.6 | 13.5 | 15.5 | 11.7 | 12.7 | 11.0 | 9.5 | 6.7 | 7.5 | 5.2 | 2.0 | 2.3 | 2.3 | 7.3 |
| 男性 Z世代 (n=43) | 51.2 | 9.3 | 27.9 | 37.2 | 20.9 | 7.0 | 11.6 | 4.7 | 4.7 | 9.3 | 9.3 | 2.3 | 4.7 | 2.3 | 2.3 | 2.3 | 9.3 |
| 男性 ミレニアル世代 (n=196) | 55.6 | 21.4 | 25.5 | 13.8 | 18.4 | 18.9 | 12.8 | 15.8 | 6.6 | 11.7 | 6.6 | 9.2 | 7.7 | 4.1 | 5.1 | 1.0 | 6.6 |
| 男性 X世代以上 (n=495) | 56.8 | 29.9 | 22.0 | 6.9 | 10.9 | 14.7 | 11.1 | 12.1 | 13.1 | 8.5 | 6.3 | 7.3 | 4.2 | 1.2 | 1.2 | 2.8 | 7.5 |
| 女性 全体 (n=713) | 47.1 | 28.5 | 18.2 | 20.1 | 15.1 | 11.5 | 9.1 | 7.6 | 9.1 | 6.7 | 8.4 | 7.0 | 3.5 | 2.5 | 1.7 | 2.0 | 13.0 |
| 女性 Z世代 (n=46) | 43.5 | 13.0 | 4.3 | 47.8 | 19.6 | 19.6 | 10.9 | 13.0 | 8.7 | 8.7 | 4.3 | 13.0 | 8.7 | 2.2 | 0.0 | 0.0 | 13.0 |
| 女性 ミレニアル世代 (n=170) | 48.8 | 20.0 | 14.1 | 46.5 | 18.8 | 12.4 | 16.0 | 10.0 | 5.4 | 4.7 | 12.9 | 4.1 | 2.9 | 1.2 | 2.4 | 1.2 | 12.9 |
| 女性 X世代以上 (n=496) | 46.8 | 32.7 | 20.8 | 8.3 | 13.5 | 10.5 | 10.3 | 7.3 | 7.3 | 3.2 | 3.0 | 1.6 | 2.4 | | | | 13.3 |

（注）Z世代：19-25歳、ミレニアル世代：26-41歳、X世代以上：42歳以上
（出典）公益財団法人 日本交通公社HP「国内旅行におけるSNS・写真に対する意識／実態　～JTBF旅行実態調査トピックス～」https://www.jtb.or.jp/research/statistics-tourist-sns-pictures2022/
（2023年11月8日取得）

プがSNSという点である。この調査は動画投稿サイト、ブログとSNSを区別してあるが、それらの結果をまとめて表示してあり、メディアとしてはトップになっている。この項目は女性のミレニアム世代(26歳～41歳)においても高い割合を占めており、その上の世代の数字とは大きな差があることがわかる。

しかしここで訊いているのは、主に「旅行の計画」における情報収集である。冒頭の「ひみつ堂」に行列する人たちの「コンテンツとしてのかき氷の魅力」との出会いは、これ以前の段階ではないだろうか。

## 2　膨大な情報量とスマートフォン

現在、通勤・通学路線の電車内では、ほとんどの乗客がスマートフォンを取り出し使用している。スキマ時間とも呼ばれる数分間でも、ゲームをやったり、SNSの利用をしたり、と様々な目的であるようだが、一様に画面を見つめ何かを行っている。スマートフォンを起点とした情報行動がそこでは行われていて、それ以外のスキマ時間と呼ばれている勉強の合間、食事の前後、休息時間、等でもスマートフォンをいじっている光景が広がる。

現在、社会の在り様が大きく変化している。その変化の多くは、技術の進化によるデジタルデータの膨大な量の流通と、同じく個人が持つ情報端末、スマートフォンの普及と利用範囲の拡大に関係していると言えるのではないか。またこれらの変化を踏まえて観光行動を捉えると、新たな動きが見えてくるのではないかという点で以下述べていく。

マクロ的に言うと、総務省が発行する令和5年版情報通信白書によれば、

> 通信インフラの高度化やデジタルサービスの普及・多様化とともに、我が国のネットワーク上でのデータ流通量は飛躍的に増大している。(中略)固定系ブロードバンドサービス契約者の総ダウンロードトラヒック(2022年11月時点)は前年同月比23.7%増、移動通信の総ダウンロードトラヒッ

　　ク（同年 9 月時点）は前年同月比 23.4％ 増となっている。世界的にもデー
　　タトラヒック量、特にモバイル端末経由でのデータ流通量は大幅に増加し
　　てきており、今後も更に伸びていくことが予測されている。（総務省 2023）

と、世間に流通する情報量は年々増加している。
　そして現在、日本ではほぼ地域格差なく、幼児と高齢者を除き、スマートフォ
ンが行きわたっている。
　総務省が 2022 年に実施した「通信利用動向調査」によれば、スマートフォ
ンの所有率は 13 歳から 59 歳の各階層では 9 割を超えている。またインター
ネットの利用状況も同じく 9 割を超えている。ＳＮＳの利用も 8 割を超えてい
る。そしてそこでの最大通信速度は、現在の 5Ｇと 1980 年代のアナログ方式
とを比較すると 100 万倍に達する（総務省 2023:3）。つまり日本中、家でもオフィ
スでも出先でもスマートフォンを使って情報を消費している環境がある。
　その結果、休憩時間に同僚と談笑するという風景に代わって、各自がスマー
トフォンを「いじる」という風景が一般的になり、「歩きスマホ」も日常的に
見られ、自転車、自動車の運転をしながらの「ながらスマホ」もよく見られる。
つまり現在、時間の利用方法はスマートフォンの普及により大きく変化してい
るといえる。
　総務省が 5 年毎に行っている、15 分を 1 単位として調査対象者の時間の使
い方を 24 時間で集計している調査である「社会生活基本調査」の 2021 年
10 月実施分のデータによると、スマートフォンの使用者率は 57.6％、平均使
用時間は 2 時間 48 分 となっている。これは全年齢であるが、年齢階級別に
使用者率と平均使用時間をみると、スマートフォン・パソコンなどの 使用者
率は 25 ～ 34 歳で 85.9％と最も高く、平均使用時間についても 25 ～ 34 歳
では 5 時間 47 分と最も長くなっている（総務省 2022）。
　仕事でパソコン、スマートフォンを使っているということではなく、自由時
間、つまりプライベートで使っている人が 61.6％で、平均使用時間は 2 時間
49 分となっている。特筆すべき事として「同時行動」（同時に複数の行動を行
うこと、いわゆる「ながら」）で「コンピュータの使用（本文でもスマートフォ
ンと具体的に例示している）を 32.4％の人が行っていて、「テレビ」を抜いて

トップになっている。昼食時には 12.2％の人が「コンピュータの使用」をしていて、ここでもテレビの視聴を抜いてトップになっている。テレビを視ながら食事する風景が、スマートフォンを食卓に置いて画面を視ながら食事する、という風景に変わってきつつある。

今回の調査では時間が 15 分単位であるが、スマー

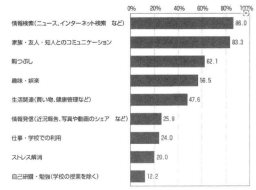

図2　スマートフォンで行っている行動【複数回答】

注：スマートフォン利用者が回答
（出典）：NTTドコモ・モバイル社会研究所2022『データで読み解くモバイル利用トレンド 2022-2023モバイル社会白書』p.59

トフォンの利用実態から考えると、最短 10 秒ぐらいでも情報の確認を行っている。それは休憩時間以外においても有償労働時間の中でのスキマ時間での情報確認等、様々な場面でスマートフォンの利用の日常化が浸透していると考えられる。

ではスマートフォンをどう使っているか、という点で特徴的な事項を以下述べる。ＮＴＴドコモモバイル社会研究所のモバイル社会白書によれば、スマートフォンの使い方で１番多いのは「情報検索」で、９割近くになるが、３位には「暇つぶし」という項目が約６割で登場し、スマートフォンが常に手元にある状況が分かる（**図2**）。またここでは「破損・紛失して最も困るもの」という質問があり、10 代から 60 代では「身分証」を押さえて、１位に「スマートフォン」と答えていて、特に 20・30 代では半数以上の割合になっている。スマートフォンは今や若者には一番大事なものとなっている。（NTT ドコモ・モバイル社会研究所 2023 ）

「余暇」という視点で考えてみる。前述したスマートフォンの使い方で「暇つぶし」という言い方で消極的な「余暇消費」の使い方がでてきたが、1977 年の創刊、2022 年版で 46 号を迎える、公益財団法人日本生産性本部が発行する、余暇の現状と産業・市場の動向を分析する『2022 レジャー白書』では

項目として独立してはいない。総務省が行っている「社会生活基本調査」では「休養・くつろぎ」という項目があり、定義には「家族との団らん、仕事場又は学校の休憩時間、おやつ・お茶の時間、うたたね、食休み、一人で飲酒などの時間をいう」とある。いかにもスマートフォンをいじっていそうな時間ではある。そう考えてしまうほどスマートフォンは身近な存在になっていると言える。短時間でも利用可能なスマートフォンの普及は「休養・くつろぎ」の時間が「スキマ時間」として活用されているという実態が明らかになっている現在、前述した『レジャー白書』も含めて、スマートフォンが身近に利用されている生活を踏まえて、調査項目に時間の使い方の新しい項目「スマートフォンをいじる」が必要になっているのではないか。また時間単位をこれまでの 15 分から 1 分単位に分割しないと実情に合わなくなってきているのではないか。

## 3　情報回遊

　本章では、このような個人の生活を大きく変化させているスマートフォン（インターネット端末）による情報消費行動に着目する。

　その昔「スマートフォン」以前には「携帯電話」は「電話」というジャンルの商品として認識されていたが、電話以外の情報端末としての機能が追加されて「携帯」そして「スマートフォン」と呼びならわされるようになっていった。中でも、スマートフォンの情報検索の端末としての役割は「カメラ」「通信」と並んで主要な機能の一つである。

　この情報検索端末としての機能に対しては、当初から、Google を始めとしたインターネットメディアは検索に対して効率的な回答を指向し、的確な回答を短時間で出すための技術革新を続けてきた。それは一般性を持つ、ということよりも個人の嗜好に合わせて最適化する技術「アルゴリズム」によって、そのメディア利用者個人毎に「レコメンデーション（お勧め）」を提示していくという方向性をとっていた。

　ここで情報検索を利用して情報を消費するモデルとして購買行動モデルのネット時代での進化を述べる。ネット社会以前は、購買行動モデルとしてマス広告を前提とした「AIDMA」モデルが存在しており、商品を購買に導く段階

として、時間的な経過を経ながら広告に接触することで、A（認知）→ I（興味）→D（欲求）→M（記憶）→A（行動）というプロセスを経て「購入」に至るというモデルであった。

　21世紀に入り、ネット時代になり、インターネットが当たり前の時代で大量の情報が流通し出すと、変化した状況に対応した「AISAS」モデルが提唱された。このモデルは、A（認知）→ I（興味）までは一緒だが、→ S（検索）→ A（行動）→ S（共有）と、大量の情報がネット上に流通していることで「検索」を行い、「行動」した後に、インターネットというメディアを持ったことで自発的に情報を発信・拡散して「共有」する、というモデルに進化したものであった。

　そこからさらに進んでマーケティングモデルもスマートフォンの利用により、これまでは順序立って、段階を踏んで、時間をかけて進んでいくと考えられていた購買モデルも、興味を持ったものから直接購買が生じる、Googleが言うところの「パルス型消費」が大きなトレンドとして捉えられるようになった。

　現在、スマートフォンの進化と普及により、常時ネット接続している層が、Z世代、ミレニアム世代の女性層を中心に多数存在する。そこでは最適化技術、ハッシュタグ検索、そしてインフルエンサー、パワーブロガー等によって、自分に合う、様々なコンテンツに出会うことができる。今までは「検索して探して」いたものが、スマートフォン上で「自分に合ったものに出会う」という世界が出現している。

　Instagramのストーリーズや TikTok、YouTube のショートムービーは、情報検索の世界とは異なる「情報回遊」という世界を生み出している。目的が明確にある訳ではなく「楽しい。新しい。」情報を探す行動をスマートフォン上で行い、欲しい商品に遭遇する。そこでの購買行動モデルが「SEAMS®」である。

　S（Surf回遊）→ E（Encounter遭遇）→ A（Accept受容）→M（Motivation高揚）→ S（Share共有）という段階を踏んで回遊によって自分の好みのものに出会い、一挙に好きになり、いわば衝動買いしてしまう。それが当たりであれば、周囲に拡散するという構造である。特徴的なのは、回遊する情報の発信元が、信頼するインフルエンサーやパワーブロガーであったりすることで、信頼性が本来的に大きいので、一気に購買に至る、というところにあると考える。

　ここで特に注目するのは、「情報を消費する」という視点で見る「情報回遊」

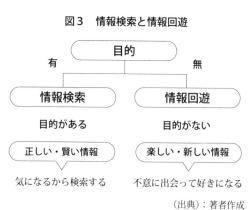

図3　情報検索と情報回遊

目的
有　　　　　無
情報検索　　　　　情報回遊
目的がある　　　　目的がない
正しい・賢い情報　楽しい・新しい情報
気になるから検索する　不意に出会って好きになる

（出典）：著者作成

という行為である。これまでインターネットの利用は「情報検索」という「目的意識を持ち、必要な情報を探し出す」いわばクリエイティブな行為（作業）とされていて、余暇とは認識されていなかった。ただ、以前より「ネットサーフィン」と呼ばれる行為はあり、興味の赴くままにWEBサイトを渡り歩いてはいた。

　ここでは自分が興味あるジャンルの情報、自分が気に入っている発信元がセレクトした情報や、世の中で流行っている自分好みの情報を大量に消費していく。検索とは違って、動機が「必要」ではなく、快楽的で趣味的というところが特徴的である（図3）。

　同時にここが一番の特徴であるが、この情報回遊は、目的がない、という点である。自分の興味、快楽のために行うことなので、「欲しい。実現させたい。関わりたい。」という感情、欲望が生ずるということである。これは、情報の送り出し側にも言えることで、YouTuberであったり、趣味を語るブロガーであったり、Instagrammerだったりするので、まず自己の価値基準に基づく「おもしろい、楽しい、欲しい」情報を発信する。そこからメディア側でのアルゴリズムに依って、通常の購買のロジックとは違う価値判断が生じ、そこから購買行動が生じるので、既存の購買行動における価値判断とは異なる行動が生じると考えられる。

　従来の購買のプロセスである「対象」を発見するところから始まり購入・評価する、今までの関与とは違う視点で見られるのではないか。

　つまり、情報回遊で予め自分の興味ある情報、もしくは興味ある情報をピックアップして伝えてくれるサイト、SNSから情報を楽しむ、というところで、その情報は直接の購買情報ではなくて自分が興味あるジャンルのニュースだったりコンテンツ情報であったりする。そこから自分がより興味深かっ

たものをピックアップし、購入、体験する。そして満足すればその体験をシェアするという行動モデルになる。そこでは理性的な判断よりも、情動的な行動になりがちになる。

## 4　暇つぶしと推し活

　この購買行動モデルに、「ひみつ堂」に集まる人を当てはめてみると派生すると思われる行動から2種類の行動を説明する。

　但しこの「SEAMS®」モデルは本来スマートフォンの中で完結する構造であるが、今回は、情報回遊を説明するのに使用したので、リアルの部分が存在してくる。このため、瞬時に完結しないため、熱狂部分が冷める懸念が出てきてしまう可能性があることは事前に指摘しておく。

### 4.1　暇つぶし

　スマートフォンの使用目的で「暇つぶし」という項目が出ていたが、空いている時間を当てはめて、そこで情報の確認をするという、情報回遊行動をする（図4）。元々余暇とされる時間が予め想定されていて、そこを「有効活用」するテーマを見つけている。ここでは余暇消費に必要な「時間」「金」「情報」をバランスよく消費するというところで考えると、時間は所与のものとしてあるが、暇つぶしが長期間の旅行になることは少なく、近距離で日帰りが中心になるのではないか。

　コロナ禍の際にマイクロツーリズムが注目された。マイクロツーリズムとは、行動としては自宅から1〜2時間程度の移動圏内の「地元」でする近距離旅行で、公共交通機関の利用を避けた自家用車による移動を中心とし、地域の魅力の再発見と地域

**図4　「暇つぶし」による観光行動**

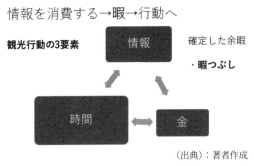

（出典）：著者作成

経済への貢献を念頭に置いた旅行形態である。ということで、旅行を念頭に置いているが、そこではなく、情報を消費するというと、正に地元、近隣の情報、「ここがおいしかった。」というグルメ情報や「ここの梅が今、旬できれい」というスポット情報、そのようなすぐに動くことができるなにもない予定時間にはまるような情報に即反応して行動が可能になる。より近隣の都会であれば、交通の便がよいアクセスにストレスの少ない場所が選択されるのではないか。

### 4.2　推し活

　推し活とは、「推し」と呼ばれるアイドル、キャラクター、Youtuber 等が多く対象とされるが、モノ、遺跡、武将等まで含めた様々なコンテンツ、運動を応援することで、積極的な行動・コンタクトを行うことを指す。グッズの購入、イベント・ライブへの参加、ＳＮＳでの情報発信、コミュニティへの参加等の活動による充足感、「推し」と一緒に成長する感覚、「推し」間の交流等、現代社会の閉塞感から癒される効果があるとされる。特に女性層に多いが、性、年齢を超えて浸透してきている。

　これはある意味、「目的」を持った観光行動として顕在化していると言える。例を挙げると、

---

**①聖地巡礼**

　アイドルの足跡をたどる、YouTuber のロケ地をめぐる　コンテンツのファンが掘り起こした情報を観光行動として消費している。

**②スポーツ・ツーリズム**

　自分の推しのチーム、選手の試合の応援に、海外までも馳せ参じる。

**③ライブ・ツーリズム**

　ファンが全国の公演、イベントに参加する。

**④アートツーリズム**

　ファンが特定のアーティストの作品、展覧会に地域を厭わず参加する。

---

これ以外にも、自分の趣味を窮めたり、推しの活動を応援するということで、通常の観光では考えられない「そのためだけに行く」観光行動が生じている。

その行為の説明としては、観光行動の3要素である「時間」「金」「情報」の内の「情報」が大きく高まることによって、世間的な意味での「時間」「金」とのバランスが崩れているケースが多く出現しており（**図5**）、その文脈で「経済的な合理性」以外の合理化がされ、同じ情報で回遊する「仲間（コミュニティ）」からも同感、承認され、独自の価値観の輪を生成し再帰性を持ち行動・実現させているという面がある。

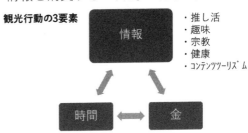

**図5　「推し活」による観光行動**

（出典）：著者作成

　また、特定の「推し活」が社会現象化して顕在化すると、マスメディアにも露出するようになり、いわゆる「人気を追う」層が加わり、参加者が巨大となる例が出てきている（例「鬼滅の刃」「スラムダンク」）。

　ここで谷根千の谷中の「ひみつ堂」の賑わいを例にして、この2パターンの情報回遊の成果の説明を行う。

### ①暇つぶし

　情報に接触した際に、ビジュアルでおいしそうだ、ぜひ食べてみたい、体験してみたい、という印象を受ける。店の所在地が台東区谷中ということで、この最寄り駅の日暮里、千駄木まで1時間以内に到達する人口は約2000万人いる。この巨大なマーケットの中で「暇な人」の割合を考えてみた場合、元々暇である（余暇があるが積極的に埋まっていない）相当数な人が魅力的に思えるはずであろうが、その時間待ち行列の困難さの情報をも含めて考えると、行列する時間と得られるであろう満足度を斟酌して、行列に並ぶ覚悟の人、行列を見物し、あわよくば食べようと考える人が一定数出てくる。

### ②推し活

　単純に「かき氷」を食べ歩くのが趣味な人にとっては東京3大かき氷と称さ

れていることもあり、聖地である。また有名人もブログで個々のかき氷を上げている人も多い。取材で訪れて、かき氷を食べた人がHPに羅列してあるが、蒼井優、志村けんからアイドル、荒俣宏、堀江貴文まで50人以上が記載されており、多彩なラインナップになっている。その人のファン、「推し」で、同じ体験をしてみたいと、かき氷を食べたい、よりも同じ体験をすることで満足感を得たいと考える人が「ひみつ堂」をピンポイントで訪れる。

---

**○○○○さんのインスタグラム写真 –（○○○○ Instagram）**

「千駄木にある、ひみつ堂のかき氷。 悩んで悩んで悩んで悩んで、結局安定のいちごみるく 🍓 #谷根千 #食べ歩き #ひみつ堂 #かき氷 #いみごみるく」

9月2日17時38分（○○○○アカウント）

---

## 5　情報を消費する

　これまで述べてきた事象は、情報を消費する行為が観光行動の発端（入り口）となっていると共に目的にもなっている。従来観光は場所（空間）を消費するものと捉えられてきた。ここで今までの議論を踏まえて、観光が空間消費と情報消費の交点で生ずると考えると左に示す**図6**のようなモデルが考えられる。

　従来の大衆観光をこのモデルに当てはめてみると、情報の量が少なく、観光はまず行ってみることが基本で、そこでステレオタイプのイメージで、観光地を消費している（**図7**）。いわば『観光のまなざし』（2011）でJ・アーリ（Urry）も書いている、従来からの日本人の団体旅行者の観光のまなざしである。一

**図6　観光の空間消費・情報消費モデル**

（出典）：著者作成

方、一般的な観光客でも観光のまなざしを用いていろいろな発見をしていくこと、それが観光の本質とされていた。また D.ブーアスティン（Boorstin）の『幻影の時代』（1964）に描かれた大衆観光の「疑似事象」という主張には多くの学者が批判を寄せて、観光客はより深く確かな「観光のまなざし」を持って観光している、と主張していた。

ではこれまで情報を消費する観光がなかったかというと、そのようなことはなく、コンテンツ目線でいくと、趣

**図7　情報量の少ない大衆観光モデル**

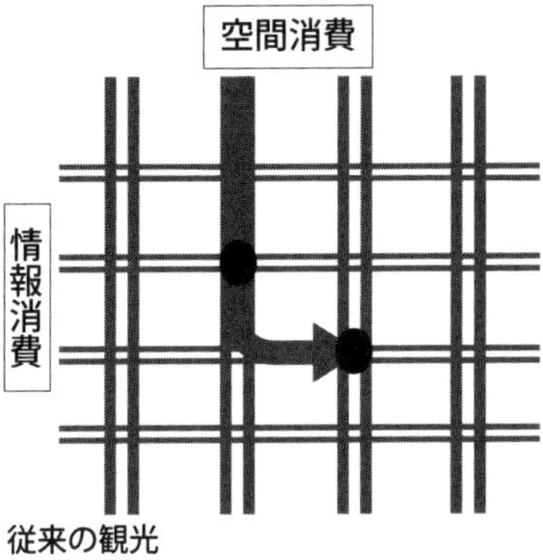

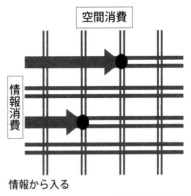

（出典）：著者作成

味で括られたコンテンツの書籍は多数あり、ラーメンをはじめとした麺類のグルメ本、テレビのグルメ番組はファン層を持っており、そこからの観光行動は「食べ歩き」として、一般人からもその情報が消費されている。旅行の形態もグルメツーリズムは代表的なものであった。

ところで、情報を消費する、ということで述べてきた「観光行動」にしても、情報を消費することを目的としながら、結果的に移動をして現場で体験する、

という従来の観光行動の本質である「場所の消費」を行っていて、実際は現場で多くの発見をするはずである。但し、入り口は情報の消費からで、情報の確認が目的で場所は要素である、という特徴を持つ（図8）。

そこでは情報を確認する、情報を消費する観光が主に行われていると考えられる。発見ではなくて確認である。つまり「かき氷だけ食べて帰る」訪問者がいる、ということになる。但しリアルな現場の情報量は膨大であり、観

**図8　情報量の増えた観光モデル**

（出典）：著者作成

光地とされている場所であれば特に、移動をすれば必ずどこかに目的以外の情報の消費、つまり別な観光が発生するものと考えられる。

## 6　おわりに―提言

　実際に谷根千を歩いている人を観察すると、様々な人が歩いていることがわかる。この論考の表題を「観光行動」としている意味も、その定義の「観光事業の対象になる行動」（前田 2014：6）という部分で捉えるほうが、様々な人たちをくくる枠として適当と考えるところにある。

　現実の場に行けば、様々な情報が存在し、それをどれぐらい消費できるかが観光の楽しさにつながるのであるが、その情報を発見する難しさがあるとすると、様々なレベルでの補助線、ヒント、ガイド等の「情報」が必要とされる。

　観光させる側を考えると、必ずやるべきことは、情報消費地として、その地域がどういった消費をされているのか、それは定型化したものという思い込みがあるかもしれないが、現代社会においては、日々刻々変化しているはずなので、「情報回遊」を自分たちの地域で不断に行い変化の兆しを捉えて準備・対策を行うべきであろう。変化を実際に体感してから対応するのではなく、兆しを利用する仕掛け・ストーリーを準備して、情報として兆しを観光させる当事者側から発信し、コントロールできる体制を作っておくべきであろう。

　また状況、環境は刻々と変化する部分があるのに、その刻々の変化に対する情報発信までは対応できていないケースがほとんどではないか。遠隔地から来るという思い込みが観光させる側にもあるのではないか。情報回遊が切れ間なく行われている現状を考えると、距離を勘案すると近隣であれば情報接触と行動とが即結びつくという状況でもある。地域を限定したタイムリーな情報提供等、ターゲットを限定した機動的な情報運用も有効な手段と考えるべきである。

　時期を得た情報を流通させて、現場で充実した時間を過ごさせる戦術が必要だと考える。

## ＜参考・引用文献＞

蒼井優（2013）『今日もかき氷［完全版］』マガジンハウス

朝日新聞出版編集部（2022）『まち歩き地図東京さんぽ 2023』朝日新聞出版 ,pp. 96.

NTT ドコモモバイル社会研究所（2023）「2022 スマホ利用者調査」『モバイル社会白書 2022』NTT 出版

おとなの週末編集部（2023）「おとなの週末　特集　谷根千びより」第 21 巻 5 号 , 講談社ビーシー

公益財団法人日本生産性本部（2022）『2022 レジャー白書』

散歩の達人編集部（2022）『散歩の達人　大特集　谷中・根津・千駄木』322 号 , 交通新聞社

昭文社旅行ガイドブック編集部（2013）『まっぷる 東京下町散歩』昭文社 ,pp.46 ～ 59

昭文社 旅行ガイドブック 編集部（2021）『かき氷本』昭文社

ＪＴＢパブリッシング旅行ガイドブック 編集部（2023）『ＪＴＢのMOOK　東京　完全版』ＪＴＢパブリッシング ,pp. 54 ～ 55.

ＪＴＢパブリッシング旅行ガイドブック 編集部（2020）『ソロタビ　東京・横浜』ＪＴＢパブリッシング ,pp.62 ～ 63.

総務省（2023）『令和 5 年版情報通信白書』

総務省（2023）『通信利用動向調査』

総務省（2022）『社会生活基本調査』

地球の歩き方編集部（2021）『地球の歩き方　aruco 東京』Gakken,pp.112 ～ 115.

地球の歩き方編集部（2021）『地球の歩き方 J01 2021-2122 年版 東京』Gakken ,pp.176 ～ 183.

原田泉（2021）『にっぽん氷の図巻＆かき氷』ぴあ

前田勇（2015）『観光とサービスの心理学　第 2 版』学文社

南陀楼綾繁（2017）『新版　谷根千ちいさなお店散歩』WAVE 出版

Boorstin, Daniel Joseph.(1962). *The Image；or, What Happened to the American Dream*, New York: Atheneum.［星野郁美・後藤和彦訳（1964）『幻影の時代――マスコミが製造する事実』東京創元社］.

Urry, J .& Larsen, J .(2011).*The Tourist Gaze, 3.0.* London:Sage.［加太宏邦訳（2014）『観光のまなざし〔増補改訂版〕』法政大学出版局］.

## ＜参考ウェブサイト＞

株式会社電通（2023）「情報回遊時代の購買行動モデル SEAMS®」（最終閲覧日 2023 年 11 月 18 日）https://www.d-sol.jp/news/ebook/seams-model-to-increase-ec-sales

株式会社マイベスト「【2023 年】東京都内のかき氷店のおすすめ人気ランキング 27 選」（最終閲覧日 2023 年 11 月 18 日）https://my-best.com/6564

公益財団法人日本交通公社（2022 年 7 月 28 日）「国内旅行における SNS・写真に対する意識／実態 ～ JTBF 旅行実態調査トピックス～ 」（最終閲覧日 2023 年 11 月 18 日）https://www.jtb.or.jp/research/statistics-tourist-sns-pictures2022/

小林 伸一郎（2020 年 1 月）「従来の購買行動はもう当てはまらない、情報探索行動を分析してわかったこと：バタフライ・サーキットと 8 つの動機」（最終閲覧日 2023 年

11 月 18 日）https://www.thinkwithgoogle.com/intl/ja-jp/marketing-strategies/data-and-measurement/butterflycircuit1/

ことりっぷ編集部（2023 年 6 月 11 日）「【保存版】都内のかき氷有名店 9 選～一年中食べられる専門店やニューオープン、穴場も～」（最終閲覧日 2023 年 11 月 18 日）https://co-trip.jp/article/619180/

ひみつ堂（2023）「かき氷専門店 ひみつ堂 公式ホームページ」（最終閲覧日 2023 年 11 月 18 日）himitsudo.com

まっぷるトラベルガイド編集部（2022 年 7 月 10 日）「東京の人気かき氷店 20 選」（最終閲覧日 2023 年 11 月 18 日）https://www.mapple.net/article/191183/

吉田ふとし（2022 年 6 月 29 日）「【2023 年最新】ふわふわかき氷を食べてきた！東京都内おすすめ 10 店」（最終閲覧日 2023 年 11 月 18 日）https://caradel.portal.auone.jp/post-10299/

るるぶ＆more．編集部（2023 年 8 月 12 日）「【2023 年最新】東京のおすすめかき氷 25 選」（最終閲覧日 2023 年 11 月 18 日）https://rurubu.jp/andmore/article/14041

and trip 編集部（2023 年 7 月 16 日）「現地ライター厳選！この夏食べたい、東京都内・近郊の「かき氷」17 選！」（最終閲覧日 2023 年 11 月 18 日）https://www.andtrip.jp/article/005068.html

fuyuno_asa@kjina_1225（2023 年 7 月 20 日）「この夏、東京都内で食べたいかき氷 15 選。」（最終閲覧日 2023 年 11 月 18 日）https://rtrp.jp/articles/107052/

satomi0908（2023 年 11 月 01 日）「【2023】東京のふわふわかき氷 16 選！人気店から穴場まで」（最終閲覧日 2023 年 11 月 18 日）https://aumo.jp/articles/15929

shannon527527（2022 年 3 月）「東京都かき氷⑫人気店～穴場10選」（最終閲覧日 2023 年 11 月 18 日）https://place.line.me/themes/5f3892a88e771e0044f65eeb

Think with Google（2020）「総集編：スマホによって生まれた新たな消費行動『パルス消費』とは？ 4 つの記事で学ぶデジタルマーケティングの可能性」（最終閲覧日 2023 年 11 月 18 日）https://www.thinkwithgoogle.com/intl/ja-jp/consumer-insights/consumer-journey/shoppersurvey/

TikTok For Business（2020）「オフィシャルユーザー白書 第 3 弾」（最終閲覧日 2023 年 11 月 18 日）https://tiktok-for-business.co.jp/archives/5108/

Time Out Tokyo Editors（2022 年 6 月 8 日）「東京、かき氷 30 選」（最終閲覧日 2023 年 11 月 18 日）https://www.timeout.jp/tokyo/ja/restaurant/kakigoori

第三部　まちづくり―政策

# 第9章　水辺を活用した新しい公共空間づくりと地域観光政策

上山　肇

## 1　はじめに

　コロナ禍が観光を直撃した。改めて「観光」とは何なのか（何だったのか）について考えたい。「観光」の一般的な定義としては「楽しみを目的とする旅行」を意味し、場合によって「観光事業」そのものを指す。英語では、サイトシーイング（sightseeing）やツーリズム（tourism）という単語で表し、そこには「観光する側（観光客）」と「観光させる側（観光業者）」といった概念による違いがあるという。

　同時に「観光する側（観光客、その地域を訪れる地域外の人々）」と「受け入れる側（受け入れ者、主に地元住民）」といった概念も存在し、観光による双方のコミュニケーションの構築がある意味テーマであった。しかし、コロナ禍では従来の観光そのものが具体的に実現できず、人と人、あるいは人と自然等との繋がりが極めて希薄になってしまった。また、それらを介しないオンラインを活用した新たなツーリズムが誕生することもあった。

　観光まちづくりにおいては「観光する側」と「受け入れる側」の2者の関係がある中で、本章ではこれからの相互の関係性について、「水辺」を取り巻く地域観光政策の実態を踏まえながら今後のあるべき姿を受け入れる側（地域サイド）にたって探ることを目的としている。

　特に、水辺を活用した新しい公共空間づくりに着目し、近年全国でも数多く展開されるようになった「かわまちづくり」の計画策定とその実践について、取り組みを紹介しながら地域から外に向けて発信するこれからの地域観光政

策と観光まちづくりのあり方について考えたい。

　水辺を活用したまちづくりの事例として、広島市のオープンカフェの事例や大阪の北浜テラス、墨田区の隅田川マルシェの試験的取り組み事例を見ても、水辺活用は親水の視点だけでなく観光まちづくりの視点でも大きく展開の可能性があるものと考える。

## 2　地域観光政策と観光まちづくり

### 2.1　地域観光政策の現状

　都市政策とはそもそも、現代社会において都市になんらかの公共的介入を加えようとする政策のことであるが、すでに発生している諸問題についての対策だけでなく、事前の予測により問題の発生自体を防止するような対策も政策には求められる。また、従来からの都市構造が複雑化した今日では、都市基盤や交通施設、上下水道、河川、公園などの基盤整備や都市計画だけでなく、文化や防災、市民参加・協働などにいたるまで内容的にも対象が多様化している。

　同時に、人口減少や高齢化問題、地球環境問題、国際競争力の低下と国際経済の急速な変化、市町村合併、価値観、ライフスタイル等の多様化といった都市を巡る社会経済情勢の変化がある中、都市政策としては、地方に加えて大都市郊外部の過疎問題や都市経営コストの効率化、地球環境問題への対応、激化する都市間競争への対応、行政の広域化に伴う課題、農地の転用・開発と都市からみた農のニーズの高まり、国民の価値観の多様化・技術革新・ライフスタイルの変化への対応といった諸課題がある。

　また、観光政策の面では、人の移動に関する情報に収斂させ、新たに人流概念に基づく制度を構築するべきとの政策提言が行われているが、国で観光を担っている観光庁はコロナ禍でいったんその勢いは衰えたものの、1）国際競争力の高い魅力ある観光地づくりの支援 2）海外との観光交流の拡大 3）旅行者ニーズに合った観光産業の高度化を支援 4）観光分野に関する人材の育成と活用の促進 5）休暇取得の推進や日本人海外旅行者の安全対策など観光をしやすい環境の整備を行うとしている[1]。

　さらに、外貨の獲得や消費者保護、地域振興などといったそもそもの観光政

策の目的と照らし合わせながら、今後の観光政策の方向を探り、観光の中で行われる人と人、人と物、人と自然等の交流の新たな仕組みを構築するとともに、国の政策とは別に、各自治体が展開する地域観光政策についても考慮しなければならない状況にある。

## 2.2　観光まちづくりとニューツーリズム

　そうした地域観光政策がある中で現在、全国において観光まちづくりが展開されているが、都市政策やまちづくりの目指すところは持続可能な都市を築くことで、そのために地方都市では、コンパクト化やネットワーク化という都市構造の実現と併せて、各種の地域観光政策が推進されている。

　観光まちづくりは、そうしたことと連携して進める政策であり、まちを訪れる人々を資源として、まちの関係者（行政だけでなくそのまちに関わる人々）が自らの手で、自立的かつ持続的に営んでいくまちづくりの手法で、観光まちづくりは、自治体が持続可能な都市を継続していく手法（都市によって異なる個別解）を選択していく上で、一つの有力な手段になると考えられている[(2)]。

　一方で、よく耳にするようになった「ツーリズム」という言葉は、概念としては観光より広く捉えられ、目的地での永住や営利といったことを目的とはせずに、私たちが日常生活しているところ（圏域）から一時的に離れる旅行のことを意味している。英語ではツーリズム（touricsm）だが、これはラテン語のtournus（ろくろ・旋盤）に由来することから、「回転運動」すなわち、「元にいた場所に戻る」ということになぞらえて、「観光旅行」という言葉がツーリズムになったと考えられている。「ツーリズム」とは「つくるもの」（つくられた地域資源）とも言うことができるが、現在、「ツーリズム」という言葉の用語は概念や理念が先行しているものもあり、表1のように数多く存在している。（実際にはこれ以外にもあるが、**表1**では一部を示す。）

　そして最近では、新たに「ニューツーリズム」という言葉も生まれたが、これは従来型の観光旅行ではなく、テーマ性の強い体験型の新しいタイプの旅行とその旅行システム全般を指すものである。テーマとしては産業観光やエコツーリズム、グリーンツーリズム、ヘルスツーリズム、ロングステイなどがあるが、地域が主体となって旅行商品化を図ることから地域活性化につながるも

のと期待され、これに関しては観光庁が定義しており、併せて主導・支援をしている。

　本章では国土交通省が支援制度として創設した「かわまちづくり」を事例に、観光まちづくりの視点も含め「親水（水辺）ツーリズム」と位置付け、人と人、人と物、人と自然（特に水辺）等のつながりに関し、今後の水辺（整備）のあり方や仕組みづくりについて考えてみたい。

### 表1　多種多様なツーリズム

```
［代表的なツーリズム（一部）］
アートツーリズム、アニメツーリズム、アーバンツーリズム、遺跡ツーリズム、イ
ンダストリアルツーリズム、インフラツーリズム、エアラインツーリズム、エコツー
リズム、エスニックツーリズム、オーバーツーリズム、オールタナティブツーリズ
ム、カルチュラルツーリズム、グリーンツーリズム、クルーズツーリズム、ゲーム
ツーリズム、産業ツーリズム、サスティナブルツーリズム、親水（水辺）ツーリズム、
スポーツツーリズム、スポーツ文化ツーリズム、スローツーリズム、ソーシャルツー
リズム、ソフトツーリズム、ダークツーリズム、体験型ツーリズム、ニューツーリズム、
ネイチャーツーリズム、ハードツーリズム、バリアフリーツーリズム、美肌ツーリ
ズム、フィルムツーリズム、ブルーツーリズム、ヘリテージツーリズム、ヘルスツー
リズム、マイクロツーリズム、マスツーリズム、メディカルツーリズム（医療ツー
リズム）、ルーラルツーリズム、歴史文化ツーリズム、ラグビーシティツーリズムなど。
```

注：太字は本章で新たに位置付けたツーリズム

## 3　「かわまちづくり」の計画と実践
### その1─「聖蹟桜が丘かわまちづくり」の事例から─

### 3.1　はじめに

　国土交通省は「かわまちづくり」を促進するため、「かわまちづくり」支援制度を2009年度に創設し、河川管理者がハード・ソフト面で支援を行ってきているが、現在までに全国で250を超える多くの「かわまちづくり」の取り組み事例があり、今もなお各地でその登録が進められているところである。

　「かわまちづくり」とはそもそも「かわ」とその周辺の「まち」を活性化す

るために、その地域の資源（歴史、文化、景観、観光基盤など）や地域の創意工夫（知恵）により、市町村や民間事業者、河川管理者が連携する中で河川空間と都市（まち）空間が融合した良好な空間形成を目指す取り組みのことである。

　「かわまちづくり」では、①「かわ」を活用した観光利用の促進 ②水辺に親しむ拠点の形成 ③流域のネットワーク利用の促進 という整備する上での視点がある。この「かわまちづくり」によって「かわ」がもっている地域特有の魅力を活かしながら、「まち」と一体となったハード・ソフト両面の施策（整備）を実施することで水辺空間の質を向上させ、地域活性化や地域ブランドの向上が実現できるとしている。

　多摩市では「聖蹟桜が丘かわまちづくり」で具体的に社会実験を含め実践されていることから、その取り組みについて紹介する。

### 3.2　「聖蹟桜が丘かわまちづくり」の概要

　多摩市は多摩川や多摩丘陵の樹林地といった豊かな自然を有したところであるが、水と緑の空間を守り育てることで、自然と都市が調和した空間づくりと環境にやさしいまちづくりに取り組んでいる。こうした取り組みを一層充実させるために、「かわまちづくり計画」において河川空間にアクセスしやすい階段やスロープ、多目的広場を整備することにより地域住民やまちを訪れる人たちにとって居心地の良い水辺空間づくりをしている。

　この取り組みに対し、国土交通省では必要な河川管理施設の整備の他にも、河川空間において営利活動を実施する場合には、河川占用敷地許可準則第22条に基づく、都市・地域再生等利用区域の指定等の支援を実施していくとしている。

　ハード施設整備について国土交通省は、河川管理用通路等の整備を行い、多摩市は多目的広場や堤防天端整備等を行う。ソフト施策については、国土交通省が都市・地域再生等利用区域を指定し、多摩市が水辺空間利用の実証実験等を行うとしている。

### 3.3　かわまちづくりの経緯と実施状況

　2023年7月に現地視察を行い同時に関係者にヒアリングを行ったが、その時点においては次のような状況にあった。聖蹟桜が丘駅北側の多摩川沿いのエ

リアを土地区画整理事業（民間施行）とマンションや商業施設の建設にあわせ、「かわまちづくり支援制度（国土交通省）」に計画登録（2020年3月13日）され、地域で連携しながら居心地の良い水辺空間づくりを進めており、2022年8月29日には自治会や団体、事業者等を会員とする「聖蹟桜が丘かわまちづくり協議会」が発足している。

　「かわまちづくり」では、国土交通省がハード整備として河川敷に降りるための階段整備工事を実施している（スロープについては要請中）。また、河川敷の一ノ宮公園拡張工事として、多摩市が芝生広場を新設し様々な活動ができるよう検討し、併せて堤防天端にはキッチンカー停車場を整備したりオープンカフェ（堤防天端店舗用スペースを活用）など、河川敷に観光客や近隣住民を呼び込むきっかけをつくり、居心地のよい水辺空間づくりの工夫がされている。さらにサイクリングロードを堤防敷から河川敷に移設整備することとなっている。

　ソフト施策については、聖蹟桜が丘かわまちづくり協議会と多摩市が主体となり、多摩川河川敷のルールづくりや新たに整備する空間の使い方を検証し、持続可能な河川利用に向けたプレイヤーを発掘するために社会実験を次のように今までに2回実施している。

**（1）社会実験第1弾**
1）期間：2022年10月5日〜11月27日、16日間
2）来場者数：14,751名
3）コンテンツ：水辺でランチ（キッチンカー出店）、リバーSUP、防災教室、アウトドアオフィス、焚火体験、リバーサイドヨガ、青空ワークショップ、かわあるき、ドッグラン、デイキャンプ、水辺でマルシェ

**（2）社会実験第2弾**
1）期間：2023年5月13日〜6月11日、11日間
2）来場者数：1,113名
3）コンテンツ：カクテル販売、手持ち花火の夕べ、鳥のように羽ばたくドローン体験会、みずべあおぞら文庫（絵本読み聞かせや野菜販売）、給水

スポット、おもちゃの広場、楽器演奏・歌唱、ヨガ、子どもへの声掛けについてのワークショップ、キャンプ・アスレチック、ホットドッグとモリンガ茶販売、キッチンカーで焼きまんじゅう販売、可動式遊具の設置、ドッグランとドッグマルシェ、水辺でランチ、テント・タープ張り体験会、ドローンを用いた物資輸送の実証フライトやドローン体験会、ＢＢＱ

### 3.4　今後の取り組み（持続可能なかわまちづくりの実現に向けて）

当面、賑わいづくり（河川エリアの運営等）については、かわまちづくり協議会が当該エリアの使用を承認したエリアマネジメント法人が市と使用契約を締結した上で担っていくこととし、面の管理主体は市が担うことを想定している。将来的には面の管理も含めてエリアマネジメント法人が担うことを視野に、市はエリアマネジメント法人が自立して運営を行っていけるよう支援したいと考えている。

## 4　「かわまちづくり」の計画と実践
## 　その２―狛江市かわまちづくり計画策定の事例から―

### 4.1　はじめに

狛江市では2022年度、かわまちづくり計画策定に向け計画策定協議会を立ち上げ、計画策定に向け取り組んでいるところである。2022年度は4回の計画策定協議会とともに庁内検討委員会やアンケート調査（市民、多摩川利用者、小中学生等）、企業・団体へのヒアリング調査、協議会委員による現地踏査などを実施した。ここでは「狛江市かわまちづくり計画策定」に向けたこうした計画策定協議会の1年の経緯・取り組み状況（内容）と調査からわかったことについて紹介する。

### 4.2　狛江市のまちづくりの取り組み（諸計画）

計画については、国（国土交通省）の多摩川水系河川整備計画・基本方針とも整合を図りながら進められているが、「かわまちづくり」に関連する狛江市の既存の計画としては「総合基本計画」「都市計画マスタープラン」「緑の基本

計画」「環境基本計画」などがある。特に関係が深いものとしては「狛江市多摩川利活用基本計画」と多摩川周辺エリア未来デザインノート（狛江市未来戦略会議）があり、それぞれの計画では「かわまちづくり」に関連して次のような位置づけがされている。

**（1）狛江市多摩川利活用基本計画（2014 年 8 月）：**

　この計画（計画期間〜 2023 年度）では、多摩川の現状（第 1 章）、計画の基本的な考え方（第 2 章）、多摩川利活用に関する方針（第 3 章）が示されている。ここでは多摩川の将来像を、「…多摩川の豊かな自然空間を活用し、各主体の協働により、人と自然にやさしい環境を創出することで、多くの人が親しむことのできる空間を目指す」とし、利活用に関する基本方針として ①環境資源を活かした交流拠点の創出 ②市民が誇りを持つ景観の確保 ③豊かで親しみの持てる自然空間の保全　を挙げている。その上で、5 つのゾーン別基本方針（自然散策、観光レクリエーション、スポーツ・健康増進、広域レクリエーション、自然レクリエーション）を定めている。

**（2）多摩川周辺エリア未来デザインノート（狛江市未来戦略会議、2022年9月）：**

　主体となっている狛江市未来戦略会議は、市が定めた要綱（狛江市未来戦略会議の設置及び運営に関する要綱（令和 2 年要綱第 118 号））に基づき、市政運営における特定のテーマについて、組織横断的な体制で検討を重ねた。提案をまとめていく中で、職員の企画立案能力の向上を図り、各職員が将来に対する共通認識を持ちながらその後の行政運営の一翼を担うことで、行政としてより長期的な視点を持った政策形成をめざすために設置された会議体であるが、市長を座長とし職員が中長期的な視点で議論・検討するものである。この「多摩川周辺エリア・未来戦略デザインノート」はこうした未来戦略会議によって検討されたものであり、「狛江で憩う。ふらっといこう。−『まち』と『かわ』が一体となった、多摩川周辺エリアの空間リノベーション−」をテーマに①身近な自然にふれあい、遊び心がくすぐられる空間に ②人と人がつながり、にぎわいが生まれる、わくわくする空間に ③四季折々の街並みを感じ、のんびり歩きたくなる道に の 3 つのコンセプトを掲げている。

## 4.3　2022 年度に実施した調査と結果（一部）

### （1）市民アンケート調査（多摩川利用に関するアンケート調査）：

　多摩川利用に関する市民アンケート調査は、2022 年 10 月 11 日から 11 月
10 日（31 日間）にかけて狛江市居住の 18 歳以上の方の中から 1,500 人を無
作為抽出して実施した。その結果、「多摩川の魅力」については「自然が豊か
なところ（57.3%）」、「利活用を進める際の問題点」については、「休憩できる
場所や施設がない（53.9%）」という評価があり、「多摩川でしたいこと」につ
いては、「川でのんびり休憩したい（72.7%）」という市民の要望が強いことが
わかった。

### （2）多摩川利用者への現地アンケート調査：

　多摩川利用者に対して 2022 年 10 月 16 日から 11 月 5 日にかけて土日で
計 4 回、平日 1 回実施した。内容としては主に現在の多摩川の魅力、多摩川
の利活用、まちづくりへの参加等について利用者に聞いた。その結果、「多摩
川の魅力」については市民アンケート調査の結果と同様に、「自然が豊かなと
ころ（58.0%）」「景観や景色の良いところ（43.2%）」と「居心地が良くのんび
りできるところ（40.8%）」が高く評価されていることがわかった。「利活用を
進める際の問題点」については、「トイレがない（51.4%）」、「日陰になる場所
がない（33.3%）」「休憩できる場所や施設がない（30.6%）」が挙げられ、「多
摩川でしたいこと」については、市民アンケート調査と同様に「川でのんび
り休憩したい（60.0%）」や「カフェやキッチンカー等で昼食を楽しみたい
（44.7%）」「イベントをしたり参加をしたい（23.9%）」が挙げられた。今ある
自然環境と多摩川の利活用との関連性については、アンケートにおける自由記
述を分析した結果からもうかがえる（**図 1**）。

### （3）小中学生アンケート調査：

　2022 年 10 月 17 日から 11 月 14 日（29 日間）にかけ、市内の小学校 4
年生（612 人）、市内の中学校 2 年生（480 人）に対し、インターネットによ
り実施した（計 1,092 人）。その結果、「多摩川の魅力」については、市民アンケー

## 図1　アンケートにおける自由記述をテキストマイニングにより分析した結果
### （共起ネットワーク図）

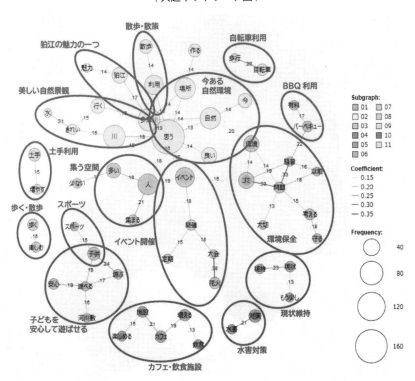

ト調査と多摩川利用者への現地アンケート調査と同様に、「自然が豊かなところ（小学生：59.4%, 中学生：47.1%）」「景観の良いところ（小学生：33.4%, 中学生：30.7%）」を高く評価していることがわかった。「開催するイベント」については、小学生が自然観察会とスポーツイベント、水上イベント、中学生は音楽イベントとスポーツイベント、水上イベントの割合が多かった。

## （4）関係企業・団体へのヒアリング：

　関連企業・団体については、町自治会等 4 か所、観光協会等事業者 10 か所、活動団体 6 か所に対してヒアリングを実施した。

## 4.4　策定された基本理念と基本方針

このような調査を通し協議会では検討を重ね、次のような基本理念及び基本方針を策定した。

【基本理念】
「**感じよう。伝えよう。多摩川で過ごす"狛江時間"**」：

多摩川の自然環境を後世に継承することを前提に、国・市・市民・事業者など多様な主体が関わり、「かわ」と「まち」の地域資源をより効果的に融合・活用することで、多摩川やその周辺で過ごす"狛江時間"の中で感じるやすらぎや居心地のよさ、楽しさといった魅力を高め、そうした魅力が人から人に伝わっていく好循環により新たな価値が生まれ、地域の活性化、地域ブランドの向上につながっていくとしている。

【基本方針】
**１）多摩川の美しい自然を守る**：

狛江市民が多摩川の自然やそれが創り出す美しい景観に対して愛着と誇りを持てるような環境の保全と形成を行うとともに、過去の水害を含めた、多摩川の自然環境に関する学習機会の提供を目指すとしている。

**２）狛江のひとときを過ごせる場をつくる**：

狛江市民が、特別なイベント開催時ではなく、日常的に家族や友人、ひとりで訪れ、豊かな自然の中で散歩や水遊び、ピクニック、スポーツ、健康づくり、カフェでのひととき等、思い思いの時間をゆっくり過ごし、リフレッシュできる憩いの空間の形成を目指すとしている。

**３）「かわ」と「まち」の賑わいをつなぐ**：

狛江市内外の多様な人たちが、「かわ」と「まち」で開催されるイベントやスポーツ大会等に集い、互いに語らうことで生まれる賑わいの多摩川とその周辺のまちに繋げていくことを目指すとしている。

### 4.5　協議会の取り組みからわかったこと

このように「狛江市かわまちづくり」の策定過程について、協議会を運営・参加しながら見てきたが、計画策定時のプロセス面では、市民や関係者に対し実態を把握するため、いろいろな角度から調査を重ねることができたことは大いに意味があるものと考える。

アンケート調査やヒアリング調査も踏まえ、①河川空間ごとの整備の方向性・取組み内容の更なる検討　②カフェ等憩うことのできる空間整備　③イベントや環境教育等多様なニーズに対応する環境整備　④円滑な利用に必要な仕組み（ルール等）づくり等の必要性があることがわかった。今回の取り組みは、今後、関係・交流人口を増やすための水辺を活用した観光まちづくりを考える上でも参考になるものと考える。

### 5　おわりに

このように多摩市聖蹟桜が丘と狛江市の「かわまちづくり」を事例に水辺を中心とした地域づくり（地域のまちづくり）から観光まちづくりへの展開の可能性の視点で「親水（水辺）ツーリズム」と位置付けながら、人と人、人と物、人と自然等のつながりに関し、水辺（整備）のあり方について、二つの「かわまちづくり」を事例に地域サイドから考えてきたが、多摩川の事例は、現在の「かわまちづくり」は当然のことではあるが地域の方々のための使い方に主眼が置かれているように感じる。

今後、こうした「かわまちづくり」を観光の視点で見るときに、水辺という線的な特性を生かしながら「かわまちづくり」を行っている地域間で、狛江市の基本方針でも位置付けたように「多摩川とその周辺のまちに繋げていく」という地域が連携することにより、ネットワーク化された「親水（水辺）ツーリズム」への展開が可能になるのではないかと考えられる。

**図2**では河川（多摩川）を中心にそれぞれの地域がかわまちづくりを通して河川沿線の整備を公園や公共施設等の公有地や民有地を活用しながらハード・ソフト両面から行うことによって賑わいの空間を創出（しようと）しているが、

それぞれの「かわまちづくり」の区域が「水辺」といった観光領域形成空間により地域間で連携することによってネットワーク化が図られ、地域観光政策としての「親水（水辺）ツーリズム」のきっかけができるのではないかと考える（図2）。そのことにより観光を視野に入れた地域が連携した広域コミュニティ形成空間が新たな公共空間として成立するものと考える。

**図2　かわまちづくりからから展開する観光を視野に入れた広域コミュニティ形成空間**

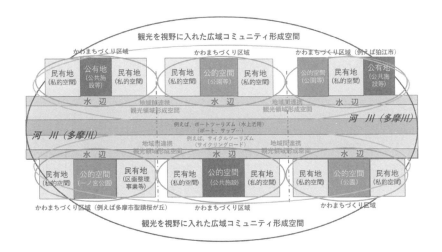

**＜参考・引用文献＞**

（1）国土交通省観光庁「政策について」（最終閲覧日 2023 年 8 月 3 日）URL：https://www.mlit.go.jp/kankocho/shisaku/index.html
（2）国土交通省都市局都市政策課都市再構築政策室「観光まちづくり─『観光まちづくり』の都市政策における位置づけ」（最終閲覧日 2023 年 8 月 3 日）URL：https://www.mlit.go.jp/toshi/kanko-machi/index.html
（3）上山肇（2023）「狛江市かわまちづくり計画策定─計画策定協議会の取組み経緯と内容─」日本計画行政学会第 46 回全国大会研究報告

# 第10章　観光立国の推進と地方都市における インバウンド政策

内桶　克之

## 1　観光立国の推進

　観光は、人の往来によって経済活動を活発化させる意味で、日本経済においては極めて重要な産業分野と考えられる。経済への波及効果の大きい観光は、急速に成長するアジアをはじめ、世界の観光需要を取り込んで、地域活性化、雇用機会の増大などの効果が期待できるからである。外国人の方々が日本の魅力を発見し伝播することによって、海外諸外国との相互理解も深まることが期待できる。そのため、地方自治体、地域の企業や市民が一丸となって、地域独自の個性あふれる観光地域をつくり、その魅力を自ら積極的に情報発信していくことで、多くの観光客を呼び込み、地域の経済を潤し、ひいては住民にとって誇りと愛着の持てる地域社会を築いていくことが、観光立国には不可欠である。

表1　観光立国の実現に向けた政府の取り組み

| 年　月 | 内　容 |
|---|---|
| 2003（平成 15 年）1 月 | 小泉純一郎総理が「観光立国懇談会」を主宰<br>訪日旅行客 1,000 万人を目標 |
| 4 月 | ビジット・ジャパン キャンペーン事業開始 |
| 2006（平成 18 年）12 月 | 観光立国推進基本法が成立 |
| 2007（平成 19 年）6 月 | 観光立国推進基本計画を閣議決定 |
| 2008（平成 20 年）10 月 | 観光庁設置 |
| 2009（平成 21 年）7 月 | 中国個人観光ビザ発給開始 |
| 2012（平成 24 年）3 月 | 観光立国推進基本計画を閣議決定 |

| 2013（平成 25 年）1 月 | 「日本再生に向けた緊急経済対策」を閣議決定<br>第 1 回国土交通省観光立国推進本部を開催 |
|---|---|
| 3 月 | 第 1 回観光立国推進閣僚会議を開催 |
| 4 月 | 第 2 回国土交通省観光立国推進本部を開催<br>（「国土交通省観光立国推進本部とりまとめ」を公表） |
| 6 月 | 第 2 回観光立国推進閣僚会議を開催<br>（「観光立国実現に向けたアクション・プログラム」をとりまとめ）<br>アジア各国向けビザの緩和<br>「日本再興戦略 -JAPAN is BACK- 」を閣議決定 |
| 2014（平成 26 年）6 月 | 「観光立国実現に向けたアクション・プログラム 2014」決定<br>「日本再興戦略」改訂 2014　閣議決定<br>（「2020 年に向けて、訪日外国人旅行者数 2000 万人の高みを目指す」） |
| 2015（平成 27 年）6 月 | 「観光立国実現に向けたアクション・プログラム 2015」決定<br>「日本再興戦略」改定 2015　閣議決定<br>（「2000 万人時代を万全の備えで迎え、2000 万人時代を早期実現する」） |
| 11 月 | 安倍総理が第 1 回「明日の日本を支える観光ビジョン構想会議」を開催 |
| 2016（平成 28 年）3 月 | 「明日の日本を支える観光ビジョン」策定<br>2020 年の訪日旅行客 4,000 万人を目標 |
| 2017（平成 29 年）3 月 | 「観光立国推進基本計画」決定 |
| 5 月 | 「観光ビジョン実現プログラム 2017」決定<br>観光資源の保存と活用のレベルアップ、『楽しい国　日本』の実現 |
| 2018（平成 30 年）6 月 | 「観光ビジョン実現プログラム 2018」決定<br>VR の活用による魅力発信、国立公園のブランド化の展開、地域の DMO の育成強化、欧米豪を中心とするグローバルキャンペーン |
| 2019（令和元年）6 月 | 「観光ビジョン実現プログラム 2019」決定<br>多言語対応や無料 Wi-Fi、キャッシュレスの促進、博物館等の夜間開館、寺博や城泊、スノーリゾートの再生、地域の新たな観光コンテンツの開発 |
| 2020（令和 2 年）7 月 | 「観光ビジョン実現プログラム 2020」決定<br>新型コロナウイルス感染症に対応した雇用の維持と事業の継続の支援策、観光需要の回復に向けた基盤整備、観光消費 8 割を占める国内旅行の喚起 |
| 2023（令和 5 年）3 月 | 「観光立国推進基本計画」を閣議決定<br>訪日外国人旅行者 1 人当たりの消費額を重視し、できるだけ早い時期に年間 5 兆円のインバウンド消費を目指す方針。外国人旅行者 1 人当たりの消費額を 2025 年には 20 万円に引き上げる計画 |

（出典：観光庁 HP「観光立国に向けた政府の取組」から筆者作成）

　我が国の観光立国を目指した政策の動向は、2003 年 1 月に観光立国懇談会[1]が開催され、目標を訪日外国人客 1,000 万人と定め、ビジット・ジャパン・キャンペーンから始まった。

　2007 年 1 月に観光立国推進基本法が施行され、2008 年 10 月に観光庁が設置された。さらに 2013 年 3 月には観光立国推進閣僚会議[2]が設置され、訪日外国人客 2,000 万人時代に向けた主要項目 6 つから成る観光立国実現アクションプラン 2014[3]を決定した。2017 年 3 月に新たな観光立国推進基本計画が決定され、「国民経済の発展」「国民生活の安定向上」「国際相互理解の増進を図る」といった方針が観光の役割とされた。基本計画の実現に向けた「明日の日本を支える観光ビジョン」では、2030 年の訪日外国人旅行者数 6,000 万人、訪日外国人旅行消費額 15 兆円、地方部での外国人延べ宿泊者数 1 億 3,000 万人泊として、外国人が楽しめる環境整備、地域の新しい観光コンテンツの開発、日本政府観光局と地域（自治体・観光地域づくり法人）の適切な役割分担と連携強化、外国人の地方への誘客・消費拡大等に一層力を入れて取り組んでいくとしていた。

　しかし、新型コロナウイルス感染症の影響で外国人旅行者数は激減した。政府は新型コロナウイルス感染症に対応した雇用の維持と事業の継続の支援策、観光需要の回復に向けた基盤の整備、観光消費 8 割を占める国内旅行の喚起などの政策を優先せざるを得ない状況となった。

　2023 年 3 月に「観光立国推進基本計画」を閣議決定し、訪日外国人旅行者 1 人当たりの消費額を重視し、できるだけ早い時期に年間 5 兆円のインバウンド消費を目指す方針で、外国人旅行者 1 人当たりの消費額を 2025 年には 20 万円に引き上げることを目標とした。

　そのような中、様々な課題を解決しつつ地域資源を活かしながら、インバウンド政策に挑戦している 3 つの地方都市の事例を紹介し、地方都市におけるインバウンド政策を考えてみる。

---

1　小泉総理大臣が開催した観光立国としての基本的なあり方を 11 人の有識者で検討する懇談会。
2　観光立国懇談会の報告を受け、関係行政機関の緊密な連携を確保し、観光立国実現のために施策の効果的かつ総合的な推進を図るための全閣僚を構成員とする会議。
3　訪日外国人旅行者数 2,000 万人を目標として、目標を達成するために必要となる施策を観光立国推進ワーキングチームが、観光立国推進有識者会議の意見を伺い議論を重ね、観光立国推進閣僚会議においてとりまとめたもの。

## 図1　訪日外国人旅行者数の推移

（出典：日本政府観光局（JNTO））

## 2　地方の歴史的景観を活用したインバウンド政策　～大分県杵築市～

### ・杵築市の概要

　大分県杵築市は、大分県の北東部、国東半島の南部に位置し、総面積 280.08 平方キロメートル、人口 27,295 人（令和 5 年 1 月 1 日現在）の農業 と漁業を中心とした歴史・文化都市である。

　杵築市は、別府湾に面する海岸地域から山間部に至るまで地形は多様で、東 は大分空港、南は隣接の日出町を経て別府市・大分市に近く、北は宇佐市と隣 接し、大分空港道路や宇佐別府道路、大分自動車道の高規格道路の連結点とし て交通の要衝となっている。いずれも車利用で大分空港から約 20 分、別府・ 湯布院から約 30 分、福岡空港・博多から約 120 分のところにある。

　平成 17 年（2005年）10 月に旧杵築市、山香町、大田村が合併し、新「杵 築市」が誕生した。合併時の人口は 33,567 人であったがこの 18 年間で、6,272 人減（18.7％減）となっており、高齢化率は 38.7％である。観光入込客数は 1,023,475 人（2017年）となっている。

## 図2　大分県及び杵築市の位置

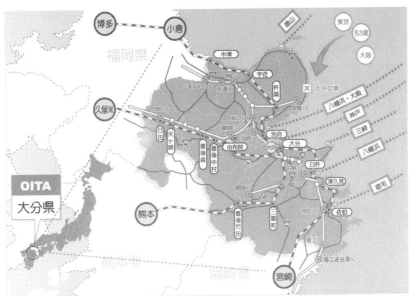

（出典：（公社）ツーリズムおおいた）

・**杵築市の特徴的な資源**

　杵築市の観光資源でまずあげられるのが「北台南台伝統的建造物群保存地区」である。杵築城下町の武家地であり、北台南台伝統的建造物群保存地区は、谷が分かつ南北の台地に築かれた坂が特徴的な武家町である。杵築の城下町は、17世紀初頭細川忠興配下の松井康之が縄張りをし、正保2年（1645）に入封した松平英親の時代に地割が概ね整ったもので、守江湾に突き出す丘陵北麓に藩主の居館が置かれ、その西側の海蝕崖で囲まれた台地は武家地、台地を囲む低地は町人地とした。台地は谷で南北に分けられ、北部は北台、南部は南台と呼ばれ、南台の西端には寺地が配された。

　北台と南台は酢屋の坂、塩屋の坂を介して南北の道で結ばれ、台地上には家老丁、本丁、裏丁等の区画、杵築藩の上層藩士の居住区であった。敷地は主に石垣で造成し、土塀や生垣などで囲い、通りに面して長屋門や薬医門・門柱を設けている。代表的な武家屋敷としては、県指定文化財の大原邸や市指定

文化財の磯矢邸などがある。「北台南台伝統的建造物群保存地区」は、平成29年（2017年）11月にその価値が認められ、国の重要伝統的建造物群保存地区に選定された。

　もう一つ特徴的なのが「世界農業遺産[4]」である。杵築市を含む国東半島は、降雨量が少なく、地形的に河川が短いため、水田農業を営むのに必要な水の確保が難しい地域であった。先人たちは多くのため池を造り、周辺をクヌギ林とつないで、限られた水を有効に活用する農林水産循環システムを作りあげた。そして受け継がれる農耕文化や地域に根付いた多様な農林水産業を含め国東半島宇佐地域が、平成25年（2013年）5月に国際連合食糧農業機関[5]から世界農業遺産に認定された。

### ・観光協会の変遷と観光への取り組み

　杵築市の観光の変遷と取り組みは**表2**のとおりである。

表2　杵築市（観光協会）の変遷

| 時　期 | 内　容 |
|---|---|
| 平成20年（2008年） | 「観光おもてなし宣言」をする。5つのおもてなし事項の普及。市民によるおもてなしの実践活動が始まる。 |
| 平成21年（2009年）　4月<br>11月 | 和服応援宣言<br>きものが似合う歴史的町並み |
| 平成23年（2011年）4月<br>5月<br>7月～8月 | 市役所観光担当が担っていた観光協会を分離独立<br>事務局長にサンリオピューロランドを退職した三浦孝典氏を採用<br>台湾、香港への視察・PR<br>日本の歴史的な建造物や文化体験による外国人の呼び込み・・約1千人が来訪 |
| 平成25年（2013年）5月 | 「国東半島宇佐地域」が、世界農業遺産に認定される。 |
| 平成26年（2014年）4月 | 観光協会を法人化<br>協会としてのイベントづくりはしない（市民や団体がイベントを担う） |
| 平成29年（2017年）10月<br>11月 | 杵築市観光協会が「きものが似合う町並み」市民がもてなす城下町で九州ローカルハッピーアワード　団体グランプリを受賞<br>「北台南台伝統的建造物群保存地区」が国の重要伝統的建造物群保存地区に選定される。<br>年間外国人入込客98,001人（過去最高） |
| 令和3年（2021年） | 新型コロナウイルス感染症の影響で年間外国人入込客243人まで落ち込む。 |

| 令和 4 年（2022 年） | 年間外国人入込客 24,399 人まで回復 |
| 令和 5 年（2023 年） | デスティネーションキャンペーンに参加（大分県・福岡県と JR が連携）<br>国内、海外の旅行者ともに回復基調 |

（出典：杵築市観光協会資料から筆者作成）

　ここで注目すべき点が 2 点ある。一つ目は、「観光おもてなし宣言」で、市民に歴史的資源がある町であることを認識させ、おもてなしを前面に出したことである。二つ目は、その歴史的資源を最大限活かして外国人を呼び込む政策に出たことである。つまり、観光政策を「インバウンド政策」と明確にしたことである。

　「観光おもてなし宣言」は、城下町の八徳令を基礎として作られている。八徳は、儒教の「仁義礼智忠信孝悌」の 8 文字であるが、これらの内容を 5 つの宣言にしたのだ。宣言は、「お客様に明るくあいさつをしましょう」、「お客様を心から笑顔でむかえましょう」、「お客様を親切にご案内しましょう」、「回っているお客様には進んで声をかけましょう」、「町をいつもきれいにしましょう」である。この宣言によって、小学生から地域の大人が、自分の住んでいる町に誇りをもって「あいさつ」や「町をきれいにする」などの活動をはじめたのである。

　きものが似合う歴史的町並みの美しさと市民の「おもてなしの心」によって、観光客が気持ち良く散策できるよう市民が清掃活動に取り組み、子どもが元気に挨拶することが当たり前の光景となった。町に暮らす人々が幸せな気持ちを育んでくれるようになったのである。

　平成 23 年度から事務局長となった三浦氏（現在はツーリズムおおいた）は、「意識ギャップの穴埋め」、「呼んじゃった外国人」、「この指とまれ！」の 3 つ

---

4　世界的に重要かつ伝統的な農林水産業を営む地域（農林水産業システム）を、国際連合食糧農業機関（FAO）が認定する制度。2020 年 6 月現在、世界で 22 ヶ国 62 地域、日本では 11 地域が認定されている。
5　世界各国国民の栄養水準及び生活水準の向上、食料及び農産物の生産及び流通の改善、農村住民の生活条件の改善の施策を通じた世界経済の発展及び人類の飢餓からの解放を目的に 1945 年 10 月に設立した機関。

写真1　酢屋の坂、
塩屋の坂ときもので散策

（出典：杵築市観光協会）

に取り組んだ。「この町には何もないの！」
と言う市民が多く、ここにしかない歴史的資
源を、まず市民に認識してもらうこと。そし
て資源を活用して外国人を呼ぶことで、新た
な商売（販売）につなげる。その一方で、総
花的な観光政策はやらないこととした。

　資源活用の仕方として「きものが似合う町
並み」を前面に出し、レンタルのきものを着
て、町並みを楽しんでもらう。そこに杵築の
観月祭やどぶろく祭り、ひいなめぐりなどの
祭りと組み合わせ、また、茶道体験、押し花
クラフト体験などの体験プログラムを組み合
わせることにより、顧客満足度の向上を図っ
た。さらに、宇佐神宮や豊後高田昭和の町な
ど隣接する市町村の観光資源との連携、農泊や中国等の修学旅行の受入れな
ど、様々なかたちで杵築を楽しんでもらう事業展開を図った。

　情報発信、セールス手法については、ニュースリリース発信や地元新聞へ
の掲載に伴うインナーブランディングの向上、ツーリズム EXPO や World
Trevel Market（ロンドン）等の商談会への積極的な参加、香港等の海外を含
む旅行代理店へのメディアセール、雑誌・ガイドブックへの掲載、Facebook
やトリップアドバイザーなどインターネット対策も行った。

　外国人の受け入れ態勢の強化として、外国語ボイスガイドシステムの導入、
案内看板の多言語表記、翻訳アプリの利用、地域通訳案内士[6]の導入などによっ
て外国人にとっても町歩きを楽しめる環境づくりを整備した。また、宿泊した
外国人が夜の街も楽しめるよう、城下町ライトアップイベントや、きつき衆楽
観の夜の公演などの取り組みも行ってきた。このような観光誘客の取り組みに
よって、2017 年には外国人観光客が 98,001 人まで増えた。

　しかし、コロナ禍で外国人観光客は 2020 年に 4,363 人、さらに 2021 年
には 243 人まで激減した。2022 年は 24,399 人と 2017 年の外国人観光客の
25% 程度まで回復し、徐々に回復傾向にある。

図3　杵築市外国人旅行者数の推移

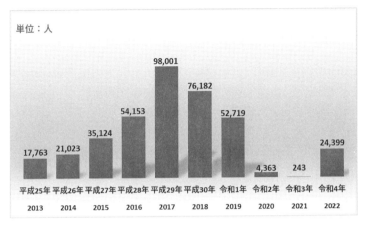

（出典：杵築市観光協会資料から筆者作成）

## 3　世界遺産を活用した外国人目線によるインバウンド政策
## 　〜和歌山県田辺市〜

### ・田辺市の地理的・歴史的な概要

　和歌山県田辺市は紀伊半島の南西側、和歌山県の南部に位置しており、みなべ町、印南町、日高川町、有田川町、奈良県野迫川村・十津川村、新宮市、古座川町、上富田町、白浜町にそれぞれ隣接している。人口 69,716 千人（令和 5 年 1 月 1 日現在）、面積 1026.91 平方キロメートルで和歌山県の約 22％を占め、近畿地方の市の中で最大、全国 20 位となっている。また、総面積のうち森林面積が 88.4％を占め、市のほとんどが森林地帯である。田辺市までの交通手段は、大阪駅から紀伊田辺駅まで電車で約 2 時間 30 分、高速道路では大阪方面（玉出 IC）から田辺市（南紀田辺 IC）までは車で約 2 時間 10 分、また、羽田空港から南紀白浜空港までは約 70 分で 1 日 3 便が運行されており、

---

6 特定の地域内において、「報酬を得て、通訳案内（外国人に付き添い、外国語を用いて、旅行に関する案内をすることをいう。）を業とする。」者。平成 30 年 1 月 4 日に施行された改正通訳案内士法により導入された。

南紀白浜空港から紀伊田辺駅まではバスで約50分である。

　平成17年（2005年）5月1日に旧田辺市、龍神村、中辺路町、大塔村、本宮町の1市2町2村の合併により、新「田辺市」が誕生した。合併時の人口は85,667人であり、この18年間で約16,000人(18.6%減)減少しており、高齢化率は33.7%である。この地域は、平安時代中頃から交通の要衝として栄えところである。熊野古道は、中辺路、小辺路、伊勢路、大辺路があり、その中で田辺市は中辺路ルートと大辺路リートの分岐点と称され、熊野古道のほか、熊野本宮大社などが世界文化遺産「紀伊山地の霊場と参詣道」に登録されている。2019年（令和元年）の観光入込客数は3,923,430人であったが、コロナ禍の2021年（令和3年）は1,886,077人と減少している。

### 図4　田辺市周辺熊野古道図

（出典：田辺市熊野ツーリストビューロー）

### ・田辺市の特徴的な資源

　田辺市の資源でまずあげられるのが世界遺産の「熊野古道」や「熊野本宮神社」など歴史的な遺産である。また、日本三大美人の湯の一つである「龍神温泉」、営業する公衆浴場としては世界唯一世界遺産になったつぼ湯で有名な

「湯の峰温泉」、450 年の歴史を誇る「田辺祭」などである。主な特産品では、「南高梅」の梅やみかん、熊野牛、紀州備長炭、さらには海にも面していることから水産物にも恵まれている。また、最近では伝統的な梅の栽培が「みなべ・田辺の梅システム」として世界農業遺産に登録された。

・ツーリズムビューローの設立と観光の取り組み

田辺市の観光関連の変遷と取り組みは**表3**のとおりである。

表3　田辺市の観光等の変遷と取り組み

| 時　期 | 内　容 |
|---|---|
| 平成 10 年（1998 年）10 月 | 和歌山県「熊野古道」とスペイン・ガリシア州「サンティアゴ・デ・コンポステーラの巡礼路」が姉妹道を提携する。 |
| 平成 16 年（2004 年）7 月 | 「紀伊山地の霊場と参詣道」が世界文化遺産に登録される。 |
| 平成 17 年（2005 年）5 月 | 田辺市、龍神村、中辺路町、大塔村、本宮町が合併し、新「田辺市」が誕生 |
| 平成 18 年（2006 年）4 月 | 熊野古道を有することから田辺市だけでなく広域でのプロモーションの必要性から官民共同で「田辺市熊野ツーリズムビューロー」を設立。（スタッフ4人）<br>世界に通用する観光地としてプロモーションするには、外国人目線が重要であることから、プロモーション事業部長にカナダ出身の外国語指導助手（ALT）だったブラッド・トウル氏を据え、外国人目線のプロモーションを実施する。 |
| 平成 22 年（2010 年）7 月<br>10 月 | 法人格（一般社団法人）を取得し、旅行業「熊野トラベル」をスタート<br>旅程提案、インターネットによる旅行予約システムの開始、荷物配送サービスなどの着地型旅行商品の販売などを開始する。 |
| 平成 26 年（2014 年）5 月 | 田辺市とスペインのサンティアゴ・デ・コンポステーラ市が観光交流協定を締結 |
| 平成 27 年（2015 年）2 月<br><br>12 月 | 「熊野古道」と「サンティアゴへの道」の共通巡礼手帳を発行して、共同プロモーションを実施する。<br>「みなべ・田辺の梅システム」が世界農業遺産に認定 |
| 平成 28 年（2016 年）10 月 | 世界文化遺産「紀伊山地の霊場と参詣道」に神社や潮見峠などが追加登録される。 |
| 平成 29 年（2017 年）8 月 | トラベルサポートセンター「KUMANO TRAVEL」がオープン |
| 平成 30 年（2018 年） | スタッフ24人。年間外国人宿泊客43,939 人で過去最高を記録する。 |
| 平成 31 年（2019 年）3 月 | 日本版DMOに登録 |
| 令 和 元 年　　10 月 | 第5回ジャパン・ツーリズム・アワード「観光長官賞」「DMO推進特別賞」を受賞 |

（出典：田辺市熊野ツーリズムビューロー資料から筆者作成）

**写真2　外国旅行者の拠点施設**
**「KUMANO TRAVEL」**

（筆者撮影　2019.2.8）

2005年に市町村合併により新「田辺市」となったが、観光協会は合併前の5地区にそれぞれある。しかし、熊野エリア全体の観光情報の発信、プロモーション、外国人旅行に対する対応、そして熊野地域の着地型旅行会社として「田辺市熊野ツーリズムビューロー」を設立した。

このビューローの観光戦略の基本スタンスは、「ブーム」より「ルーツ」、「マス」より「個人」、「インパクト」を求めず「ローインパクト」、世界に開かれた「上質な観光地」としており、持続可能で質の高い観光地「田辺市」を目指すものである。

田辺市は世界遺産登録直後の苦い経験がある。1日100台もの観光バス、短い滞在時間、ただの山道という印象で服装や足元が不十分なまま歩く、道が荒れ、古道沿いの植物を採取されるなどの行為があった。訪れた観光客は不満を感じ、地元住民はストレスを抱えるようになったである。このことの反省から、熊野本来の良さを知ってほしいということが基本スタンスの原点となっている。

外国人を呼び込むには外国人の感性が必要と考え、熊野に精通し、トレールの経験者であるカナダ人の国際観光交流員だったブラッド トウル（Brad Towie）氏を田辺市熊野ツーリズムビューローのプロモーション事業部長に採用し、外国人視点から熊野の魅力を発信することとした。

ターゲットは欧米豪のFIT[7]とし、外国人目線のローマ字表記の統一化、統一看板の整備、セミナーや現地研修会の開催。さらに交流関係の深いスペインのサンティアゴとの共同プロモーションを行い、欧米には巡礼地として、

---

7 Foreign Independent Tour の頭文字の略。団体旅行やパッケージツアーを利用することなく個人で海外旅行に行くこと。

豪にはトレール地として「歩く人を呼び込む観光プロモーション」を実施した。さらに受け入れ体制の強化として、宿泊・交通関係者、観光案内所スタッフ、熊野本宮大社の神職・巫女などを対象にしたセミナーや現地研修等のワークショップを延べ 60 回開催し、人材の育成を行った。

　これらのことにより、着地型旅行業として 2019 年の年間利用者は約20,000 人、売上高は約 5 億 2 千万円に達した。しかし、コロナ禍の 2021 年は利用者が激減し、売上高は約 6 千万円まで減らしている。

## 4　地域資源まるごと活用、攻めのインバウンド政策　〜茨城県笠間市〜

### ・笠間市の概要

　茨城県笠間市は、茨城県の中央部に位置し、首都圏から約 100 キロメートル、総面積は 240.40 平方キロメートル、人口は 71,901 人（令和 5 年 1 月 1 日現在）である。北部は城里町、栃木県茂木町、西部は桜川市、東部は水戸市、茨城町、南部は石岡市、小美玉市に隣接している。ＪＲ常磐線の友部駅はＪＲ水戸線との分岐点であり、高速道路は常磐道と北関東道が交差するジャンクションを有し、インターチェンジが 4 個所あることから交通の要衝となっている。また、隣接の小美玉市に茨城空港があり、車で約 50 分のところに位置している。平成 18 年（2006 年）3 月に旧笠間市、友部町、岩間町の 1 市 2 町の合併により、新「笠間市」が誕生した。合併時の人口は 81,256 人であり、この 17 年間で約 9,400 人（11.5% 減）減少しており、高齢化率は 32.0% である。

　笠間市は古くから日本三大稲荷に数えられる笠間稲荷神社の鳥居前町として、また笠間城の城下町として栄えてきた。現在は笠間焼の生産地として、春の陶炎祭や秋に行われる笠間焼を中心とするイベント、日本最古の菊まつりなどには、多くの観光客が訪れている。観光入込客数は 2018 年に 3,704,400 人（2018 年）であったが、コロ

**図 5　笠間市の位置図**

（出典：笠間市ホームページ）

ナ禍の 2021 年は 2,635,400 人と減少している。

## ・笠間市の観光資源と観光等の政策

　笠間市の観光資源は、自然や歴史、芸術、それらに関係してイベント等も多く、茨城県の中でも多様な資源を有している都市といえる。

　笠間と言えばまずは「笠間稲荷神社」と「笠間焼」であろう。笠間稲荷神社は、1350 余年の歴史があり、胡桃下稲荷・紋三郎稲荷と呼ばれ、日本三大稲荷神社の一つである。笠間焼は江戸時代中期、安永年間（1772 ～ 1781）に信楽の陶工から指導を受けたものによって始まり、1992 年（平成 4 年）に伝統工芸品に指定され、現在では約 300 人の陶芸家や窯元がいる。笠間焼に関連した施設として、芸術の森公園や陶芸美術館、笠間焼の展示や販売、体験ができる笠間工芸の丘などある。さらに「稲田みかげ石」の産地でもある。稲田みかげ石は、明治時代の近代日本の礎を築く材料として、東京の建築物に多く使われた。日本橋、国会議事堂、最高裁判所、日本銀行、東京駅などに使用されており、最近では東京駅の丸の内駅前広場整備に使われた。稲田みかげ石を採掘した現場は、日本最大級の採石場で「石切山脈」と呼ばれ、壮大な石の屏風の景観が楽しめ、絶景スポットとして人気が高まってきている。

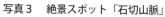

写真 3　　絶景スポット「石切山脈」

（筆者撮影　2019.7.31）

　また、合気道の開祖である植芝守平翁が 1915 年（昭和 10 年）代に厳しい修行を重ね、「合気道」を完成させた地でもある。ＪＲ常磐線岩間駅近くに、合気神社と合気道場があり、世界各地から修行に訪れている。さらには親鸞聖人が開いた「西念寺」、島根県出雲大社より分霊を拝載した「常

陸国出雲神社」などの寺社もある。

　農産物では「栗」の作付面積日本一を誇る。2017 年（平成 29 年）11 月の 1 ヶ月間、ＪＲ東日本と連携して「地域素材応援プロジェクト[8]」として「笠間の栗」の認知度向上と流通拡大を目指した PR・販売活動を行った。

　笠間の観光政策の特徴は観光資源や季節ならではのイベントや祭事だといえる。市や観光協会、神社、団体などが主催するイベントや祭事は年間 50 回を超える。特徴的なイベント祭事としては、ゴールデンウイークに開催する笠間焼の祭典「笠間の陶炎祭（ひまつり）」には 8 万人を超える集客がある。9 月下旬に開催している「かさま新栗まつり」には、2 日間で茨城県内や首都圏から約 8 万人の観光客で賑わう。10 月〜 11 月には笠間稲荷神社や笠間稲荷門前通りを中心に「笠間の菊まつり」が開催される。笠間の菊まつりは 2023 年（令和 5 年）で 116 回を数え、日本最古の菊の祭典といわれ、期間中に約 72 万人が訪れる。1 月の笠間稲荷神社の初詣には三が日で 50 万を超える集客があり、県内一の初詣客を誇る。このように、笠間焼や農作物をテーマにしたイベントや笠間稲荷神社関係の祭事などが多く行われている。

　受入れ体制としては、笠間ふるさと案内人制度があり、現在 23 名の案内人が活動をしている。また、専門性が高く、観光 PR を行える「かさまコンシュルジェ」の人材育成も実施している。


### ・台湾交流事務所の設置

　笠間市は 2018 年（平成 30 年）7 月に国際化戦略事業として、小規模地方自治体としては全国で初めて台湾交流事務所を設置した。設置目的は、外国人観光客の誘客推進、そして外国人が訪れたいと思う魅力ある地域づくりや国際感覚豊かな人づくりである。台湾の旅行会社「東豪旅行社」との連携により台湾交流事務所を運営している。市職員 1 名を台北に在住させ、現地スタッフ 2 名と共に、笠間市の PR 活動や営業活動にあたる。東豪旅行社のサポートは、台湾交流事務所の貸与、日本へのツアー企画、台湾での営業サポートなど

---

8　「素材」を活かしたスイーツやお土産の開発、エキナカや新幹線車内での販売を行い、「素材」の魅力、地域の魅力を発信するプロジェクト。

多方面に及んでいる。

　台湾交流事務所ではこれまでに、笠間市への誘客事業として、酒蔵ツアーやゴルフ場等への誘客、学生の教育旅行などを実施している。さらに笠間焼のＰＲ活動にも力をいれており、紅茶コンテスト授賞式での出展や陶芸のまち鶯歌陶瓷老街（新北市）での展示販売などを開催している。

　台湾の農林水産省にあたる農業委員会と食文化を通じた交流協定を締結し、台湾のバナナやマンゴーを学校給食に使うなど多方面において交流事業を実施している。今後は、笠間市の農産物である栗や日本酒の輸出を視野に入れて活動を展開している。

　交流事務所は笠間市の単独運営であるが、茨城県や隣接自治体での台湾との交流をサポートしていることから、2020年度からは水戸・笠間・大洗・ひたちなか観光協議会で運営費の一部負担をしている。外国人旅行者数は2019年度が3,937人で、うち台湾1,031人と、全体の29.5%を占めている。しかし、コロナ禍の2021年度は709人、うち台湾74人と減少している。

表4　笠間市外国人旅行者の推移

| 国・地域名 | 2019年度（令和元年度） | | 国・地域名 | 2021年度（令和3年度） | |
|---|---|---|---|---|---|
| | 来訪者数（人） | 割合（%） | | 来訪者数（人） | 割合（%） |
| 台湾 | 1,031 | 26.2 | 台湾 | 74 | 10.4 |
| 中国 | 706 | 17.9 | 中国 | 108 | 15.2 |
| アメリカ | 236 | 6.0 | アメリカ | 54 | 7.6 |
| 香港 | 159 | 4.0 | 香港 | 2 | 0.3 |
| 韓国 | 81 | 2.1 | 韓国 | 2 | 0.3 |
| フランス | 69 | 1.8 | フランス | 22 | 3.1 |
| フィリピン | 59 | 1.5 | フィリピン | 29 | 4.1 |
| タイ | 56 | 1.4 | タイ | 59 | 8.3 |
| イギリス | 54 | 1.4 | イギリス | 4 | 0.6 |
| その他アジア | 468 | 11.9 | その他アジア | 215 | 30.3 |
| その他ヨーロッパ | 93 | 2.4 | その他ヨーロッパ | 35 | 4.9 |
| その他 | 925 | 23.5 | その他 | 105 | 14.8 |
| 合計 | 3,937 | | 合計 | 709 | |

（出典：笠間台湾インバウンド推進協議会　筆者作成）

## 5　地方都市におけるインバウンド政策と今後の方向性

　杵築市、田辺市、笠間市の地方都市のインバウンド政策を紹介したが、この 3 つの都市がインバウンド政策を進めるにあたり共通点がある。それは、「地理的条件（交通事情）」「歴史・文化を背景にした観光資源の活用」そして「観光に関わる人材の育成」である。

　「地理的条件（交通事情）」でまず言えることは、「地方空港」から近いことである。その上で「国際空港」からも 2 時間程度の距離にあることである。いずれも車での時間換算であるが、杵築市内へは大分空港から約 20 分、福岡空港から約 2 時間であり、田辺市内へは南紀白浜空港から約 50 分、関西国際空港から約 3 時間である。笠間市内へは、茨城空港から約 50 分、成田国際空港から約 90 分、東京国際空港（羽田）から約 100 分である。また、大都市圏である福岡市、大阪市、東京から電車や高速バスで 120 分程度（笠間市は 90 分程度）に位置しており、高速道路にインターインターチェンジを有している。つまり、大都市圏からは 1 泊 2 日（笠間は日帰り）が可能な位置ということになる。インバウンド政策を考えた場合、国際空港から距離や時間は重要な要素である。また、地方空港であれば、台北や上海などからのローコストキャリアの運行が見込まれ、運行されれば海外からの観光ツアーを地方空港経由で組むことができ、ツアー数を多くすることも可能になることから、その地域のインバウンド政策にはかなり効果的ものとなる。笠間市では 2023 年 4 月からの茨城空港へのタイガーエアー運行再開に伴い、台湾大手旅行社からの台湾ツアー 12 回を受け入れ、市内イベントや昼食、ゴルフ、民泊などを楽しんでいる。

　「歴史・文化を背景にした観光資源の活用」については、時代背景の違いはあるものの、日本的な歴史・文化に触れ、日本ならではの体験ができることがインバウンド政策の重要なキーワードである。杵築市では、「北台南台伝統的建造物群保存地区」、特に酢屋の坂、塩屋の坂を介して南北の道の人気が高く、坂の街を「きもの」を着て歩くことがここでしかできない体験となる。田辺市では世界遺産「熊野古道」を前面に出したプロモーション事業を実施している。

体験は熊野古道を歩くことであるが、古道ごとにコースを設定し、初心者から
ベテランまでが楽しめるコースづくりをしている。笠間市では、笠間稲荷神社
や笠間焼ギャラリーと陶芸体験、また、笠間稲荷門前通りを「きもの」を着て
歩くなどの体験もできる。

　「観光に関わる人材の育成」については、杵築市では地域通訳案内士制度を
活用した外国語ガイドの育成をしている。田辺市では観光に関わる宿泊・交通
関係者などを対象にセミナーや現地研修等を開催し人材育成をしている。笠間
市では笠間ふるさと案内人制度の活用、さらに「かさまコンシュルジェ」の人
材育成にも力を入れている。

　インバウンド政策を行うにあたり、この３都市は外国人受入れ体制の整
備として、多言語表示の案内板や看板等を整備するとともに、観光施設等の
wi-fi環境整備やキャッシュレス化の導入なども積極的に取り組んでいる。相
違点として、「外国人目線」で環境整備ができているかが挙げられる。田辺市
はその点において、「外個人を呼び込むには外国人の感性が必要」として、田
辺市熊野ツーリズムビューローのプロモーション事業部長に地元に精通する
外国人を採用し、看板等の外国語表記の統一、熊野の魅力発信、ターゲットを
欧米豪のＦＩＴと明確にしたところである。

　今後の方向性については、観光政策の取り組みとして「情報発信」と「観光
客ターゲット」、そして「広域連携」や「公民連携」などの連携手法があげられる。

　「情報発信」と「観光客ターゲット」については、来訪したもらいたい地域
や年齢などのターゲット層にどのようにしてその地域の魅力を伝えるか。ま
た、PR方法もターゲット層によって違ってくる。杵築市、田辺市の取り組みは、
海外の国や地域に絞った観光政策を明確に打ち出している。そのこと自体は観
光政策として当然のことであろう。しかし、それと同時に国内の地域や年齢層
などを絞ったターゲット層にも情報発信を行い、来訪者を増やすような観光政
策はリスクマネジメントとして必要である。笠間市はその点において、イベン
トや祭事、さらには農産物の「栗」などを首都圏や県内にもしっかりPRを行
い、来訪者を招き入れながらインバウンド政策として台湾との交流に注力して
いる。さらに新型コロナウイルス感染症の影響でインバウンド政策＋国内旅
行の重要性も認識し、杵築市であれば福岡や北九州といった大都市圏の方に、

田辺市であれば大阪や神戸、又は名古屋といった大都市圏の方に、より多く認知してもらい来訪につなげていけるかが今後の観光政策のポイントであろう。田辺市熊野ツーリズムビューローでは、外国人 85%、日本人 15% の来訪者割合を、外国人 70%、日本人 30% 程度に改善したいと国内 PR に力を入れる。杵築市では国内最大規模のキャンペーンである、大分県・福岡県と JR が連携したデスティネーションキャンペーン[9]（2024 年 4 月から 6 月）に参加し、笠間市では茨城県と JR が連携したデスティネーションキャンペーン（2023 年 10 月から 12 月）に参加する。

　この 3 つの都市は、平成の合併を経て現在に至っている。市町村合併によって様々な観光資源が一つの自治体に集約されたことで、観光資源を連携させた観光政策の実施は比較的容易になったと言える。さらに周辺市町村との連携を推進することで、その地域の魅力は増し、新たな来訪者を招き入れるきっかけと成り得る。また、自治体が所有し、運営している観光施設については、指定管理制度を利用した運営手法が多いと思われるが、もう一歩進めて民間企業との連携を図る「公民連携」の手法を積極的に取り入れ、行政と企業の役割を明確にして、民間側での PR や運営管理、販売事業などの企業活動によってその施設を拠点とした観光政策ができれば、その地域の経済的なメリットも上がるであろう。今後の観光政策は、自治体同士の広域連携、自治体と民間企業の公民連携も重要なキーワードになってくる。

---

9　JR グループ 6 社（JR 北海道・JR 東日本・JR 東海・JR 西日本・JR 四国・JR 九州）と地域（県・市町村・地域観光事業者等）が一体となって行う国内最大規模の観光キャンペーン。

## <参考・引用文献>

茨城県・地方自治研究機構（2020）『外国人誘客に向けた新たな観光資源　発掘・活用に関する調査研究』令和2年3月茨城県・一般財団法人地方自治研究機構

梅川智也（2012）『「観光まちづくり」はどこに向かうのか：観光地マネジメントの視点から』都市計画 61(1), pp. 7-11, 2012-02-25 日本都市計画学会

笠間市（2018）『笠間市観光振興基本計画』平成30年3月笠間市産業経済部商工観光課

笠間市（2022）『統計かさま　平成4年度版』笠間市統計協会

笠間市（2020）『公民連携に係る意見交換会　資料』2020.11.15 笠間市企画政策課提供

杵築市（2013）『杵築探訪マガジン　時と和が紡ぐ物語　杵築城下町』

杵築市観光協会（2015）『杵築市公式観光ガイド』

杵築市観光協会（2015）『杵築　―まちあるきマップ―』

杵築市観光協会（2019）『杵築市観光資料』2019.10.23 事務局資料提供

佐々木一成（2011）『地域ブランドと魅力あるまちづくり』学芸出版社

敷田麻実・内田純一・森重昌之（2010）『観光の地域ブランディング−交流によるまちづくりのしくみ』学芸出版社

須田寛（2009）『観光−新しい地域づくり』学芸出版社

総合観光学会編（2010）『観光まちづくりと地域資源活用』同文館出版

田辺市熊野ツーリズムビューロー（2019）『田辺市観光資料』（2019.2.8 事務局提供）

戸所隆（2003）「時代の変化と地域資源を活かした観光・都市政策」『地域政策研究』（高崎経済大学地域政策学会）第5巻 第3号 2003 pp.1〜19.

西村幸夫（2009）『観光まちづくり-まち自慢からはじまる地域マネジメント』学芸出版社

野原卓（2008）『観光まちづくりを取り巻く現状と可能性』「季刊まちづくり」第19号: pp.30-37 学芸出版社

松井一郎（2014）『これからの観光政策と自治体−「稼げる地域資源」と「観光財源の集め方」』イマジン出版

森重昌之（2009）『着地型観光による地域づくりに必要な地域の条件』北海道大学大学院国際広報メディア・観光学院院生論集 .5.103-111.

## <参考ウェブサイト>

笠間市 HP「笠間市台湾交流事務所」（最終閲覧日 2023 年 8 月 10 日）http://www.kasamacity.com.tw/

笠間市 HP「笠間市　位置と地勢」（最終閲覧日 2023 年 8 月 10 日）https://www.city.kasama.lg.jp/page/page000158.html

観光庁 HP「明日を支える観光ビジョン」（最終閲覧日 2023 年 8 月 17 日）https://www.mlit.go.jp/kankocho/topics01_000205.html

観光庁 HP「アクション・プログラム」（最終閲覧日 2023 年 8 月 17 日）https://www.mlit.go.jp/kankocho/actionprogram.html

観光庁 HP「観光ビジョン実現プログラム」（最終閲覧日 2023 年 8 月 17 日）https://www.mlit.go.jp/kankocho/topics02_000170.html

観光庁HP「地域案内通訳士」（最終閲覧日 2021 年 2 月 20 日）https://www.mlit.go.jp/kankocho/news05_000273.html

外務省 HP「国際連合食糧農業機関」（最終閲覧日 2021 年 2 月 20 日）https://www.mofa.go.jp/mofaj/gaiko/fao/gaiyo.html

杵築市 HP「市の概要」（最終閲覧日 2023 年 8 月 17 日）https://www.city.kitsuki.lg.jp/shiseimachidukuri/gaiyou/index.html

杵築市観光協会 HP「杵築を体験・フォトブック」（最終閲覧日 2021 年 1 月 20 日）https://www.kit-suki.com/

JR 東日本 HP「地域再発見プロジェクト / 地域素材応援プロジェクト / 笠間の栗」（最終閲覧日 2020 年 11 月 1 日）https://www.jreast.co.jp/saihakken/sozai/vol04/

JR 東日本水戸支社 HP「JR 東日本と笠間市連携携して地域素材「笠間の栗」の PR」（最終閲覧日 2020 年 10 月 17 日）http://www.jrmito.com/press/201016/press_03.pdf

田辺市 HP「田辺市の概要・田辺市の観光」（最終閲覧日 2023 年 8 月 17 日）http://www.city.tanabe.lg.jp/

田辺市熊野ツーリズムビューロー HP「熊野古道・エリアガイド・体験・交通案内」（最終閲覧日 2023 年 8 月 17 日）https://www.tb-kumano.jp/

ツーリズム大分 HP「交通アクセス」（最終閲覧日 2021 年 2 月 20 日）https://www.visit-oita.jp/

日本政府観光局(JANT)HP「田辺市熊野ツーリズムビューローインバウンド事例調査レポート」（最終閲覧日 2021 年 2 月 20 日）https://action.jnto.go.jp/wp-content/uploads/2019/01/tanabe_inbound_0315_6.pdf

日本政府観光局（JANT）HP「訪日外国人者数」（最終閲覧日 2023 年 8 月 17 日）https://www.jnto.go.jp/jpn/statistics/visitor_trends/

農林水産省HP「世界農業遺産」（最終閲覧日 2021 年 2 月 20 日）https://www.maff.go.jp/j/nousin/kantai/giahs_1.html

# 第11章　スポーツ政策における地方都市の観光まちづくり

## ―埼玉県熊谷市「ラグビータウン熊谷」を事例として―

御正山　邦明

## 1　はじめに

　2023年は、4年に1度のラグビーワールドカップの開催年であった。前回大会は日本が開催国となり、2019年9月から11月にかけて国内12都市で開催され、観客動員数は約170万人、試合では日本代表が決勝トーナメントに進出する活躍もあり、国内は大いに盛り上がった。結果的に新型コロナウイルス感染症が拡大する前の開催となったが、1か月以上にわたり海外から多くの人々が開催都市や国内の観光地などに滞在することで、これまで以上に世界中の旅行者に日本を、そして国内の「まち」を知ってもらう絶好の機会となった。

　スポーツイベントを開催することは、試合観戦の一回限りでなく次回以降の継続的な来訪につなげられる可能性があり、したがって、「スポーツ政策」による「観光まちづくり」は地方自治体にとって重要な施策となる。そこで、「スポーツ政策」について国内の動向を調査するとともに、ラグビーワールドカップ開催都市の一つである埼玉県熊谷市についての現状を報告する。その上で、スポーツツーリズムという概

### 図1　熊谷市位置図

出典：熊谷市ホームページを筆者加筆作成

念を踏まえ、ラグビーと「まち」を融合した観光施策である「ラグビーシティ・ツーリズム」について提言する。

### 写真１　県立熊谷ラグビー場

出典：熊谷スポーツ文化公園ホームページ

## 2　近年のスポーツ政策による観光まちづくり

　我が国の少子高齢化や人口減少、首都東京への一極集中など、社会的問題が深刻化している状況のなかで、スポーツを取り巻く環境が大きく変化している。近年の主要な出来事を簡潔にまとめると、ビッグイベントとして前述の「ラグビーワールドカップ 2019」や 2021 年の「東京オリンピック・パラリンピック」があげられるほか、政策としては、2011 年に「スポーツ基本法」の制定、2012 年に「スポーツ基本計画」の策定、2015 年には「スポーツ庁」の設置といった動きがあった。

　政府は、2019 年に「まち・ひと・しごと創生基本方針 2019」を閣議決定し、「スポーツ・健康まちづくり」の項目で、スポーツ資源を活用した地域経済の活性化が示された。2022 年には、「デジタル田園都市国家構想基本方針」を閣議決定し、「豊かで魅力あふれる地域づくり」の「スポーツ・健康まちづくり」において、スポーツツーリズム等を通じたまちづくりの推進などが明記されている。スポーツ庁では、2022 年策定の「第３期スポーツ基本計画」で、「スポーツによる地方創生、まちづくり」の項目で、スポーツツーリズムの更

なる推進を掲げている。

　地方自治体では、スポーツ庁が 2018 年に調査した「地方スポーツ推進計画」の策定状況によると、都道府県 47 団体と指定都市 20 団体は単独の計画を定めているか、他の計画にスポーツ振興が盛り込まれているか、のいずれかを満たしている。指定都市以外の市区町村 1721 団体（東京都特別区を含む）において、計画がない団体は 13％で、多くの自治体がスポーツ推進（振興）の計画を定めている。

　また、一般財団法人地方自治研究機構による 2023 年 4 月の調査では、都道府県では 20 団体、市区町村の 44 団体が、スポーツ振興・推進に関する条例（現在施行されているもの）を制定しており、さらに、「スポーツ振興・推進」だけでなく「まちづくりの推進」を組み合わせた条例が、約 10 自治体で制定されている。

　このように、スポーツ政策を推進する自治体にとって、スポーツを活用した観光等も含め、まちづくりの視点で事業推進を図ることが求められている。

## 3　埼玉県熊谷市のスポーツ政策「ラグビータウン熊谷」

　埼玉県熊谷市は、東京都心から約 60㎞の位置にあり、電車で約 1 時間、新幹線の停車駅であり、埼玉県北部の中心都市となっている。しかし、熊谷市統計書によれば、人口は 2012 年から 1 万人減少し、現在は約 19 万人で、市内の事業所数（小売業）は、2007 年から 2016 年までに約 3 割近くも減少しているような状況にある。

　スポーツに関しては、昭和の半ばから後半にかけて、市内の県立高校ラグビー部が活躍し、全国高等学校ラグビーフットボール大会で全国優勝 1 回、準優勝 1 回、ベスト 4 が 3 回などの成績を残した。市内には以前からラグビー場が整備されていたが、こうした活躍や地元の要望等もあり、1991 年に埼玉県が新設した「熊谷スポーツ文化公園」の中核施設として、全国でも有数の施設となる県立熊谷ラグビー場が整備された。同年には、熊谷市が「熊谷市総合振興計画第二次基本計画」を策定し、市のイメージアップ事業の一つとして「ラグビータウン熊谷」を位置づけ、これにより熊谷市は「ラグビーのまち」を

内外に発信することとなった。2000 年には、春の高校ラグビー日本一を決定する大会として、「全国高等学校選抜ラグビーフットボール大会」を開催し、「全国高等学校ラグビーフットボール大会」（花園）を開催する東大阪市と対比し、「西の花園、東の熊谷」と言われるようになった。

2004 年には、ラグビー場と同じ公園内に新設された陸上競技場を主会場として国民体育大会を開催した。こうしたスポーツ施設やスポーツイベントの実績を踏まえ、熊谷市では 2011 年に「熊谷市スポーツ振興基本計画」の策定と、「スポーツ振興まちづくり条例」の制定を行い、2018 年には

**写真2　ラグビータウン熊谷モニュメント**

著者撮影

スポーツ振興基本計画を継承した「スポーツ推進計画」を策定した。

2019 年には、新たに収容人員 24,000 人に改修されたこのラグビー場が、「ラグビーワールドカップ 2019」の会場の一つとして使用された。また、同年に、ワールドカップ開催後の施設活用に向けて群馬県を本拠地としていたラグビーチーム「パナソニックワイルドナイツ」のパナソニック株式会社、埼玉県、熊谷市の三者間で連携協定が交わされ、チーム名を「埼玉ワイルドナイツ」として、このラグビー場を本拠地に活動を開始し、2022 年に新設されたリーグ「リーグワン」の初代優勝チームとなった。

## 4　熊谷市のスポーツ政策と観光まちづくりの調査

熊谷市では、2023 年策定の「第2次熊谷市総合振興計画後期基本計画」において、「スポーツ・観光を通じて魅力を発信するまち」を掲げている。

そこで、「ラグビータウン熊谷」に焦点を当て、スポーツ政策と観光まちづくりについて、「市民」「来訪者（観客）」「行政」「宿泊業者」「商店街」を対象に調査を行った。内容は、（1）熊谷市が実施したまちづくり市民アンケート調

査　（2）ラグビーチーム優勝パレード参加者インタビュー調査　（3）熊谷市総
合政策部インタビュー調査　（4）ラグビー場から熊谷駅までのシャトルバス利
用者動線調査　（5）宿泊施設メール調査　（6）熊谷市商店街連合会会長インタ
ビュー調査　の6つを実施した。

**（1）まちづくり市民アンケート調査**

　熊谷市が2022年に実施した調査で、18歳以上の市民から抽出し、2,994
名のうち1,132通の回答があった。

　「熊谷の宝として全国に発信できると考えるもの」の問いでは、「ラグビー・
ラグビータウン・ラグビー大会」が1位の59通であったが、熊谷市を本拠地
とするラグビーチーム「パナソニック・ワイルドナイツ」は、14位の6通であっ
た。「暮らしのなかで気づくこと」で、「自らスポーツをしたり、スポーツの応
援や協力などスポーツ活動に関わっている」は、17位の40.6％、施策の重要
度で「スポーツによるまちづくりを推進する」は、56.3％で30位との結果で
あった。

　このように、「ラグビー」が全国に発信できるものとして1位になったことは、
市民から認知され、誇れるものとして意識されており、「ラグビータウン熊谷」
が十分に浸透した結果であると考えられる。一方で、「パナソニック・ワイル
ドナイツ」については、リーグ優勝した後の調査であったにも関わらず、順位
が低かった。これは、ラグビーリーグやチームへの意識が低いことも想定され
るが、そもそも、本拠地移転に関わる行政との協定において、市民が直接関わっ
ていないことも影響している可能性がある。

　また、「スポーツ政策」よりも、「医療」「防犯」「安全」などの施策が上位に
位置されており、市民は、生活に直接的に影響のある施策を重要視しているこ
とがわかった。

**（2）ラグビーチーム優勝パレード参加者インタビュー調査**

　この調査は、ラグビーリーグ「リーグワン」の「埼玉ワイルドナイツ」が、
2022年5月に初代優勝チームとなったことを受け、熊谷市が実行委員会形式
で2022年9月11日（日）に開催した優勝パレードに合わせて実施した。調

査方法は、パレードの参加者に無作為抽出にて、6つの質問と自由意見を伺うインタビュー調査とし、質問内容は、①パレードを何で知ったか　②チームを応援しているか　③いつから応援しているか　④チームの移転をどう思うか　⑤チームは熊谷市の誇りと思うか　⑥試合のときまちが賑わっていると感じるか　また、自由意見として、主にスポーツやまちづくりに関する事項について投げかけ、23名から回答が得られた。

### ア）回答者の居住地

　調査回答者の居住地としては、熊谷市民9名（男性5名、女性4名）、隣接市民8名（男性4名、女性4名）、その他6名（男性4名、女性2名）であった。

### イ）調査結果

①パレードを知った理由は、SNS（インスタグラム、フェイスブック、ツイッター）の情報が57％と多い。

②チームの応援については、チームの優勝を祝うイベントであるため、インタビューを行った全ての人々にチームを応援する気持ちがある。

③応援を始めた時期として、ワールドカップラグビー2019がきっかけとなった例が57％と多い。

④チームの移転については、79％が良かったと回答している。

⑤チームは熊谷市の誇りか、については、「チームを熊谷市の誇りに感じる、少し感じる」と「わからない」の回答が約半数であった。

⑥移転後のまちの賑わいについては、「賑わいを感じる」と答えた人が、「少し感じる」と併せても半数に満たなかった。

### ウ）自由意見

　自由意見では、その回答（語り）からカテゴリーとして大きく『シビックプライド』『利便性』『快適性』『自治体努力』『賑わい』に分類した。
『シビックプライド』では、「チームが熊谷市を本拠地としたことをうれしく思う」「チームを身近に感じられる」「熊谷市のことを知る機会となった」との意見があった。『利便性』では、「駅からラグビー場までのアクセス改善要望」

がある一方で、「以前との比較で利便性が良い」との意見もあった。『快適性』
では「ラグビー場以外のスポーツ施設改修」の要望が、『自治体努力』では「熊
谷市のスポーツ政策への感謝」や「他のスポーツのＰＲ要望」があった。『賑
わい』については、「試合時に市街地の賑わいがない」との意見と「賑わいを
感じる」との意見があった。

### エ）本調査からわかったこと

　本調査は、主催者発表１万人の参加者に対して23人へのインタビュー調査
となったため、統計上の扱いは困難である。しかし、回答者の居住地について、
熊谷市民は９名で半数を満たさなかったことは、チームが熊谷市を主体とし
た地域のチームではなく、移転前からの強豪チームであったことや、ワールド
カップラグビーの頃からマスコミ等で取り上げられる選手も多く、全国規模の
チームとして認知されていることが推測される。

　「パレードを知ったきっかけと応援する気持ち」の結果からは、イベントの
情報は地方自治体の発信よりも、共通の目的を持った人たちによる情報交換が
優位性をもっていること、また、このパレードはチームの応援者が参加するイ
ベントであることが改めて明らかになった。

　「チームの移転」については、応援者にとって受け入れられていることが示
されたが、群馬県在住者の一部は移転に否定的であり、チームを失ったという
意識が強いのではないかと推察される。

　「チームが熊谷市の誇りと感じる」割合と「わからない」の割合が約半数で
あったことは、本調査で熊谷市外からの来訪者が多かったことも影響している
が、熊谷市民や隣接市民にはある程度受け入れられたことを意味するのではな
いだろうか。

　「まちの賑わい」については、「賑わいを感じる」割合が半数以下で、また
自由意見でも相反する意見があったことから、この調査での評価は困難であっ
た。

　ただ、今回のような短時間のイベントでありながらも、関西方面から熊谷市
に宿泊された人がおり、このチームが地域の枠を超えた全国規模であることが
改めて示された。

## （3）熊谷市総合政策部インタビュー調査

スポーツ施策と観光まちづくりを推進する熊谷市は、政策の実施をどのように受け止め、また、評価しているのだろうか。この点を明らかにするため、2023年2月3日（金）に、熊谷市総合政策部スポーツ観光課長とラグビータウン推進課主査に対してインタビューを実施した。その結果として、以下のような回答を得た。

### ア）スポーツ振興まちづくり条例とラグビータウン熊谷について

「スポーツ振興まちづくり条例」と「ラグビータウン熊谷」については、直接的な関係性はなく、ラグビー政策には市民が積極的に関わっていない。ワールドカップラグビーでは多くのボランティアが参加し、まちが賑わったが、市外からの参加も多く、北は東北、西は大阪からも来訪があった。

### イ）スポーツ政策がまちづくりに与える影響や評価、指標の設定等について

スポーツ政策のまちづくりへの影響については、アンケートから市民の意識が高まっていることは感じているが、市としてスポーツ政策におけるまちづくりへの影響について、具体的な数値での評価や指標の設定、商店街の売り上げ、ホテルの利用者数などは、現状では市として把握していない。ここ数年、市内にホテルが新設されたが、熊谷市がワールドカップラグビーの会場となったことが大きく影響していると考えている。

### ウ）今後のスポーツ政策の方向性について

今後、熊谷駅の南側に体育館を改築する予定で、プロバスケットボールチームの公式試合ができるよう3千5百人程度の観客の規模を考えている。改築する体育館は駅に近い場所に整備するため、新幹線を利用すれば東京からも近く、アクセス面から注目されるようだ。施設の完成は令和10年度を目安としている。体育館の改築は、まち全体の経済波及効果という視点が重要だと考えている。

また、スポーツコミッションを組織しており、市が事務局として業務を行い、

利用者に対して市単独の補助金制度を設け、宿泊から参加者の輸送、備品の調達なども実施している。施設も人工芝のグラウンドや宿泊施設など、使い勝手の良いものとなっている。大規模スポーツ大会もスポーツコミッションが誘致しているが、この実績をどのように経済活性化に結び付けられるのか、市としての課題である。

### エ）その他

市内に県立の大規模なスポーツ施設があるのは、観光面においても大変ありがたく思っている。施設管理は埼玉県に行っていただいており、市ではコンテンツを考える立場となっている。ただ、駅から施設までのアクセス問題は、これからもずっと言われ続ける頭の痛い問題である。

駅からラグビー場を結ぶ道路、通称「ラグビーロード」は、試合開催時に多くの人が歩いているが、沿道の商店主は盛り上げる意識があまり高くない。商売に繋げるような仕掛けが生まれることを期待している。

### （4）シャトルバス利用者動線調査

県立熊谷ラグビー場は、熊谷駅から約4km離れ、アクセス面での課題を抱えているため、試合の際には駅とラグビー場を臨時のシャトルバスで運行し対応しているが、バス利用者は、駅に到着後、どう行動するのだろうか。

そこで、2023年3月5日（土）15時から県立熊谷ラグビー場にて開催された、リーグワン第10節「埼玉ワイルドナイツ」と「クボタスピアーズ船橋・東京ベイ」の試合後に、シャトルバスが停車する熊谷駅ロータリーで、「駅に向かう観客」と「市街地に向かう観客」の実数調査を行った。

当日の天気は晴れ、会場は9,021人の観客数で賑わい、熊谷駅に到着した17時12分から18時56分までのシャトルバス29便に、1,286人が利用した。このうち「駅に向かう観客」は1,137人（うち、駅前商業ビルに入店した人は約1割程度）、「市街地に向かう観客」は149人であった。「市街地に向かう観客」では家族連れの利用者も多く、市街地で飲食すると思われる観客はその半数以下であるように見受けられた。

また、17時35分には、会場から徒歩で移動してきた観客が駅に到着し始め、

19時までに数百人程度を確認できた。

### （5）宿泊施設メール調査

　これは、スポーツ政策と市内の宿泊者との関わりを調査するため、市街地の宿泊施設に対して調査を行ったものである。複数の宿泊施設について依頼したが、結果として、1館からメールで質問に対する回答があったため、以下に概要を取りまとめる。

### ア）リーグワンなどスポーツイベント開催時の宿泊について

　リーグワンに限らず熊谷スポーツ文化公園でのイベントが開催される日、特に週末にかけては、数多くのお客様にご利用頂いており、影響は多大である。ラグビー関係ではリーグワンに限らず、アマチュア・大学・春の高校選抜ラグビー大会など、カテゴリーを問わず宿泊利用を頂いている。2019年のラグビーワールドカップの際は海外からのお客様も数多く見受けられた。

　リーグワンでは、埼玉ワイルドナイツの合宿所がスポーツ文化公園内にある為、対戦相手の関係者の宿泊が多く見受けられる。その他のスポーツでは陸上・サッカー・バドミントン・ソフトテニスなど競技のジャンル・カテゴリー問わず宿泊利用がある。

　また、スポーツ文化公園で催物が開催される日の宿泊は少ない日で3割・多い日で7割程度多くなり、特に週末の金曜日・土曜日が大半を占め、連泊する人・団体も多く見受けられる。やはり県内規模の大会より関東・全国規模の大会になればなるほど宿泊増につながっている。

### イ）スポーツ以外の宿泊について

　スポーツ以外だと吹奏楽などの文化系の大会・映画、CMなどの制作関係・新規ショッピングモール建設等の工事関係者の宿泊が多く見受けられる。スポーツ以外では、熊谷市内でのイベントというより、近隣市町村での開催・開業に伴う波及効果と考えている。

## ウ）スポーツイベントと宿泊の今後の展望について

ラグビーワールドカップで日本代表が活躍して以降、ラグビーもメジャーなスポーツの仲間入りを果たしたと感じており、地元埼玉ワイルドナイツが活躍し続けることが、熊谷市の発展にも影響してくるのではないかと考えている。

## （6）熊谷市商店街連合会会長インタビュー調査

地元の商店街は、熊谷市のスポーツ政策と観光まちづくりをどのように受け止めているのだろうか。そこで、2023年6月4日（日）に、熊谷市商店街連合会会長に対してインタビュー調査を行った。概要は、以下のとおりである。

「ラグビー等の観客の方が応援以外でまちなかで時間を使うことは少ないようで、試合を見て直接帰宅する観客は8割〜9割程度の印象である。市内に宿泊することはあると思うが、そうした方が市内の飲食店を利用することは、一部に限られているようだ。

埼玉ワイルドナイツが本拠地として熊谷に来てくれたことは嬉しいが、地元の県立高校のラグビー部が強かった時ほどの地元の盛り上がりはない。もともと群馬のチームが移転してきたので、地元のチームという意識が薄い。

埼玉ワイルドナイツを応援する方は熊谷市民以外のほうが多いように感じており、このチームには、まだ地元感がないのだと思う。

スポーツで来訪された方に対しては、熊谷らしい「食」をアピールして味わってもらうことで熊谷を知ってもらうのが、個人的には良いと思う。ラグビーの観客が徒歩で移動する際に、和菓子屋さんが商品を無料で提供しているが、こうしたことで、熊谷を、また商品を知ってもらうことに繋がると思う。

今後は、埼玉ワイルドナイツのクラブハウスをまちなかの商店街につくるとか、まちなかにサテライト会場のような空間を複数作って大型モニターで応援するなど、人が集まる空間を熊谷市に求めたい。」

## 5　これからのスポーツ政策と観光まちづくり

　以上のとおり、「市民」「来訪者（観客）」「行政」「宿泊業者」「商店街」を対象に調査を行うことで、幾つかの事実が明らかになった。

　まず、「ラグビー政策」については市民に広く浸透していることがわかったが、市内を本拠地とするラグビーチームに対しては、それほど関心をもたれていないことが判明した。これは、優勝パレード参加者でランダムに選んだ回答者のうち、市民が半数以下だったことと関連している可能性が高いが、熊谷市商店街連合会会長による回答のとおり、このチームは市民が作り上げたものではなく、完成されたチームが熊谷市に移転してきたため、地元のチームであるという意識が低いことが背景にあると考えられる。

　一方で、異なる観点から捉えた場合、熊谷市以外に多くのファンを持つチームが、試合の度に熊谷市に1万人規模の観客を集めていると同時に、宿泊施設に関していうと利用者が3割以上増加しているという事実である。現在は、観客の多くが試合後に直接帰宅する状況にあるようだが、チームの応援のために熊谷市に来訪する人々を歓迎し、まちに誘う仕組みを構築すること、そして、市民がこのチームに愛着をもつことが、「スポーツ・観光を通じて魅力を発信するまち」に繋がるのではないだろうか。

　ところで、ラグビーという競技そのものは、**図2**のとおり、スポーツ庁の「スポーツの実施状況等に関する世論調査（令和4年12月調査）」からも、プロ野球やサッカー等に比べて現地観戦する人は少数である。また、**図3**の「ラグビーの現地観戦者推移」

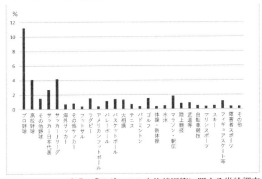

**図2　現地観戦したスポーツ（令和4年度）**

出典：「スポーツの実施状況等に関する世論調査（令和4年12月調査）」を基に筆者作成

のとおり、ラグビーワールドカップ 2019 に向けて観客は増加してきたが、コロナ禍の影響もあり、2020年度から減少している。2022 年度からは再び増加傾向にあるが、2023 年のワールドカップラグビーを契機として、この勢いを継続できる方策が必要である。

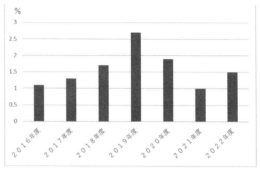

図3　ラグビーの現地観戦者推移

出典：「スポーツの実施状況等に関する世論調査（平成 28 年度から令和 4 年度）を基に筆者作成

　このような背景がある中で、2020 年 3 月には、ラグビーの普及・振興やラグビーを通じた街づくりなどに連携して取り組むことを目的として、日本ラグビーフットボール協会とワールドカップに関わった 149 の自治体により、「ラグビーとの地域協創を推進する自治体連携協議会（通称「自治体ワンチーム」）」が設立された。自治体が単独でラグビーの普及活動を実施するのは限界があるため、今後の協議会活動が期待されている。

　さらに今回、この組織とは別に、「ラグビー」と「まちづくり」を政策として掲げる自治体間で連携し、「ラグビーシティ・ネットワーク」を新たに組織して活動することを提案したい。ネットワーク間の自治体を一定回数以上訪問する人を対象として、観光協会等が来訪の証明書を発行し、「ラグビーシティマイスター」制度を設ける、といった施策も考えられるのではないだろうか。

　ラグビーチーム優勝パレード参加者インタビュー調査において、自由意見として「私は埼玉県民であり熊谷市に対する知識はあるが、県南に住んでいるためこれまで熊谷市を訪れたことはなかった。埼玉ワイルドナイツを応援するため訪問することになったが、熊谷市のまちを知れてよかったと思う。」との声があった。スポーツの応援に「参加」することで、まちを「発見」できたことは、スポーツ政策による観光まちづくりの第一歩として非常に意義あるものだと考える。「ラグビー」をきっかけとして、「まち」を訪れ「まち」を発見し、「ラグビー」の試合が開催されなくても「まち」を観光するといった、「ラグビー

シティ・ツーリズム」が浸透することを期待したい。

## 6　おわりに

　熊谷市では、上記のように、ワールドカップ開催後はプロチームが本拠地して活動を開始し、ラグビー場周辺にチームのクラブハウスやホテル、カフェ等も整備されている。ここには、試合時以外の平日でも、ファンがチーム練習を観に訪れるとの話も聞く。また、駅周辺に大規模な体育館の改築も予定され、熊谷市商店街連合会会長も、新たな企画を検討しているようである。

　今後は、来訪者に熊谷市の「まち」を理解し再訪してもらうため、行政、市民、民間（宿泊業者や商店街）、そしてチームが一体となって取り組むこと、自治体間で競争するのではなく、共創してスポーツ政策に取り組むことが「観光まちづくり」に求められる。

## ＜参考・引用文献＞

熊谷市（2023）『熊谷市ホームページ―熊谷市統計書（令和3年度版）』（最終閲覧日2023年8月11日）https://www.city.kumagaya.lg.jp/about/chousa_toukei/tokei/R3toukeisyo.files/R3.toukeisyo.pdf

熊谷市（2018）『熊谷市ホームページ―熊谷市スポーツ推進計画』（最終閲覧日2023年8月11日）https://www.city.kumagaya.lg.jp/about/keikaku/sportsplan.files/zentai.pdf

熊谷市（2023）『熊谷市ホームページ―第2次熊谷市総合振興計画後期基本計画』（最終閲覧日2023年8月11日）https://www.city.kumagaya.lg.jp/about/soshiki/sogo/kikaku/sousin/dai2_sousin_kouki.files/dai2_soushinkouki_ikkatsu.pdf

埼玉県立熊谷工業高等学校ホームページ（最終閲覧日2023年8月11日）https://kumagaya-th.spec.ed.jp/

熊谷市（2022）『まちづくり市民アンケート（令和4年度分・計画5年目）の集計結果について』（最終閲覧日2023年8月11日）https://www.city.kumagaya.lg.jp/about/soshiki/sogo/kikaku/oshirase/manzokudotyousa.files/R4shiminanketo.pdf）

御正山邦明・上山肇（2023）「地方自治体とスポーツチームとの官民連携によるまちづくりに関する研究」『2022年度日本建築学会関東支部研究報告集』Ⅱ, pp.333-336

スポーツ庁（2022）『スポーツの実施状況等に関する世論調査』スポーツ庁ホームページ（最終閲覧日2023年8月11日）https://www.mext.go.jp/sports/b_menu/toukei/chousa04/sports/1415963_00008.htm

自治体ワンチーム ラグビーとの地域協創を推進する自治体連携協議会ホームページ（最終閲覧日2023年8月11日）jichitai-oneteam.com

上山肇・須藤廣・増淵敏之（2021）『ポストマスツーリズムの地域観光施策』公人の友社
原田宗彦（2021）『スポーツ地域マネジメント』学芸出版社
日本スポーツツーリズム推進機構（2022）『実践スポーツツーリズム』学芸出版社

# 第四部　まちづくり―事例

# 第12章　美肌ツーリズムを考える
## ─島根県を事例として─

小泉　京子

## 1　「美肌県」の登場

　2012年11月「美肌県」という聞きなれない言葉が、全国的にさほど知名度が高くない島根県という県名とともにマスコミに登場した。「『美肌県』第1位は島根 ポーラ調査」[1]「島根女性が『秋田美人』超え1位 ポーラ『ニッポン美肌県グランプリ』」[2]などである。

　㈱ポーラは1989年に業界初の個肌対応ケアブランドをスタートさせ、それと同時に膨大な肌ビッグデータの蓄積が始まった。それから30年余り、2022年12月末時点で全国47都道府県からの肌データは2,020万件に達している。この膨大な肌データの実績をベースに、2012年から肌のチェックを受けた女性客のデータを都道府県別に集計し、「ポーラ美肌県グランプリ」として「いい皮膚の日」（11月12日）に発表している。

　各年の美肌県1位から3位までの結果（**表1**）をみると、2018年までの7年間で島根県は1位で5回登場し、システムリニューアルのため単年のアウトプットがなかった2019年をはさんで、2020年からは石川県が3年連続で

---

1　この表題の記事は「化粧品会社ポーラは9日までに、全国47都道府県の女性の肌データを分析した『美肌県グランプリ』の結果を発表、最も美しい肌を持つ『美肌県』1位は島根県に決まった」という内容で日本経済新聞（nikkei.com 2012年11月9日）に掲載された。

2　この表題の記事は「島根県は『しわができにくい県』第1位を獲得したのを始め、シミ（3位）、うるおい（2位）、角層細胞（2位）の計4部門でトップ3に入り、総合1位に輝いた」という内容でJ-CASTトレンド（j-cast.com 2012年11月12日）に掲載された。

1位となっている。1位から3位までの結果を累計でみると（**表2**）、島根県と石川県がどちらも6回、秋田県が4回である。3県はいずれも日本海沿岸という点で共通性がある。

**表1　年度別美肌県グランプリ**

| 年＼順 | 1位 | 2位 | 3位 |
|---|---|---|---|
| 2012 | 島根県 | 山梨県 | 高知県 |
| 2013 | 島根県 | 石川県 | 高知県 |
| 2014 | 島根県 | 高知県 | 愛媛県 |
| 2015 | 島根県 | 山形県 | 愛媛県 |
| 2016 | 広島県 | 島根県 | 鳥取県 |
| 2017 | 富山県 | 石川県 | 秋田県 |
| 2018 | 島根県 | 秋田県 | 石川県 |
| 2019 | 肌分析リニューアルのため総集編発表 | | |
| 2020 | 石川県 | 秋田県 | 山梨県 |
| 2021 | 石川県 | 山形県 | 山梨県 |
| 2022 | 石川県 | 秋田県 | 山形県 |

**表2　累計1～3位美肌県グランプリ**

|  | 1位 | 2位 | 3位 |
|---|---|---|---|
| 県名 | 島根県 | 石川県 | 秋田県 |
| 回数 | 6回 | 6回 | 4回 |

（表1、2ともポーラニュースリリースから筆者作成）

## 2　「しまね元祖美肌」と「いしかわ新美肌」

　美肌県の根拠となっている島根県肌データ（**図1**）と石川県肌データ（**図2**）をみてみると、データの内容や表示の仕方などが変化している[3]が、「肌状態の解析の結果」と「地域の肌環境状態」という2つの要素で構成されていることは変わらない。

　「肌状態」は地域だけでなく個人特性の影響も大きいと考えられるが、「地域の肌環境状態」は地域に住む人に共通して影響を与える特性である。地域との

3　「肌状態の解析の結果」は2018年以前では八角形、2020年以降は［色・形］［ゆるぎ］［うるおいバランス］［肌三層の力］と項目が細分化され、八角形、四角形、三角形で表されている。評点が図形の外側に位置し図形の面積が大きいほど美肌と捉えられる。「地域の肌環境状態」では［生活習慣］の項目が2020年以降はみられない。

## 図1　島根県　肌データ（2018年）

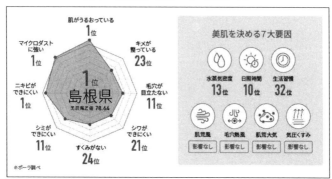

（出典：しまね観光ナビ ニュース 2018年11月12日記事）

## 図2　石川県　肌データ（2022年）

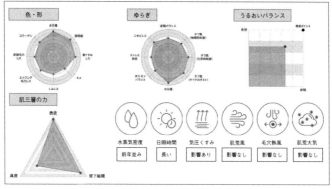

（出典：ポーラニュースリリース 2022.11.10 PDF）

関係で美肌と関連するのは気候環境であり、特に日照時間と湿度の影響が大きい。

　ここで気象庁データから、1991年から2020年まで30年間の平均湿度と日照時間を比較してみよう。島根県は県庁所在地の松江、石川県は金沢、比較地としては東京を設定し、これら3地点の相対湿度（**図3**）と日照時間（**図4**）を図示する。

　相対湿度は、松江が金沢よりやや高いがほぼ同じ動きで、年間を通じて安定

図3　松江・金沢・東京の相対湿度

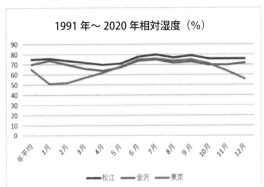

図4　松江・金沢・東京の日照時間

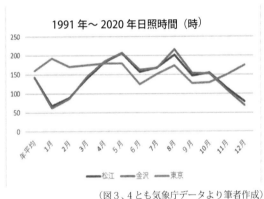

（図3、4とも気象庁データより筆者作成）

して高く肌のうるおい保持に良い影響がある。2地点と比べると東京は、12月から3月の冬場の湿度が低く、肌も乾燥する方向に影響を受けていることが明らかである。日照時間は、松江と金沢は各月ほぼ重なって変動し、特に12月、1月、2月の冬場の日照時間が短い。東京は年間を通じて安定した日照時間であり、特に冬場は他の季節より長く紫外線の影響を受けやすい状況にある。日本海沿岸地域の冬場は、曇りや雪の日が多く閉ざされたイメージにつながっているが、実は美肌を育むゆりかごのような季節である。「地域の肌環

境状態」が良好であることが、地域の多くの女性を美肌に導きやすい。

## 3　島根県の「美肌観光」

　島根県では「ご縁の国しまね」に続くアピールポイントとして「美肌県しまね」を掲げ、「ご縁も、美肌も、しまねから。」をキャッチフレーズに、幅広い年代の女性をターゲットにして「美肌観光」に取り組んでいる。

　島根県ホームページによると、これまでの"ご縁の国"のイメージに加え、"美肌県しまね"をキーワードに、温泉や食などを素材とした観光地域づくりや、イメージ定着のための情報発信を推進していくという。取り組みは3つを軸として行われている（**表3**）。

### 表3　「美肌観光」訴求内容

---

**（1）"美肌県しまね"情報発信**
・幅広い年代の女性を対象に、各種メディアを活用したプロモーションの実施
・メディアタイアップ、観光情報説明会（メディア向け）による各種媒体への露出拡大
・観光ガイドブック「ご縁旅しまね」、観光ポータルサイト「しまね観光ナビ」（外部サイト）等媒体を活用し、観光情報を発信

**（2）"美肌県しまね"誘客促進**
・「温泉」や「食」等の地域資源を活用した「美肌観光」のモデルプランやコンテンツ造成に取り組む事業者を支援

**（3）民間企業との連携**
・ポーラ・オルビスホールディングスおよびＡＮＡホールディングスと連携した「美肌ウェルネスツーリズム」の開発、幅広い客層に対応した旅行商品造成支援、プロモーション

---

　（1）は、「しまね観光ナビ」の関連サイトの「美肌県しまね うるおい研究室」で、「肌と心が豊かになるモノ・コトを調べて、試して、まとめる研究室」というキャッチフレーズで美肌関連の情報が提供されており、対外的なアピールポイントを把握する上で参考となる。

　（2）は、具体的には「美肌県しまね推進事業補助金」として、美肌県にふさわしい新たな観光コンテンツ開発づくりに取り組むことを支援している。2022 年では宗教法人一畑寺の「宿坊サウナ＆お茶エキス入り水風呂、薬膳朝食などを組み合わせた美肌リトリート旅プラン造成」など、8 事業者のコンテンツ造成が採択されている。

　（3）は、2022 年の取り組みとして、ポーラ・オルビスホールディングスと島根県が、化粧品研究の肌分析技術を活かした科学的な分析により、県内 14 の温泉宿のお湯を 6 種の美肌泉質に分類した。2023 年 10 月からは、県内の宿とポーラ・オルビスホールディングスの間で協力が開始され、県によるサポートのもとで、宿ならではの美肌体験プログラムの提供を受けられることとなっている[4]。

　美肌という女性が憧れるコンテンツを全面に押し出した旅行は、わかりやすく共感を得やすい。県は民間事業者の美肌に関する観光コンテンツ開発を支援し、情報発信していくことで観光客を増やすことを目指している。提供する側の観光コンテンツの充実が旅行者を呼ぶという考えである。一方訪れるゲスト側から見ると、美肌はウエルネス（より生き生きとした人生を目指す生き方）と親和性がある個人的な経験であり満足という側面が強い。このゲスト側の視点で美肌を目指す旅行を考えてみよう。肌環境の状態の良い地域を「美肌」をテーマにした体験をしながら滞在するような旅行のあり方は、「美肌ツーリズム」と呼べるだろう。

---

4　第 1 弾として温泉の美肌効果に着目、島根県「はたご小田温泉」の 10 月 1 日以降の宿泊プランに導入、「なには一水」は 2024 年 2 月からの導入予定。

## 4　しまね古民家美肌ツーリズム

　2023年3月下旬、筆者が体験した島根県東部地域の古民家における美肌ツーリズムの事例を紹介する。古民家を "1950年建築基準法以前の、防火木造除く木造住宅" と捉えると、島根県は古民家率8.73％と全国の中でも飛びぬけて高いことが伺える [5]。

　瓦や茅葺の屋根、漆喰の壁、大黒柱や梁の木組みの力強さ、小屋裏までの開放的な吹き抜けなど、現代建築と異なる趣のある古民家は、滞在型旅行の場としての魅力を十分に有している。

### （1）温泉とまちを楽しむ温泉津

　世界遺産石見銀山の一角にあり、重要伝統的建造物群保存地区でもある温泉津は旅館や古民家が立ち並ぶ温泉地である。その中で筆者が家族と滞在したのは、「燈」という住宅街にある一棟貸しの古民家である。古びた趣のある玄関から入ると屋根裏部屋につながる階段があり、子供たちには大好評であっ

| 写真1　古民家宿「燈」入り口 | 写真2　階段から屋根裏へ | 写真3　水回りはモダンな装い |
|---|---|---|

---

5　総務省統計局（2018）『平成30年住宅・土地統計調査「住宅の種類、建て方、建築の時期、建物の構造、階数」』から算出。島根県に次いで古民家率が高いのは鳥取県5.33％、和歌山県5.29％である。数が最も多いのは大阪府52,400戸、次いで兵庫県の43,600戸である。

た。内部は現代の暮らしに合いやすいよう、テー
ブル・椅子・ベッドを基本とした設備が整えられ
ている。帳場のない、いわゆる分散型ホテルの形
態で、古民家内で食事を用意することもできるが、
まちを楽しむこともかねてカフェ＆バーで食事を
とった。ローカルファーストの空間で、肌のコン
ディションを整える海藻類や地元野菜を堪能でき
る。まちには住民も観光客も双方が楽しめる温泉
浴場が２つあり、どちらも優れた薬効効果と美肌
が期待できる。古民家を活用してキッチンスペー
スをつくり、全国各地の料理人が期間限定で地元

写真4　温泉津温泉「薬師湯」

（写真1、2、3、4、以降写真13
まで筆者撮影）

の食材を使った料理を提供する「シェアリングキッチン」や、古民家コインラ
ンドリーも設置され、より一層暮すように旅することが可能となった。
　温泉津では、自炊したり外食したり温泉にはいったり、来訪客も住民のよう
な暮らしに近い生活を堪能することができる。長期滞在で楽しむ人はもちろ
ん、当地の暮しに憧れて移住してくる人もいる。小さなまちであるため、数日
暮らすとまるでご近所同士のように会話が弾んだりする。

## （2）美景と美酒が美肌をつくる美郷町
　中国山地がおりなす豊かな自然の中を江の川が還流する美郷町。「美郷」と
いう町名は 2004 年の合併時に、自然豊かな故郷をいつまでも残しておきたい
という住民の願いをこめて名付けられた。美郷町の紹介には「美肌県美肌町」

写真5　農家民宿「三國屋」

写真6　食事は囲炉裏で

写真7　濁酒「邑川」で美肌に

と言う言葉もある。盆地のため風が弱く霧が立ち込めやすく、日中と夜間の寒暖差、空気中の水分量が多いことから高い確率で雲海を見ることができ、この雲海の発生率を予報するサイトは「美肌県美肌町雲海予報」と呼ばれている。

　ここでは農家民宿「三國屋」に滞在した。子供たちは田んぼで飼われている山羊のお出迎えに大喜びし、その後畳の日本間でくつろぎ、まるで田舎の親戚の家に遊びに来たような様子だった。夕食は高たんぱくで低脂肪の山クジラ肉や、「どぶろく特区」で醸造が認められている濁酒を味わった。濁酒に含まれるアミノ酸は肌や髪を健やかに保ち、コウジ酸は美白作用が期待される。

### （3）　A級グルメのまちで美肌食をつくってみる

　美郷町から西に少し移動すると邑南町がある。その邑南町の日貫地区に、島根県庁等を手がけた建築家・故安田臣氏の実家をリノベーションした古民家宿「日貫一日　安田邸」がある。2022 年 9 月に単身で宿泊し、窓いっぱいに広がる夜の漆黒と虫の音など自然の音しか聞こえない静寂を堪能したが、今回 2023 年 3 月は桜が満開の季節に家族と同宿することで、「みんなで楽しむ」旅の趣を体験することができた。

　A級グルメのまち[6]として打ち出してきた邑南町は、邑南野菜の産地でもあり、広島から近いこともあって、道の駅瑞穂には広島ナンバーの車が並ぶ。夕食は宿泊者自身が料理する方式で、邑南野菜など地元の食材とレシピが提供さ

| 写真8　川沿いは桜が満開 | 写真9 古民家宿「日貫一日　安田邸」 | 写真 10　デッキで美肌ＢＢＱ |
| --- | --- | --- |
|  |  |  |

6　邑南町は 2011 年から観光・移住定住策として地元の食材を使った料理を提供する料理人と農業の担い手育成を狙いに「A級グルメ」施策を展開してきた。

れる。邑南野菜をアルミホイルでつつみウッドデッキで蒸し焼きにした料理
は、素材の美味しさとともにビタミンなど栄養素の残存率が高く肌にも良い。

## （4）棚田を見ながら創作美食をいただく

　島根県東部の出雲地方は、約 1400 年前から「たたら製鉄」と呼ばれる砂鉄
と木炭を用いた鉄づくりが盛んであった。長い年月をかけて山を切り崩して砂
鉄を採取し、その跡地は棚田として農地に転用してきた。現在この風景は、「出
雲國たたら風土記」として日本遺産に認定されている。

　蔵宿「うずまき」は奥出雲町の山間の高所にある古民家宿であり、目前に棚
田が広がる。

　そこで東京で 10 年の経験を持つシェフとパートナーが移住して古民家宿を
オープンした。提供される創作料理は、野菜を育ててそれを使った料理を基本
としている。

写真 11　「うずまき」からの景色　写真 12　和洋折衷の部屋　写真 13　創作美肌食

## 5　美肌ツーリズムを考える

　肌（皮膚）は表皮・真皮・皮下組織からなる。このうち最も外気の影響を受
けやすいのが、肌の一番外側にある表皮である。表皮では肌の細胞が一定の周
期で生まれ変わり、このしくみを「ターンオーバー」という。「ターンオーバー」
は健康な肌の場合、約 4 週間かかるとされ、「約 4 週間かけて肌は生まれ変わ
る」とも言われている。

　この「ターンオーバー」を基軸に考えた場合、美肌ツーリズムは、①肌に

良い環境の地域に、②長期滞在（できれば 1 か月）し、③美肌につながる様々な体験をすることで、④自分の肌の変化を見つめ、⑤肌とともに生まれ変った自分に出会う、といった一連の過程を経るものとして位置付けることはできないだろうか。「美肌ツーリズム」とは、日常から自分を解放し、肌によい環境で自分を再創造していくような、いわばプロセスを楽しむ旅行と表現してもいいだろう。筆者が体験した「しまね古民家美肌ツーリズム」はこのプロセスの中に、①古民家を改築した宿泊施設で暮らす感がある、②山や海や空、緑や花々の自然が美しく感動し癒される、③山羊や鶏など日常生活にいない動物との触れ合いに驚きと癒しを感じる、④地域の住民との距離が近く会話が楽しい、⑤日常に無い体験を家族とともに楽しむ、⑥食事や温泉など美肌と直接つながる行為が期待感を高める、と言った体験を組み込んだ特別な非日常であった。

　このように考えると「美肌ツーリズム」は美肌に焦点をあてた「ウエルネスツーリズム」の一つという捉え方ができる。森田（2017）はウエルネスを「body（身体）・mind（心）・spirit（人智を超えた力・生命エネルギー）・環境といった、複合的な視点から総合的に、また自ら積極的に、様々な思考や行動を通じて、健康的な生活習慣を整え、健康で充実した人生を達成・維持・増進していくことを示す概念」とした上で、ウエルネスツーリズムを「ウエルネスを体現化し、メインの目的を治療以外に置くツーリズム」として定義し、「広範囲な目的・活動・行為を含んだ包括的な概念」と捉えている。

　一方、須藤（2021）は提供する側に視点をおいた観光施策ではなく、「アートツーリズム」など訪れる側の視点である消費者主導の「ポスト・マスツーリズム」も広がりつつあるとしている。「美肌ツーリズム」はこの消費者主導という可能性を含んでいるのではないか。美容や美容医療が男性にも広がっているように、性別ではなく個人の消費者が主導する領域として存在していくと思える。

## ＜参考・引用文献＞

気象庁「各種データ・資料－過去の気象データ検索－都府県・地方の選択（松江・金沢・東京）－平年値（年・月ごとの値）」（最終閲覧日2023 年11 月18 日）https://www.data.jma.go.jp/obd/stats/etrn/

公益社団法人島根県観光連盟「しまね観光ナビ」（最終閲覧日2023 年11 月18 日）https://www.kankou-shimane.com/

美郷町「島根県美郷町公式サイト」（最終閲覧日2023 年11 月18 日）https://www.town.shimane-misato.lg.jp/

須藤廣（2021）「日本における観光の変容とポストマスツーリズム（ニューツーリズム）の誕生」（上山肇・須藤廣・増淵敏之編著『ポストマスツーリズムの地域政策－新型コロナ危機以降の観光まちづくり再生に向けて』公人の友社

総務省統計局（2018）『平成 30 年住宅・土地統計調査─住宅の種類、建て方、建築の時期、建物の構造、階数』

ポーラ株式会社「ポーラ・オルビスホールディングス公式サイト」（最終閲覧日2023 年11 月18 日）https://www.po-holdings.co.jp/

ポーラ株式会社「ポーラ ニュースリリースサイト」（最終閲覧日2023 年11 月18 日）https://www.pola.co.jp/about/news/2023/index.html

森田浩司（2017）「ウエルネスツーリズムの定義とその細分類化－至近の海外の理論研究を題材に－」『日本観光学会誌』第 58 号 ,pp.1-12.

# 第13章　徳川家・江戸時代の歴史を感じる 東京での遺跡ツーリズム

## NHK大河ドラマ「どうする家康」ゆかりの地・東京での遺跡巡り

櫻井　佳奈子

## 1　はじめに

　日本全国には約47万か所（2021年現在）にものぼる様々な遺跡があり、教科書にも載るような有名な遺跡が遺跡公園として整備され、多くの観光客が訪れている。青森県の縄文遺跡である国指定の「特別史跡三内丸山遺跡」や石舞台古墳等のある奈良県明日香村の「国営飛鳥歴史公園」、佐賀県の弥生遺跡である「国営吉野ヶ里歴史公園」は特に有名な遺跡公園である。

　佐賀県の「国営吉野ヶ里歴史公園」は、邪馬台国の卑弥呼の墓の可能性のある遺構が発見されたということで、2023年度の初めから多くのメディアに取り上げられ、話題となった。この公園は2011年（平成23年）に国営公園として開園以降、年間約60〜75万人が現地を訪れている。2023年4月11日の佐賀新聞の記事によると、2020年度にコロナ禍で約42万7千人まで来場者数が落ち込んだものの、2022年度には急速に来場者数が回復、約68万人が訪れている。そして、石棺の新発見という話題があり、再度注目された。

　日本全国にはこうした大規模な遺跡公園が点在しているが、東京にも遺跡公園は存在している。遺跡公園を「都市公園法や文化財保護法に基づき、都区市が管理する公園で、名称に遺跡・史跡や遺跡の固有名称（住居跡・国分寺跡など）が付く公園」と定義し集成したところ、東京都には32か所の遺跡公園があり、このほかに名称に遺跡・史跡名が含まれない公園が少なくとも40か所、公園化していないが遺跡を保存している場所が約30か所ある。

遺跡の多くは建築工事の前に行われる発掘調査で発見されており、日本全体における件数は 2012 年（平成 24 年）頃から年間 8,000 件前後で推移している（**図 1**）。そして、本章の調査対象である東京都での発掘調査は、2014 年に前年の約 4.5 倍に急増、新型コロナ感染直前の 3 年間は年間 1，000 件前後行われている（**図 2**）。

都内で発見される遺跡には、旧石器時代から江戸時代までの様々な時代が含まれるが、江戸時代の発掘調査の成果を報告する発掘調査報告書の冊数を確認したところ、年間 30 ～ 50 冊が刊行されており（**表 1**）、実際には現地調査が完了して 1 ～ 2 年後に報告書が刊行されるとしても、毎年これだけの数の江戸時代の遺跡が見つかっていることが伺い知れる。

では、日本全体において江戸時代の遺跡（以下、「江戸遺跡」という。）はどのような地域で

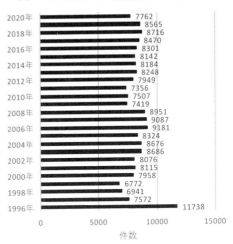

**図 1　日本全体での発掘調査の件数の推移**

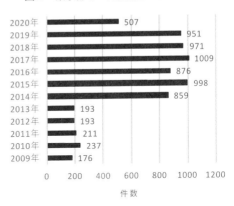

**図 2　東京都での発掘調査の件数の推移**

文化庁『埋蔵文化財関係統計資料令和 3 年度』
データより著者作成

発見が進んでいるのだろうか。2022 年に日本全体で刊行された、江戸遺跡の発掘調査報告書の冊数の内訳によると（**図 3**）、最も刊行数が多かったのはやはり東京都（48 冊）である。このほかに福岡県（24 冊）、神奈川県（21 冊）、京都府（18 冊）、福島県（14 冊）と続くが、他と比較して突出していること

**表1　東京都の江戸遺跡の発掘調査報告書の冊数**

| 刊行年 | 冊数 |
|---|---|
| 2022 | 48 |
| 2021 | 46 |
| 2020 | 39 |
| 2019 | 40 |
| 2018 | 26 |
| 2017 | 32 |
| 2016 | 30 |

江戸遺跡研究会『江戸遺跡研究』第4〜10号より著者作成

が分かる。江戸遺跡の調査では、主として城跡、武家屋敷、町屋、宿場、陶磁器の窯跡等が対象となっているが、東京は江戸城を中心に城下町が形成され、武家屋敷や町屋、寺社地が造られたことから、今でも数多くの江戸遺跡が発見され、発掘調査が行われている。

　ところで、2023年の大河ドラマ「どうする家康」の主人公は江戸を造った徳川家康である。東京は、その家康のゆかりの地の一つである。家康が江戸城に入城して以降、城を中心にまちが築かれ、屋敷や町屋、堀が造られていった。現在、都内には徳川家や江戸時代に関連する場所が公園や庭園として残されており、そこを訪れることができるように整備が進んでいる。

例えば、千代田区の皇居では江戸城の天守の石垣や門を見学できるし、港区の台場公園では江戸時代の終わり（幕末期）の開国に伴う台場が残されているし、文京区の小石川後楽園では水戸徳川家の庭園遺構があるというように、各場所では実際に徳川家や江戸時代の雰囲気が感じられる。

　これらの遺跡公園や遺跡そのものは23区内にコンパクトにまとまっているため、JR、地下鉄のような公共交通機関を利用して、短時間で複数個所を見

**図3　日本全体での江戸遺跡の発掘調査報告書の冊数（2022年刊行分）**

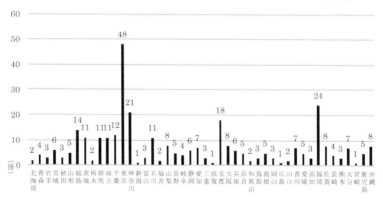

江戸遺跡研究会『江戸遺跡研究』第10号より著者作成

て回ることができる。その意味ではまさに、コロナ禍の時期に近距離型の観光として星のや星野氏が提唱した、マイクロツーリズムの対象として適しているといえるだろう。

　東京はこれまでも多くの観光客が訪れる魅力あふれる観光地であったが、これまで代表的な観光地とみなされてきたエリア以外の場所においても、新たな観光の楽しみ方を模索できるのではないか。その手段として、本章では遺跡公園や遺跡、ゆかりの寺を巡るような「遺跡ツーリズム」を提案し、観光を通じて往時の歴史を感じることの意義について考察する。

## 2　NHK大河ドラマと遺跡ツーリズム

　近年の大河ドラマでは、ゆかりの地の紹介コーナーを設けていて、ドラマの世界観を実際に体験できるような建造物や文化財を紹介している。

**図4　鎌倉殿・13人の重臣ゆかりの地　周遊マップ（鎌倉観光公式ガイドHPより転載）**

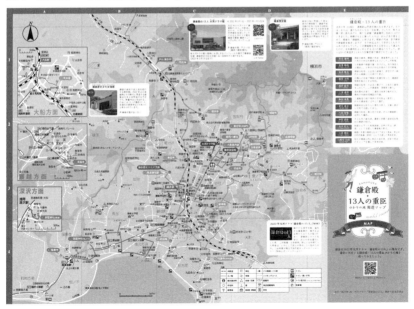

2022 年（令和 4 年）の 61 作目の大河ドラマは、武士政権の始まりを描いた「鎌倉殿の 13 人」で、神奈川県鎌倉市が舞台であった。

## 2.1　NHK大河ドラマ「鎌倉殿の 13 人」に関連した遺跡ツーリズム

NHK大河ドラマ「鎌倉殿の 13 人」は、12 世紀頃の関東に勢力を広げた、鎌倉幕府 2 代目の執権である北条義時を主人公にしたドラマである。ドラマの舞台となったのは、神奈川県鎌倉市であった。

鎌倉市観光協会は、ドラマに合わせて「鎌倉殿・13 人の重臣ゆかりの地周遊マップ」（**図 4**）を作成し、様々なゆかりの地をめぐる「ツーリズム」を提案している。公共交通機関であるJR線鎌倉駅や大船駅、江ノ島電鉄の由比ヶ浜駅や極楽寺駅など、湘南モノレールの湘南深沢駅などを基点に、随所で京浜急行バスを利用しながらめぐるといったルートが示されている。「1．亀ヶ谷坂を抜け山内荘へ」「2．横大路から法華堂へ」「3．六浦路をたどる」「4．比企谷から大町大路へ」「5．極楽寺坂を抜け腰越へ」という 5 つのコースを設定し、ゆかりの場所や塚、寺や神社等をめぐり、ドラマの世界観を体験できるようになっている。放映期間中は、鶴岡八幡宮敷地内に大河ドラマ館が開設され、ファンを楽しませていた。

## 2.2　大河ドラマ「どうする家康」ゆかりの地での観光施策〜静岡県〜

2023 年の大河ドラマ「どうする家康」のゆかりの地として代表的な場所は、東京都以外では、静岡県岡崎市と静岡県静岡市が該当する。

徳川家康が生まれた地である静岡県岡崎市では、「どうする家康」の放送に合わせて、期間限定で「岡崎大河ドラマ館」がオープンし、ドラマを盛り上げていた。家康が幼少期を過ごした岡崎城は、1959 年に 3 層 5 階の復興天守が再建され、岡崎公園として整備されている。

そして徳川家康が 75 年の生涯で最も長く過ごしたのは、駿府と呼ばれる現在の静岡県静岡市であった。そんな家康ゆかりの地である静岡市では、こちらも岡崎市と同様に、期間限定で「静岡大河ドラマ館」がオープンしていた。

静岡市では、かねてより当地の歴史、文化、自然等を対象とした観光ボランティアガイドが積極的に活動を行ってきた。ボランティアガイド団体「駿府ウ

エイブ」は、1998 年（平成 10 年）に発足し、家康使用の甲冑を所蔵する「静岡浅間神社」や家康の居城であった「駿府城東御門・巽櫓<ruby>巽櫓<rt>たつみやぐら</rt></ruby>」、駿府城天守台跡の発掘調査の情報を展示する「きゃっしる」等で活動を実施している。

　駿府城は現在、静岡市都市局公園整備課が管理する駿府城公園という遺跡公園として公開されている。市制 100 周年記念事業の一環で、1989 年（平成元年）に巽櫓が復元され、1996 年（平成 8 年）に東御門<ruby>東御門<rt>ひがしごもん</rt></ruby>が復元され、2014 年（平成 26 年）に坤櫓<ruby>坤櫓<rt>ひつじさるやぐら</rt></ruby>が復元されており、往時の姿を感じられるように整備されている。

## 3　徳川家・江戸時代の歴史を感じる東京での遺跡ツーリズム

### 3.1　東京における観光施策

　東京都は、「Tokyo Tokyo Old meets New」というキャッチフレーズのもと、様々な観光施策を展開している。東京の公式観光サイト「GO　TOKYO」では、エリアガイド・見どころ・旅の計画という項目から検索可能となっていて、見どころの「伝統＆歴史」のテーマ別の「史跡」のページを開くと、皇居や歴史スポット（旧岩崎邸庭園、神田明神、浅草寺等）が紹介されている。

　この他に、東京と他の地域との連携を図りながら外国人旅行者誘致を推進する「ONE MORE STEP FROM TOKYO」、多摩や島しょ地域に旅行者を誘致する取組み「TAMASHIMA.TOKYO」、東京でのナイトライフを楽しむためのガイド「Tokyo Night Story」などの情報発信を行っている。

　また、東京都産業労働局は「TOKYO 観光ガイドブック」を作成し、都内の観光スポットを巡る観光 11 コースの提案や、東京都内を 8 つのエリアに分けて観光スポットやお土産・グルメなどを紹介しており、気軽にダウンロードできるようにもなっている。

　江戸城のある千代田区観光協会では、大河ドラマ「どうする家康」に関連したイベント「丸ノ内線 江戸巡り ～目指せ！徳川埋蔵金～」を開催している。東京メトロ丸の内線で移動しながら江戸に関連する史跡を訪れ、アプリで遊べる仕掛けを取り入れることで、区内の観光客における新たなファンの獲得を進めている。

## 3.2　徳川家・江戸時代を感じる遺跡公園・遺跡巡り

**写真1　徳川家・家紋「葵紋」のある絵馬**

筆者撮影：2023年7月28日

　東京には、徳川家・江戸時代の歴史を感じられるような遺跡公園や遺跡、ゆかりの地は豊富にあるが、ここでは代表的なものとしてテーマ別に10か所を取り上げる。テーマは5つ、「テーマ1　江戸の中心地を巡る」「テーマ2　江戸を守る」「テーマ3　徳川家のお屋敷」「テーマ4　徳川家ゆかりの寺」「テーマ5　江戸時代の大名屋敷」とし、観光客がそれぞれ学びたいことや興味の対象によって動機づけられ、各コースを選択できるような内容として設定している。

**図5　対象とする遺跡公園・公園・ゆかりの寺の位置**

| No. | 名称 |
|---|---|
| ❶ | 江戸城（皇居） |
| ❷ | 外桜田門・田安門・清水門 |
| ❸ | 外濠公園 |
| ❹ | 台場公園 |
| ❺ | 浜離宮恩賜庭園 |
| ❻ | 小石川後楽園 |
| ❼ | 寛永寺 |
| ❽ | 増上寺 |
| ❾ | 六義園 |
| ❿ | 旧安田庭園 |

## テーマ１　江戸の中心地を巡る

### （１）　徳川家康ゆかりの城・江戸城〈皇居〉

　江戸城は、現在の皇居にあたる場所で、内堀に囲まれた敷地全体が「特別史跡江戸城跡」（昭和 35 年 5 月付）に指定され、多くの観光客が訪れている。この城はもともと、中世の武将である太田道灌の城と言われ、その後、豊臣秀吉による小田原北条氏の征伐後に徳川家康が入城、徳川家 2 代の秀忠を経て、3 代の秀光の時期に城内の整備がほぼ完成した。

写真２　江戸城天守台

写真３　江戸城内の堀

著者撮影：写真2、3、2023年8月11日

　江戸城の見学入口である皇居東側の大手門は、江戸時代の武家が登城に使用した入城口の一つである。武家気分で城内に足を踏み入れると、城を構成する様々な建造物が残されている。石積みの天守台は、徳川家の初代家康、2 代秀忠、3 代秀光が築き直したもので、天守は江戸の大きな大火である明暦の大火（1657 年）に焼失し、その後は再建されなかった。

### （２）　江戸城への入口　＜外桜田門・田安門・清水門＞

　皇居の北側・北の丸公園内にある田安門と清水門、皇居の南側にある外桜田門は、国指定の重要文化財に指定された、江戸時代の姿を色濃く残す城門である。これらの門はいずれも桝形（ますがた）と呼ばれる構造で、外から来るとまず高麗門（こうらいもん）をくぐって L 字に進み、二つ目の門である櫓門（やぐらもん）をくぐって進む。直進出来ないことで防御機能を持たせるという造りになっている。また、清水門をくぐった先は高くて歩きにくい石段が続いており、台地の端という地形と当時の登城

の大変さを体感できる。

写真４　外桜田門　　　　　写真５　田安門　　　　　写真６　清水門

著者撮影：写真４、2023 年 8 月 11 日・写真５、6、2023 年 7 月 30 日

### テーマ２　江戸を守る

#### （３）　江戸城を守る外濠〈外濠公園〉

　江戸城の守備固めである外濠は、総延長が約 14㎞、1636 年（寛永 13 年）
にその全域が完成した。外濠の幅は水面で約 60 ｍ、地表で約 100 ｍである。
外濠のうち江戸の西側にあたる約 4㎞部分は「国史跡江戸城外堀跡」に指定
されていて、その一部が公園として整備されている。堀の東側にある土手の上
を歩くと、堀の水面を見下ろしながら散歩することができる。ＪＲ中央線飯田
橋駅付近に残る牛込門桝形石垣は、城門のひとつであり、徳島県の大名である
蜂須賀家の築造を示す刻印も確かめられる。

写真７　外濠遠景　　　　　　　写真８　牛込門石垣

著者撮影：写真７、8、2022年12月20日

**（4）　江戸を守る品川台場〈台場公園〉**

写真9　台場公園遠景

　品川台場とは、江戸時代の終わりの1853年（嘉永6年）に外国船の襲来に備える海防目的で品川沖に建造された砲台のことで、最終的には6基築かれた。現存しているのは、第3台場と第6台場で、第3台場は都立台場公園として現地を訪れることができる。海水面から5〜7mまで石垣が築かれ、内部のくぼ地には陣屋や弾薬庫等が設置されていた。沖に面した南側には砲台台座が復元されていて、VR技術を利用したアプリを使って、往時の姿を体感することが可能である。

写真10　台場砲台跡（復元）

著者撮影：写真9、10、2023年1月7日

## テーマ3　徳川家のお屋敷

**（5）　徳川家の別邸〈浜離宮恩賜庭園〉**

　都心に広大な敷地を持つ、江戸を代表する庭園である。もともと徳川家の鷹狩場であった場所に、1654年（承応3年）、4代家綱の弟である松平綱重が浜屋敷を建て、綱重の子（家宣）が6代将軍となって以降は将軍家の別邸となった。海辺にあるこの屋敷の池は、海水を引き入れた「潮入の池」となっており、潮の干満により水面が変化する美しい和風庭園である。

写真11　浜離宮恩賜庭園

著者撮影：2023年3月28日

**（6）　水戸藩徳川家のお屋敷〈小石川後楽園〉**

　1629年（寛永6年）に、水戸藩の徳川頼房が屋敷として造作し、その後

「水戸黄門」として知られる2代光圀が完成させた。光圀は庭の造成に際して、明の儒学者である朱舜水の意見を取り入れたことから、中国風な雰囲気を持つ。大小3つの池を中心に円月橋やお堂を見ながら周囲を回遊し、最も大きな池・大泉水の端には白糸の滝から豊富な水の流れがある。非常に美しい佇まいの庭園である。

**写真12　小石川後楽園**

**写真13　白糸の滝**

著者撮影：写真12、13、2023年7月30日

**写真14　寛永寺入口**

**写真15　5代綱吉霊廟**

著者撮影：写真14、15、2023年7月28日

**テーマ4　徳川家ゆかりの寺**

**（7）寛永寺**

　寛永寺は、1625年（寛永2年）に慈眼大師天海大僧正によって建立された、天台宗の寺院である。江戸城の鬼門（東北）に位置する上野の地で、はじめは徳川幕府の安泰等を祈願する寺として、後に4代目の徳川家綱が埋葬されて以降は、徳川将軍家の菩提寺も兼ねるようになった。4代家綱以降は、5代徳川綱吉、8代徳川吉宗、10代徳川家治、11代徳川家斉、13代徳川家定の霊廟が作られた。

## （8）増上寺

　増上寺は、1393 年（明徳四年）に千代田区平河町付近で浄土宗の寺院として開かれ、その後江戸の地を徳川家康が治めるようになり、1590 年（天正18 年）に徳川家の菩提寺となった。1598 年（慶長 3 年）には、現在の港区芝の地に移転した。境内には三解脱門、経蔵、大殿などが建立する、都内でも随一の広さを持つ寺院である。

　徳川家の墓所には、2 代徳川秀忠、6 代徳川家宣、7 代徳川家継、9 代徳川家重、12 代徳川家慶、14 代徳川家茂の六人が埋葬されている。

写真 16　増上寺

写真 17　三解脱門

著者撮影：写真16、17、2023 年 7 月 28 日

## テーマ5　江戸時代の大名屋敷

## （9）大名・柳沢吉保のお屋敷〈六義園〉

写真 18　六義園

　5 代徳川綱吉の治世で活躍した、川越藩主の柳沢吉保の屋敷跡で、1702 年（元禄 15 年）に造成された。池を中心に周囲を回遊できるようになっており、渡月橋や滝見茶屋等を眺めながら緑の中を散策できる。庭園内で一番高い「藤代峠」と呼ばれる築山に登ると、池と緑の美しい庭園を眼下に眺めることができる。

著者撮影：2023 年 7 月 28 日

## （10）大名・本庄宗資のお屋敷〈旧安田庭園〉

　現在の茨城県にあたる常陸国の笠間藩主である本庄宗資が、元禄年間（1688
～1703年）に築造したと伝わる庭園である。江戸時代は、近くを流れる隅田
川から池へと水を引いていた、いわゆる「潮入の池」であった。現在は、地下
の貯水タンクにためた水を流出することで、潮入の池の趣を維持している。

写真19　旧安田庭園 　　　写真20　取水口

著者撮影：写真19、20、2023年7月30日

## 4　おわりに　～東京での遺跡ツーリズムの意義～

　以上のように、都内で徳川家や江戸時代の歴史を感じられるような遺跡ツー
リズムの対象として、5つのテーマ別に10か所の遺跡や遺跡公園、ゆかりの
寺といった観光対象を取り上げた。

　「テーマ1　江戸の中心地を巡る」では、江戸城とその周辺にある城門3か
所を取り上げた。江戸城の天守台や城門は巨石を積み上げた巨大な建造物であ
り、実際に訪れるとその大きさに驚き、徳川家の天下普請（土木工事のこと）
のスケールの大きさに目を奪われるだろう。また清水門の先の歩きにくい階段
は、まさに台地の端という旧地形が形作った傾斜であり、江戸城が江戸を見下
ろす台地の端に立っていることがよく分かる。

　「テーマ2　江戸を守る」では、外濠公園と台場公園を取り上げた。江戸時
代の異なる構築時期ではあるものの、いずれも江戸を守る目的で造られた石の
構造物である。外濠は、江戸城を中心としたまちの外郭を守る役目を持ってお

り、江戸城の本丸からは西の最も遠い四谷付近で約2.3kmの距離にあることから、江戸のまちの広がりが感じられる。台場は、幕末期の海防施設であるが、海上に造られた強固な構造物であり、その技術の高さと大きさに驚かされる。テーマ1と同様に、江戸時代の土木技術の高さが感じられるだろう。

　「**テーマ3　徳川家のお屋敷**」では、浜離宮恩賜庭園と小石川後楽園を取り上げた。いずれも徳川家のお屋敷の庭園部分を保存した公園で、美しい和風庭園を堪能できる。浜離宮恩賜庭園は海辺という立地を活かした海水を取り込む「潮入の池」を特徴とし、25万㎡超の広大な敷地を散策できることから健脚向きである。小石川後楽園は、水戸の黄門様として有名な水戸光圀公のお屋敷跡である。都心にありながらも、徳川家の屋敷の美しい佇まいを今に伝える庭園である。どちらの庭園も、池のそばに立つ茶屋では抹茶と和菓子を楽しむことが出来て、休憩にも適した場所である。

　「**テーマ4　徳川家ゆかりの寺**」では、寛永寺と増上寺を取り上げた。寛永寺には4代家綱、5代綱吉、8代吉宗、10代家治、11代家斉、13代家定の墓所が、増上寺には2代秀忠、6代家宣、7代家継、9代家重、12代家慶、14代家茂の墓所があり、いずれも江戸を代表する寺院である。江戸の基礎を築いた初代家康と3代家光の墓所は、栃木県日光市にある日光東照宮と大猷院（たいゆういん）にあり、残念ながら東京では拝むことが出来ないが、寛永寺にある5代綱吉霊廟の勅額門（**写真15**）は日光東照宮にも似た艶やかさを持つ建造物であり、一見の価値がある。また、今回は取り上げなかったが徳川家最後の将軍である15代慶喜の墓所は、台東区谷中の谷中墓地の一角にあり、これまでの将軍と異なる神式で葬られている。こちらもゆかりの地の一つである。

　「**テーマ5　江戸時代の大名屋敷**」では、六義園と旧安田庭園を取り上げた。六義園は川越藩主の柳沢吉保の屋敷跡で、旧安田庭園は常陸国の笠間藩主の本庄宗資の屋敷跡であり、いずれも徳川家以外の大名屋敷を見学できる庭園である。六義園は高低差のある変化に富んだ風景を持つ和風庭園である。旧安田庭園は隅田川沿いに立地し、そこからの水を池水として引き込む「潮入の池」であり、海の水を取り込む「潮入の池」である浜離宮恩賜庭園とはまた趣の異なる庭園である。自然の地形や立地の特徴を生かした庭園の造作を知ることができる。

　このような遺跡ツーリズムにはどのような意義があるのだろうか。

　歴史的な遺跡を巡る機会は主に学生時代の修学旅行で、その後は別の目的での旅行の際に地域の観光地として訪れることが多い。フンク（Funck 2008）は文化・遺産を対象とする観光について、個人の興味・関心で計画され、そこでの学びはその地域の自然や文化と深い関連があるとしている。また、フンクは文化・遺産を対象とする観光は教育的で解釈的な側面が強く、観光に際しては解釈や説明が重要としており、その伝える手段としてのガイドは旅行者に対して充実した情報提供と見学の際のルールを教える役目を持ち、「経験の管理者」であるとする。

　本章の遺跡ツーリズムは、テーマ性や学びの目的を持ったルート設定を行っていることから「経験の管理」されたツーリズムであり、ガイドを伴う旅行に似た体験ができると考える。各ルートを巡ると江戸時代の土木技術の高さや高低差や水辺の近さのような自然地形を活かした造作技術の高さ、和風庭園の美しさ等を知ることが可能となり、これらをいくつか、または全て巡ることで徳川家や江戸時代についての理解をより深められるだろう。さらに東京都内各所に残された徳川家や江戸時代に係わる遺跡を見ることで、現在の東京のまちは江戸時代の歴史の上に、または延長線上に成り立っていることが分かる。

　今回取り上げた遺跡や遺跡公園、ゆかりの寺の10か所は、戦災や開発等を免れて、現在も目に見える形で残っている貴重な遺跡である。

　一方、冒頭に記したとおり、東京都では年間1,000件前後の発掘調査が行われ、年間30〜50冊ほどの江戸遺跡の発掘調査報告書が刊行されている実態がある。これらの遺跡の多くは、発掘調査が終了した後、報告書にその成果が記載されるに留まるといった状況にある。発掘調査後に消滅した遺跡とは、すなわち目に見えない遺跡といえる。

　江戸遺跡の発掘調査が日本全体で最も多い東京において、江戸時代のことを学ぶのであれば、目に見える遺跡だけでなく目に見えない遺跡も併せて学べる機会があると良いのではないだろうか。

　例えば、江戸城やその周辺にある城門を訪れた際に、その周辺の発掘調査で発見された大名屋敷等の遺跡がスマホ等で気軽に見られるような仕組みがあると良い。地図上の位置をクリックすると、発掘調査時の写真や成果の概要、

出土遺物が視覚的に見られると、視覚的にも分かりやすい。発掘調査の平面的な図面を3Dの情報として立体的に提示するとさらに効果的だが、地下の情報であるという考古学の性質上、3Dでの復元は部分的なところから始めるのが適切だろう。

　また、例えば六義園や旧安田庭園などの大名庭園を訪れた際に、周辺の発掘調査の成果を確認することができたり、他の類似する庭園等が広範囲の分布図で閲覧できたりすると、連鎖的に関連遺跡を訪れることが可能となり、庭園や大名屋敷への理解が深まると考えられる。

　将来的に、目に見えない遺跡を、新たな技術によってますます可視化することができれば、より多くの人が気軽にその情報にアクセスできるようになる。これは、遺跡ツーリズムの新たな拡張として、その意義と可能性を導くことができるだろう。

表2　徳川家・江戸時代の歴史を感じる東京の遺跡公園・遺跡・ゆかりの寺の見学方法

| 1 | 江戸城（現：皇居）<br>（千代田区千代田 1） | 見学方法：無料、宮内庁ホームページ「皇居東御苑」を参照。 |
|---|---|---|
| | | アクセス：東京メトロ・都営地下鉄大手町駅から徒歩。 |
| 2 | 田安門・清水門<br>（千代田区北の丸公園）<br><br>桜田門<br>（千代田区皇居外苑 1） | 見学方法：自由。皇居外苑北の丸公園地区内にある。 |
| | | アクセス：地下鉄東西線・半蔵門線、都営地下鉄九段下駅。 |
| | | 見学方法：自由。 |
| | | アクセス：地下鉄有楽町線桜田門駅から徒歩約 5 分。 |
| 3 | 外濠公園<br>（千代田区・新宿区<br>・港区） | 見学方法：自由。 |
| | | アクセス：ＪＲ・東京メトロ・都営地下鉄（飯田橋駅、市ヶ谷駅、四ツ谷駅、永田町駅）各駅利用 |
| 4 | 台場公園<br>（港区台場 1） | 見学方法：自由。 |
| | | アクセス：ゆりかもめ線お台場海浜公園駅から徒歩約15分。 |
| 5 | 浜離宮恩賜庭園<br>（中央区浜離宮庭園 1） | 見学方法：有料、開園時間 9 時～ 17 時（入園は 16 時半まで）。 |
| | | アクセス：都営大江戸線汐留駅、築地市場駅、ゆりかもめ汐留駅から徒歩約 7 分ほか。 |
| 6 | 小石川後楽園<br>（文京区後楽 1） | 見学方法：有料、開園時間 9 時～17 時（入園は16時半まで）。 |
| | | アクセス：ＪＲ総武線・東京メトロ・都営地下鉄（水道橋駅、飯田橋駅、後楽園駅）各駅利用。 |
| 7 | 寛永寺<br>（台東区上野桜木 1） | 見学方法：無料、開園時間 9 時～ 17 時。 |
| | | アクセス：ＪＲ線上野駅、鶯谷駅利用。 |
| 8 | 増上寺<br>（港区芝公園 4） | 見学方法：無料。 |
| | | アクセス：ＪＲ・東京モノレール浜松町駅、都営地下鉄大門駅利用。 |
| 9 | 六義園<br>（文京区本駒込 6） | 見学方法：有料、開園時間 9 時～ 17 時（入園は 16 時半まで）。 |
| | | アクセス：ＪＲ・東京メトロ駒込駅徒歩約 7 分。 |
| 10 | 旧安田庭園<br>（墨田区横綱 1） | 見学方法：無料、開園時間は季節により変動。 |
| | | アクセス：ＪＲ・都営地下鉄両国駅利用。 |

## ＜参考・引用文献＞

江戸遺跡研究会（2017）『江戸遺跡研究』第 4 号から第 10 号

野井 英明・太田 泰弘・梅﨑 惠司（2013）「黒崎城跡（遺跡）とその周辺をフィールドとした野外観察の環境教育効果の検証と意義」『環境教育』vol.23-2

公益社団法人鎌倉市観光協会（2023）「鎌倉殿×13 人の重臣たち　鎌倉時代をめぐる旅」(最終閲覧日2023 年 7 月 24 日)https://www.trip-kamakura.com/site/2022kamakuradono/

公益財団法人東京都公園協会「特別史跡・特別名勝　小石川後楽園」

公益財団法人東京都公園協会「特別名勝・特別史跡　浜離宮恩賜庭園」

公益財団法人東京都公園協会「特別名勝　六義園」

静岡市観光ボランティアガイド駿府ウエイブ（最終閲覧日2023 年 7 月 23 日)https://sumpuwave.com/

静岡市大河ドラマ館「家康公が愛した街　静岡」(最終閲覧日2023 年 7 月 23 日)https://www.shizuoka-ieyasu.jp/

すみだ観光サイト「旧安田庭園」(最終閲覧日2023 年 7 月 29 日)https://visit-sumida.jp/post_location/kyu-yasudateien/

大本山増上寺（最終閲覧日2023 年 7 月 24 日)https://www.zojoji.or.jp/

千代田区観光協会（2023）「公募型プロポーザル方式による提案書募集に関する公表［徳川家康に関する資源を活用した千代田区観光プロモーション業務］」

千代田区（2019）「国史跡江戸城外堀跡ガイドマップ」

東叡山寛永寺（最終閲覧日2023 年 7 月 24 日)https://kaneiji.jp/#gsc.tab=0

東京都教育庁地域教育支援部管理課（2016）「東京文化財ウィーク 旧江戸城を歩いてみませんか」

東京都産業労働局（2022）「東京都観光データカタログ」(最終閲覧日2023 年 7 月 4 日)https://data.tourism.metro.tokyo.lg.jp/data/

東京都産業労働局「東京都の観光施策」(最終閲覧日2023 年 7 月 4 日)https://www.sangyo-rodo.metro.tokyo.lg.jp/tourism/shisaku/

東京都産業労働局「令和 4 年東京都観光客数等実態調査」(最終閲覧日2023 年 7 月 4 日)https://www.sangyo-rodo.metro.tokyo.lg.jp/toukei/tourism/jittai/r4-jittai/index.html

TOKYO ユニバーサルウォーキング 2022 事務局（最終閲覧日2023 年 6 月 30 日)「TOKYO ユニバーサルウォーキング 2022」

Funck, Carolin(2008)「「学ぶ観光」と地域における知識創造」『地理科学』vol.63 no.3.

文化庁地域文化創生本部（2022）『文化に関する世論調査 – ウェルビーイングと文化芸術活動の関連 – 報告書』

文化庁文化財第二課（2023.3）『埋蔵文化財関係統計資料－令和 3 年度－』

# 第14章　まちあるきと観光

鈴木　里奈

## 1　はじめに―ポストマスツーリズムとしてのまちあるき

　近年、「観光まちづくり」という言葉が浸透し、観光にも地域活性化の期待が寄せられる。観光まちづくりは、観光での経済的な利益の追求だけでなく、観光者と地域住民の交流を促進し、地域と持続的に関わりを持つ外部の人材を増やすことを目的としている。国土交通省は、2016年に「観光まちづくりガイドライン」を発表しており、地域が主体となるまちづくりに対して、地域内外の人々の関心を高めようとしている（国土交通省 2016）。観光は本当にまちづくりに役立つのだろうか。

　観光は、地域内外の人々の交流を生み出す機会となる。本書の「まえがき」で示されたように、ポストマスツーリズムとは、経済効果のみならず、「観光客と現地住民との対等な関係性がつくり出す、人々の新たな連帯」（5頁）をもたらしうる。いわゆる旧来の伝統とは違う、新しい伝統や文化の創造が期待される視点である。

　こうした問題意識から、本章では、ポストマスツーリズムが生み出す人々の交流に着目し、主に2つの問いに取り組む。第1に、ポストマスツーリズムの現場で、どのように人々の交流が生まれるのだろうか。第2に、こうした交流は、従来の大衆型の観光（マスツーリズム）が抱える、観光者と地域住民の間に生じる「非対称性＝暴力性」を、どのように緩和しうるのか。これらを、ポストマスツーリズムのひとつである「まちあるき」の事例から紐解き、観光がまちづくりに対して果たしうる役割を示したい。

　ここで、「まえがき」で大枠が示された、観光者と地域住民の非対称性＝暴力性に関する学術的な課題を整理しておこう。観光人類学の分野では、L.ス

ミス（Smith 1989=2018）が提唱した「ホストとゲスト論」を軸に、観光者と
地域住民の間に生じる非対称的な権力関係が指摘され、これは観光が持つ暴力
性のひとつとして問題視された。従来の観光における関係性では、ホストは
「自身の文化を演出／創造／販売」し、他方でゲストは「ホストの文化を解釈
／鑑賞／消費」すると捉えられてきた（市野澤 2018）。こうした観点は、植民
地主義的な権力関係がもたらす問題を顕在化させたが、観光者と地域住民を、
見る者／見られる者とする、非対称的な視座を固定化してしまう。

　一方、ポストマスツーリズムでは、ホストとゲストの流動的な関係性が指摘
されている（Urry & Larsen 2011=2014; 渡部 2017）。とくに、コンテンツツーリ
ズムやアートツーリズムでは、まちづくりへ参加していく観光者が現れてい
る（山村 2009）。こうした状況では、ホストとゲストの役割が入れ替わり、見
る者であるはずの観光者が、見られる者、すなわち演じる側へと転じる場合が
ある（岡本 2012; 須藤 2018）。しかしながら、こうした研究は役割の転換を指
摘するにとどまり、見る者／見られる者の間に生じる非対称性が緩和される過
程は明らかにされていないため、本章の課題とする。

## 2　清水沢まちあるきの概要と観光研究

### 2.1　清水沢まちあるき―特徴と位置づけ

　本章は、北海道夕張市で毎月開催されている「清水沢まちあるき」を事例と
する。産炭地として栄えた夕張は、石炭産業の最盛期には 12 万人ほどの人口
を抱えていたが、現在は 7 千人を下回る。全国各地と比べても人口減少と過
疎化が非常に激しい地域であり、地域住民だけでは十分なまちづくりが行え
ず、地域外の人々の参加と連帯が必要とされている。

　清水沢まちあるきは、一般社団法人清水沢プロジェクト（以下、清プロ）の
Ｓ氏が案内人となり、毎月第 4 土曜日に 2 時間程度で行われる。2015 年に始
まり、2023 年 5 月で 8 周年を迎えた。Ｓ氏と参加者は、様々な行程で清水沢
を歩く。

　清水沢まちあるきで観光対象となるのは、主に炭鉱の暮らしと関連する地域
資源である。参加者は、今と昔の地図を見比べながら街の変遷を辿り、自由に

会話をしながら清水沢を巡る。道中で目にする有形の炭鉱遺産は勿論のこと、石炭産業を支えた街の生活文化にまつわる話など、無形の記憶がまちあるきを一層豊かにする。S氏は、学生であった2008年から、夕張の地域資源を活用した観光まちづくりに携わっている。

　S氏が代表を務める清プロは、2016年に設立された法人であり、夕張の清水沢地区を中心に、炭鉱遺産を保存・活用したまちづくりに取り組んでいる。法人の目的は「地域の象徴である有形無形の炭鉱遺産や地域資源を保存・活用することを通じ、地域内外の人々が相互に尊敬しあう関係を構築し、両者がともに歩む、楽しく誇りある健やかな地域づくりの推進に寄与すること」（清プロ2019a、一部抜粋）である。

　また、夕張市は、2018年から総務省が実施している「関係人口創出・拡大事業」のモデル事業採択団体であり、清水沢まちあるきは、この連携企画である。総務省の定義によれば、関係人口とは、「移住した『定住人口』でもなく、観光に来た『交流人口』でもない、地域と多様に関わる人々を指す言葉」（総務省2018a）である。このように、夕張はまちづくりに参加する地域外の人々を積極的に生み出そうとしており、その目的と背景は以下の通りである。

　　現在は人口8,000人を切っている夕張市ですが、かつて炭鉱で栄えていた頃には、最大で約12万人もの人口を擁したこともあり、現在の人口以上に夕張に縁を持つ方は多いと考えています。そうした縁を持つ方やそのご家族、さらには、夕張メロンといった特産品などを通じて夕張のファンになっていただいた方、観光やふるさと納税を通じて夕張に興味を持っていただいた方など、これらの皆様を関係人口（夕張Likers）として位置づけ、市民との交流等を通じて、まちづくりや地域の活性化を進めていきたいと考え、取組を開始しました（総務省2018b）。

　この事業は、夕張市と清プロ（みんなでつくる夕張の記憶ミュージアム）、NPO法人あ・りーさだ（みんなで高める夕張コミュニティ）により実施されており、清プロは歴史・文化の継承（機会の提供）を担う。以前から清プロにより行われていた清水沢まちあるきは、この一環に位置づけられた。

## 2.2　まちあるきと観光研究

　日本のまちあるきの先駆けは「長崎さるく」であり、その目的はコミュニティの活性化であった（茶谷 2012）。さるくは、長崎弁で「ぶらぶら歩く」という意味を持ち、2006 年に実施された「長崎さるく博」の集客は 700 万人を超え、新しい形態の観光として注目を集めた。この仕掛け人の茶谷幸治によれば、まちあるきは「赤裸々な人間どうしが赤裸々な生活環境とぶつかり合う」ものであり、街を観光資源として地域内外の人々の交流を生み出そうとする点が、観光まちづくりの政策と軌を一にする。

　まちあるきは、観光学で広く研究されている。たとえば、金明柱（2023）は、ホストとゲスト論が抱える課題を丁寧に整理したうえで、まちあるきを分析し、両者の相互作用を読み解いた。金は、参加者が対等に語り合う関係性であることに着目し、共同性の観点から「共にいる」ことの重要性を示した。ただし、金の論点はあくまでホストとゲストの関係性にあり、交流がまちづくりに及ぼす影響など、観光者と地域の関係性を分析するものではない。

　一方、観光者と地域の関係性に着目しているのは、交流人口や定住人口を問題とする研究である。近年は、この中間の存在として、関係人口という概念が注目を集めており、「交流人口、定住人口および関係人口は、別の存在や固定した存在ではなく、三者間で相互に移行することが可能」（田原・敷田 2023:50）だと考えられている。こうして、様々な立場で地域に関わる人々をグラデーションとして認識することは、観光とまちづくりの結びつきを考察する際に示唆に富む。

　本章は、こうした関係人口の視点を取り入れて、ポストマスツーリズムが生み出す人々の交流に着目していきたい。調査は、Ｓ氏と参加者に協力をいただき、第 92 回清水沢まちあるきが開催された 2023 年 5 月 27 日に行った。参加者が自然にまちあるきを楽しめるように、参与観察の形式をとった。著者は、街を歩きながら参加者との交流を深め、連絡先を交換した。当日のインタビューに加えて、来歴や参加の動機、感想について、後日ＳＮＳや電話で追加調査を行った。

## 3　まちあるきが生み出す偶発的な交流

### 3.1　清水沢まちあるきの参加者と行程

　2023 年 5 月 27 日の清水沢まちあるきの参加者は、著者と清プロの S 氏を含めて 16 名であった。そのうち、全行程への参加者は 11 名であり、市内外の参加者が半々程度であった。全行程への参加者の年齢と性別、出身地、現在の居住地は、以下の**表 1** のとおりである。

表 1　参加者の属性

|  | 年齢 | 性別 | 出身／居住 | 清水沢との関係性 |
|---|---|---|---|---|
| A 氏 | 14 | 女性 | 夕張／夕張 | 南清水沢在住。 |
| B 氏 | 51 | 女性 | 夕張／夕張 | 高校卒業まで清水沢に居住、9 年ほど前から南清水沢在住。 |
| C 氏 | 43 | 男性 | 夕張／夕張 | 高校卒業まで夕張に居住。札幌を経て、16 年ほど前から清水沢在住。 |
| D 氏 | 60 | 女性 | 釧路／夕張 | 釧路と美唄を経て、小中高生の間は清水沢に居住。江別を経て、20 年ほど前から清水沢在住。 |
| E 氏 | 46 | 女性 | 夕張／夕張 | 高校卒業まで夕張に居住。札幌を経て、南清水沢在住。かつて祖父母が清水沢に居住。 |
| F 氏 | 62 | 男性 | 夕張／札幌 | 高校卒業まで夕張に居住。高校生の間は清水沢に居住。 |
| G 氏 | 64 | 男性 | 夕張／札幌 | 高校卒業まで清水沢に居住。 |
| H 氏 | 75 | 男性 | 夕張／札幌 | 夕張に居住し、30 歳頃まで坑員として勤務。 |
| I 氏 | 62 | 女性 | 小樽／岩見沢 | 親の転勤により、小学生の数年間のみ、清水沢に居住。 |
| J 氏 | 50 代 | 男性 | 芦別／芦別 | |
| K 氏 | 34 | 男性 | 美唄／美唄 | |

　A 氏と B 氏、C 氏と D 氏はそれぞれ家族であり、A 氏と B 氏は初参加であった。著者は産炭地の美唄出身、札幌在住であり、著者と参加者 C 氏、D 氏、E 氏、J 氏、K 氏は、炭鉱遺産に関連するイベントなどで面識がある。まちづくりが対象とする地域の範囲には様々な定義があるが、本章では夕張をひとつの地域

とみなし、市内外からの参加者を区別したうえで、参加者と地域の関わりについて詳述していきたい。

　S氏によれば、今回の清水沢まちあるきの参加者は、普段と比較して市内からの参加者が多く、市外からの参加者が少なかった。傾向としては、市外からの参加者が大半であることが多い。また、市外からの参加者には夕張の出身者が多く、リピーターは 8 〜 9 割を占める。そこに新聞などのメディアやＳＮＳを見た新しい観光者が加わり、平均的な参加者は 7 〜 8 人ほどである（S氏、6月 24 日、聞き取り）。

　夕張と同じく、産炭地として栄えた芦別と美唄から参加した J 氏と K 氏は、炭鉱夫の格好を再現した服装で登場した。彼らは、炭鉱夫を体現しており、夕張周辺の炭鉱遺産を活用した観光の場に頻繁に登場し、写真撮影にも笑顔で対応してくれる。J 氏は、炭鉱での労働経験があり、知識も豊富であるため、炭鉱の労働や生活に興味を持つ参加者がいた場合は、質問に答えてくれる元炭鉱夫としての役割を果たす。

　それでは、今回の清水沢まちあるきの行程をみていこう。清水沢駅前の商店街にある菓子店をスタート地点として、A 氏と B 氏の親戚が経営する酒店を見学し、北町を散策した。その過程で、近隣の地域に移転した飲食店の旧店舗、時代を感じさせるスナックのちぎれたネオンサイン、創意工夫がなされたゴミステーション、かたぎりの山など、街の興味深い箇所を各自が発見し、共有することで話が弾んだ。その後、火葬場を見学し、総合グラウンドの跡や北緯43 度の地点、道端の残雪、特徴的な形状の信号機、廃線跡を確認しながらスタート地点へ戻った。このように、目に触れた様々なものが話題となった。なお、行程と様子は S 氏によってアーカイブされ、清プロの Facebook で公開されている。

## 3.2　参加者同士の会話、深まる交流

　清水沢まちあるきは、参加者が交流する機会となっていた。その例として、参加者が記憶を語り合った場面を記述しておきたい。

　参加者は、街を歩きながら気になる場所を探す（**写真 1**）。とある山の横を通ったとき、一同は足を止めた。参加者によれば、ここは清水沢小学校のスキー授

業で使われていた「かたぎりの山」（**写真 2**）だという。清水沢小学校に通って
いた B 氏は「学校の授業で、この山でスキーをしていた。登るのが大変なのに、
滑るのは一瞬だった」と語った。また、I 氏は小樽出身であるが、小学生の
数年間を清水沢で暮らしており、「家からスキーを履いて、この山を越えて友
達の家へ遊びに来ていた。道路は遠回りになるから、山を越えたほうが早かっ
た」と語った。大きな道路は山を挟んで V 字に曲がっていることから、確かに
近道のようではあるが、今の生い茂った山の様子からは想像しがたい近道で、
ほかの参加者は「え！ほんとに！？」と驚きを隠せない様子だった。

**写真 1　清水沢まちあるきの様子**　　　　**写真 2　かたぎりの山**

（筆写撮影）

　また、高校生の期間を清水沢で暮らした G 氏は、当時の建物や景観について
説明を加えていた。こうした状況ついて、10 代の参加者である A 氏は、「夕張
に住んでいても知らなかった話が沢山出てくる」と述べた。そして、スキーか
ら坂の話題になり、F 氏は自身が通った若菜東小学校の冬の生活について「学
校までの坂が急で、埋まった先生の車をみんなで何度も押した」と語った。
　このように、参加者は各々の経験に基づく記憶を語り合った。まちあるきで
は、参加者同士が語り合う状況が生まれるため、彼らはホストにもゲストにも
なりうる（金 2023）。参加者の大半が、清水沢もしくは夕張のほかの地区で暮
らした経験や、石炭を日常的に使用した経験があり、共通点を探りながら語り
合っていた。

　市外からの参加者であるＫ氏は、清水沢まちあるきに参加する目的のひとつ
に、地域住民との交流を挙げた。

　　「市内外からの参加者が気兼ねなく交流をする機会はなかなか無く、市民
　　の方々から貴重な当時のお話（石炭産業が栄えていた時代の夕張の営みや
　　エピソードなど色々…）を語っていただく機会にもなり、大切な取り組み
　　だと思う」（Ｋ氏、6月3日、文章での回答）

　何度も参加しているＫ氏には、特に心に残っている出来事があった。彼が炭
鉱夫の格好を再現する際に使用しているヘルメットやキャップランプは、清水
沢商店街の電器店から、「これからの活動がんばれよ！」という激励とともに
頂いたものである。このように、清水沢まちあるきでは商店に立ち寄ることも
あり、街で暮らす人々と参加者の交流が生まれる場合もある。

### 3.3　まちあるきの偶発性

　清水沢まちあるきは、市内からの参加者にとって、新たな視点で街を見直す
機会になっていた。かつて清水沢に祖父母の家があり、現在は南清水沢に住ん
でいるＥ氏は、みんなで歩くことに意義を感じていた。

　　「知ったつもりで知らない地元というか。なんとなく住んでいた感じ。い
　　つも見ているとわからないから、みんなと歩くことで、そっか！これいい
　　な！ということに気がつける。大事さと貴重さを知ることができる」
　　（Ｅ氏、5月27日、聞き取り）

　こうした気づきは、その場にいるＳ氏や参加者の組み合わせにより異な
り、偶発性がある。まちあるきのボランティアガイドに着目した久保田美穂
子（2020）によれば、観光施設や名所は、誰がガイドをしても同じようになる
が、まちあるきではガイドの個性や自由度の高さが際立つ。そのため、「偶発性、
交流性、ライブ感、一回性」（久保田 2020：122）が、まちあるきの魅力となる。
また、Ｈ氏は、観光施設や名所を巡るツアーとまちあるきの違いについて、次

のように述べた。

　「広い範囲は見られないけど、まちあるきのほうが、1つのところで自分
　が疑問に思ったことをじっくり見ることができると思う。（清水沢まちあ
　るきは）参加者の希望によってコースを変えることもある。前に、大阪か
　ら来た参加者がいて、その人の希望で、炭鉱関連の場所を巡ったことがあ
　る。ここが慰霊碑ですとか。その人は、炭鉱の坑内のことも詳しく聞いて
　きたので、知っていることはお答えした。お墓に行ってみたいという希望
　が出て、そうなったこともあった」（H氏、6月3日、電話での聞き取り）。

　H氏が述べたように、清水沢まちあるきは参加者の希望で内容や行程に変化
を持たせており、知りたいことを深掘りできる。個人的な観光では、観光目的
地は「『大きな物語』が張り付いた『お約束』の場所」に限らず、個人のライ
フスタイルに合わせて選択され（須藤 2018:16）、清水沢まちあるきは参加者
の希望を反映する場合がある。このように、誰と、どこを、どのように歩き、
どのような会話をするのかという、自由度の高いまちあるきの内容と行程、そ
して多様な経験を持つ参加者が偶発性を生み出していた。

## 4　非対称性の解消と関係人口への移行

### 4.1　対等な目線で街を見る
　清水沢まちあるきの特徴として、観光者と地域住民が対等な目線で街を見て
いたことが挙げられる。観光研究では、一般的に、観光の場に訪れる市外から
の来訪者は観光者、市内在住の人々は地域住民と捉えられ、彼らはホストとゲ
ストという関係性に位置づけられる。しかし、清水沢まちあるきでは、こうし
た枠組みに縛られることはなかった。
　A氏は、脇道に落ちている標識や残置物、地形に興味を示し、G氏から説明
を受けていた。当時の航空写真と現在の地図、そして現在の景観を見比べなが
ら、昔のまま残っている道や廃線跡について、細かく質問していた（**写真3**）。

**写真3　G氏に質問するA氏**

「昔の夕張を詳しく知る人と話すと、自然
と知らないことを知れて、知識が身につく。
いつも通っているけれど、歩いたりじっく
り見たりする機会があまりないところを、
時間をかけて話して意見交換できて新鮮
だった」（A氏、7月31日、文章での回答）

（S氏撮影）

このように、観光者と地域住民の間に見る者
／見られる者という権力関係はなく、むしろ、
市外からの参加者が、地域住民に対して当時の
様子を説明する場面もあった。こうした状況に
ついて、S氏は次のように述べた。

「最初は、タブレットの資料（地図）のみを見ていた期間もある。そのと
きは、地図を辿ると誰も知らない遺構が見つかるという、今とは別の面白
さがあった。そのうち、G氏やH氏が、空中写真を用いたオリジナルの資
料を持参し、提供してくれたため、今はこれらも活用している。清水沢ま
ちあるきは、ガイドツアーではないので、わかっている人が説明する形式。
何度も参加するうちに、参加者にも、自分がホストだという意識が芽生え
てきたのかなと思う。色々なことを思い出しながら、みんなでまちあるき
を創っていくように自然となっていった」（S氏、5月27日、聞き取り）

これは、8年間続けたまちあるきの、ここ2年ほどの変化だという。清水沢
まちあるきは3つのコンセプトを挙げており、そのひとつは「ガイドツアーで
はなく、対等に発見し合う関係であること」（清プロ 2019b）である。参加者は
ガイドの話を一方的に聞くのではなく、記憶を語り合い、互いに情報を提供し
ていた。こうした形式について、H氏は次のように語る。

「自分が教えることもあるし、知らなかったことを知ることもできる。全

　員が知らなくても、1人2人が知っていれば、あとは互いに教えられるか
　ら。夕張は史料が少ないから、ある程度、夕張にこういうことがあったと
　いうのが、分かったほうがよい。T氏にはだいぶ教えてもらったね」
　（H氏、6月3日、電話での聞き取り）

　街は、「面的な広がりをもつ日常的な空間」であり、歴史的文化的な解釈が
定まっている観光資源や施設とは異なり、多面性を持つ（久保田 2020:122）。
街が観光の舞台となるからこそ、参加者が対等な目線で会話をすることが可能
になるのである。

## 4.2　交流人口から関係人口へ

　最後に、観光者と地域の関係性についての考察を深めたい。夕張のように、
人口減少と過疎化が進む地域では、地域との多様な関わりを持つ人々を増やす
ことが目指されている。近年は、移住のみならず、二拠点生活やワーケーショ
ンなど、地域との多様な関わり方が模索されており、地域と継続的に関わる
関係人口という選択肢には現実味がある。観光総合情報サイト「やまとごこ
ろ.jp」を運営する村山慶輔（2020）によれば、観光が見据える先には関係人
口の創出があり、そのために、観光者と地域住民の結びつきを深めることが重
要である。まちあるきは、観光者と地域住民が接する機会となり、観光者と地
域の関係性が深まることで、観光者が交流人口から関係人口へと移行する過程
にある。したがって、このような観光は、交流人口と関係人口をグラデーショ
ンとして繋ぐ役割を果たしており、観光とまちづくりは密接に関わっている。
　かつて夕張で暮らしていたF氏は、故郷へのなつかしさと故郷へ関わりたい
という意識が、まちあるきに参加する一因であると語る。

　「夕張出身者として何か少しでも関わりたいという意識が働いているのも
　あります。現実に、私は夕張が11万人の人口時代を知っており、賑やか
　な時代を目の当たりにしていますから、資料ではなく、私には記憶がある
　ので、思い出探し的なものもきっかけにあります」
　（F氏、6月3日、文章での回答）

　旧産炭地の観光の場で調査をすると、Ｆ氏のように、出身地に何らかの形で
関わりたいという思いを持つ方と頻繁に出会う。しかしながら、地域外に居住
する人々が直接まちづくりに関わる機会は少ない。観光は、こうした潜在的
な繋がりを持つ人々が、現在の地域住民と気軽に交流できる場となり、その
地域との繋がりを強めるきっかけを提供していた。実際に、市外からの参加
者のうち数名は、夕張の関係人口を可視化する「夕張 Likers!」に登録したり、
炭鉱遺産の文化を保存・継承する別の団体の活動に参加したりするなど、地域
に様々な形で関わっている。また、まちあるきに何度も参加すること自体が、
地域の記憶の継承に繋がるだろう。したがって、交流人口である観光者を、地
域と継続的な関わりを持つ関係人口へと移行させる過程を担うことが、観光が
まちづくりに対して果たしうる役割である。

## 5　おわりに

　本章では、清水沢まちあるきを事例に、①人々の交流が生まれ、②観光者と
地域住民の間に生じる「非対称性＝暴力性」が緩和されていく過程を明らかに
した。
　まちあるきは、地域住民の生活空間である街が舞台となるため、観光施設や
名所といったスポットを巡る観光とは異なり、目につくあらゆるものが観光対
象となる。そのため、まちあるきの行程では、参加者同士や街で出会う地域住
民との会話が生まれやすく、人々の交流が促進されていた。こうした場面では、
参加者同士が記憶を語り合うことで、観光者と地域住民が対等な目線で街を見
ることが可能になり、観光が持つ見る者／見られる者という非対称性が緩和さ
れていた。参加者は、各々の経験から共通点を探りながら記憶を語り、互いに
情報を提供し、補完し合う関係性を構築していた。
　こうした観光は、観光者を、一過性の交流人口から、地域と継続的な関わり
を持つ関係人口へと移行させる過程を担う。夕張市が取り組む関係人口創出・
拡大事業は、「夕張出身者」をその視野に入れているところが特徴的であるが、
一旦地域の外へ出た人々が、その地域の住民やまちづくりと関わる機会は少な
い。そのため、まちあるきは、これらを橋渡しする貴重な機会となっていた。

　最後に、展望を示しておきたい。本事例のような故郷を目的地とする観光は、「故郷観光」（鈴木 2023）の一形態として分析できる。「故郷観光」とは「自身や先祖の故地、または故郷であると想定する特定の土地を訪れ、故郷との関係性を深め、故郷に対する土地とイメージを一体化させていくプロセス」であると想定される。清水沢まちあるきは、夕張を故郷とする人々にとって、一度離れた故郷との関係性を深め、記憶と現在の夕張を照らし合わせていくプロセスであった。本章のように、故郷との新たな繋がりが創出される観光は、故郷のまちづくりにも影響を与えていくだろう。

## ＜参考・引用文献＞

茶谷幸治（2012）『「まち歩き」をしかける—コミュニティ・ツーリズムの手ほどき』学芸出版社

市野澤潤平（2018）「ゲストに敵対するホスト—観光における対人接客サービスとホスピタリティを再考する」『日本文化人類学会研究大会発表要旨集 日本文化人類学会第52回研究大会』日本文化人類学会，p.148.

金明柱（2023）「ホスト—ゲストが生み出す『場の共同性』—『長崎さるく』における対話の実践に着目して」『観光学評論』11(1)，pp.3-15.

国土交通省（2016）「観光まちづくりガイドライン（概要版）」（最終閲覧日2023年6月15日）https://www.mlit.go.jp/toshi/kanko-machi/pdf/gaiyou.pdf

久保田美穂子（2020）「住民まち歩きガイドの特徴と養成に関する考察—従来の観光ボランティアガイドと比較して」『ホスピタリティ・マネジメント』（亜細亜大学経営学部）10(1)，pp.113-123.

村山慶輔（2020）『観光再生—サステナブルな地域をつくる28のキーワード』プレジデント社

岡本亮輔（2012）『聖地と祈りの宗教社会学—巡礼ツーリズムが生み出す共同性』春風社

清水沢プロジェクト（2019a）「法人概要」（最終閲覧日2023年6月15日）https://www.shimizusawa.com/corporation

——（2019b）「清水沢まちあるき、50回」（最終閲覧日2023年6月15日）https://www.shimizusawa.com/news/4869.html

Smith，V. L. ed.（1989）. *Hosts and guests : The Anthropology of Tourism*, Philadelphia: University of Pennsylvania Press.［市野澤潤平・東賢太朗・橋本和也監訳（2018）『ホスト・アンド・ゲスト—観光人類学とはなにか』ミネルヴァ書房］.

総務省（2018a）「『関係人口』ポータルサイト 関係人口とは」（最終閲覧日2023年6月15日）https://www.soumu.go.jp/kankeijinkou/about/index.html

——（2018b）「『関係人口』ポータルサイト 総務省モデル事業の取組事例」（最終閲覧日2023年6月15日）https://www.soumu.go.jp/kankeijinkou/model_detail/h30_02_yuubarishi.html

須藤廣（2018）「脱組織化資本主義社会における観光の役割」須藤廣・遠藤英樹『観光社会学 2.0―拡がりゆくツーリズム研究』福村出版，pp.15-39．

鈴木里奈（2023）「観光目的地としての『故郷』―故郷概念の変遷と真正性」『観光研究』35(1)，pp.5-15．

田原洋樹・敷田麻実（2023）「交流人口から関係人口への変容可能性の検討―観光経験による関与意識醸成と地域への継続的な関わり意向との関係」『観光研究』34(2)，pp.49-64．

Urry, J. and Larsen, J. (2011). *The Tourist Gaze 3.0.* London: Sage.［加太宏邦訳(2014)『観光のまなざし〔増補改訂版〕』法政大学出版局］．

渡部瑞希（2017）「観光研究における真正性の再考察―カトマンズの観光市場，タメルで売られる『ヒマラヤ産の宝石』の事例から」『観光学評論』5(1)，pp.21-35．

山村高淑（2009）「観光革命と 21 世紀―アニメ聖地巡礼型まちづくりに見るツーリズムの現代的意義と可能性」『CATS 叢書―観光学高等研究センター叢書』1，pp.3-28．

# 第15章　観光が変える地域のイメージ

## ―大阪市西成区における多国籍化と観光的集客力―

早川　諒

## 1　はじめに

　我が国において、訪日外国人旅行（インバウンド）は外貨獲得のための外客誘致を目的として始まった近代観光である。1964年に観光目的の海外渡航の自由化が始まり、海外旅行者は22万人に増加した。当時訪日外国人旅行者は、海外旅行者に比べて少なかった。大阪万博が開催された1970年に訪日外国人旅行者は85万人に増加した。しかし、大阪万博が終わり1971年になると円高の影響等で海外旅行（アウトバウンド）市場が訪日外国人旅行（インバウンド）市場よりも増加した。その後、海外旅行者は増加を続け1995年には海外旅行者は約1530万人であった。これに対して、当時の訪日外国人旅行者は335万人である。政府は、このような状況を改善するために1996年に、訪日外国人旅行者数を2005年時点で700万人に倍増させることを目指す「ウェルカムプラン21」を策定した。

　1998年の長野冬季オリンピックをきっかけに訪日外国人旅行が注目されるようになり、その後開催された2002年の日韓ワールドカップサッカー大会の開催は訪日外国人旅行にとって追い風となったが、同時に日本人のアジアへの海外旅行も盛んになり訪日外国人旅行との差が埋まることはなかった。そこで、政府は、2003年に、「ビジット・ジャパン・キャンペーン」を立ち上げ、国をあげて観光の振興に取り組み、観光立国を目指す方針を示した。

　そのような国全体をあげての支援や国際状況の変化から、2013年には訪日外国人客数が目標であった年間1,000万人を超えた。政府は、新たに2020年までに2,000万人、2030年までには3,000万人という目標を掲げた。

2013 年以降円安とオリンピック開催が決まった影響もあり 2015 年の訪日外国人客数は、1,973 万人を記録した。これは、大阪万博開催の 1970 年以来 45 年ぶりに、訪日外国人旅行者数が海外旅行者数を上回ったことになる。それ以降も訪日外国人旅行者は増え続け 2018 年には 3,000 万人を超え、2019 年には、3,188 万人と過去最高の訪日外国人数となった[1]。

2020 年に新型コロナウイルス感染症（COVID-19）が世界で流行すると 2020 年の訪日外国人旅行者数は前年度比、99% 減となったが、2023 年 4 月から入国制限が緩和されたこともあり、4 月時点で 600 万人を超えインバウンドがコロナ流行以前に戻りつつある。大阪市西成区（以下、西成区）においても新今宮駅、花園一丁目周辺で訪日外国人の姿が見られるようになり、ゲストハウスは訪日旅行者の姿で活状を呈している。

他方、外国人住民の現状について、近年、日本各地において外国人住民が増加傾向にあり、2022 年の外国人数は約 296 万人に上る[2]。グローバル化に伴い外国人数は増加を続け、2020 年以降の新型コロナウイルス（以下、コロナ）の影響で一時的に外国人数は減少傾向に転じたものの、最近では再び上昇に転じている。

大阪市では 2014 年以降、外国人が一気に増加し、2023 年 3 月末現在、大阪市には 154,722 人の外国人住民が居住している[2]。2008 年に政府が「留学生 30 万人計画」を打ち出したことに伴い、2010 年に日本語教育機関に在籍する学生向けの在留資格が「就学」から「留学」の資格に統一されると、日本語教育機関に通う学生にも週 28 時間の資格外活動が認められることになった。更に続いて 2012 年に外国人登録法、入管法が同時に改正されるとベトナムやネパールなど東南アジアの諸国で日本人気が高まり、相次いで日本への送り出し機関が設立されていった。これらのことが背景にあり外国人留学生（以下、留学生）が増加したと考えられる。

西成区は大阪市の中でも人口に占める留学生の比率が上位を占める区となっている。また、在住する外国人の数は 2023 年 3 月時点で西成区の総人

---

1　日本政府観光局データデータ一覧―日本の観光統計データ（jnto.go.jp）
2　出入国在留管理庁を参照

口の約 11％にあたる。西成区は、日雇い労働者の街としてのイメージが根付いているが、留学生、技能実習生、バックパッカー等、多様な目的で外国人が集う街に姿を変えつつある。本章では、西成区において多国籍化する人種構成の現状を明らかにし、観光地という新たな地域イメージの創出の可能性を筆者のフィールドワークによるヒアリング調査から得た情報を中心に論じていく。

## 2　調査対象地（西成区）の概要

　西成区は戦後、1960 年代前半に、農村労働者や炭鉱労働者の流入により20 代から 30 代の労働者を中心に日雇い労働者が増加した。1960 年代後半になると、1970 年の大阪万国博覧会の建設ラッシュを受けて全国から労働者が流入していった。そのころ簡易宿泊所の改造が行われ 1970 年代にビルに建て替えられたことにより、単身者が増加した。1980 年代になると、求人ラッシュとなり、簡易宿泊所の高層化が進み、更に労働者が増えていった。1990 年代になるとバブル経済が崩壊し、日雇い労働組合や、キリスト教関連団体が実施した炊き出しに並ぶ人たちは一日 1,000 人以上にもなった。1999 年には野宿者サポートのための NPO 団体や、支援団体、まちづくり団体が作られるようになり、「簡易宿泊所転用型高齢者共同アパート」といった福祉支援が始まった。大阪府簡宿組合は 2005 年に大阪国際ゲストハウス地域創出委員会（OIG）を設け、欧米やアジアからのバックパッカーの誘客を進めてきた。2000 年代半ばから外国人バックパッカー街となり始めた。2010 年代には簡易宿泊所をゲストハウスに改装して、外国人バックパッカーに活用されるようになり外国人が流入するようになった。同時期、Youtube コンテンツに動画を投稿するYoutuber が増加し、中でも西成区は Youtuber の間でブームとなり、名物ホルモンをはじめとする飲食店が取り上げられるようになった。これらの動画配信を通じて西成区を知り、海外や日本各地から西成区を訪れる観光客も少なくない。近年、西成区は、盛り場観光として新たな観光地になっている。

　2013 年からは、西成区の諸問題を解決するために、西成特区構想が打ち出され 5 か年計画で街が整備されている。2014 年以降、大阪市において留学生受入れが活発化され、外国人住民が急激に増加し、新今宮駅周辺（浪速区、西

成区）を中心に流入していった。2021 年には、あいりん地区を含む新今宮周辺エリアを大阪ミナミの新たな玄関口として発展させ、「大阪都市魅力創造戦略 2025」がめざす大阪全体の都市魅力向上に資するよう、エリアブランドの向上を図っている[3]。

2021 年以降、西成区において人気 Youtuber たちが店を構えるようになり、Youtuber の影響もあり、西成区に訪れる人々の層が変わりつつある。

## 3　調査方法

西成区における現在の状況を把握するために、2023 年 5 月〜 9 月にかけて次の 3 つの調査を行った。

①花園北周辺及び山王地域周辺で働くベトナム人、ミャンマー人、ネパール人、中国人の経営者・従業員にヒアリング調査
②ベトナム、ネパール、ミャンマーの留学生及び会社員にヒアリング調査
③須藤廣教授と合同調査による訪日外国人旅行者へのヒアリング調査

## 4　多国籍化する西成区、外国人留学生が集う場所へ

橋下徹元市長により西成区において 2013 年から西成特区構想が始まった。内容は、少子高齢化、不法投棄、治安、結核、野宿生活者といった大阪市の問題が西成区に集約されていると考え、こうした諸問題を解決していくためには、「まちの活性化とイメージアップ」「若者や子育て世帯の流入」が必要だと捉え短期的、中長期的対策を実施してきたものである。しかし、西成特区構想が始まった 2013 年時点では西成区において現在のような留学生の増加がみられなかったことから、西成特区構想の中には外国人住民への対応が記されていなかった。ところが、2014 年以降大阪市において外国人住民が増加し、西成

---

3　大阪市西成区：新今宮エリアの魅力を伝える新コンセプト「新今宮ワンダーランド」を発信します！（観光・歴史 > 西成区の魅力あるまちづくり）（osaka.lg.jp）

区では特に留学生が急激に増加した。現在、行政は外国人住民に対する新たな課題への対応に直面している。

　2023年3月現在、西成区は、大阪市24区の中で留学生の数が、生野区、浪速区に次いで3番目に多い2,810人である（**資料1**）。その大きな要因の一つは、入管法改正があると考えられる。日本政府が、2008年に「留学生30万人計画」を打ち出して以降、2010年には日本語学校に通う学生にも週28時間の資格外活動ができるように改正された。2012年には、外国人登録カードから、在留カードに統一されるなど改正が重ねられた。制度改正に伴って、ベトナムでは留学ビジネスが流行し、ベトナム人留学生による日本留学が盛んになり、日本語教育機関が増設されていった。ベトナム人留学生は、現地の送り出し機関を通して日本語学校に入学することになる。西日本新聞社（2020）は留学生が来日時に払う初期費用に100万円かかるとし、多くは借金で工面

資料1　大阪市における留学生人口　単位（人）

|  | 2019年 | 2020年 | 2021年 | 2022年 | 2023年 |
|---|---|---|---|---|---|
| 生野区 | 2,614 | 2,686 | 2,559 | 1,795 | 2,859 |
| 浪速区 | 2,522 | 2,619 | 2,492 | 1,893 | 2,830 |
| 西成区 | 2,445 | 2,664 | 2,615 | 2,076 | 2,810 |
| 東淀川区 | 1,627 | 1,661 | 1,423 | 1,164 | 1,555 |
| 淀川区 | 1,125 | 1,295 | 1,241 | 1,171 | 1,471 |
| 中央区 | 1,017 | 1,151 | 1,040 | 850 | 1,378 |
| 西区 | 975 | 996 | 795 | 567 | 1,004 |
| 東成区 | 668 | 688 | 645 | 441 | 927 |
| 阿倍野区 | 903 | 850 | 694 | 507 | 850 |
| 住吉区 | 768 | 717 | 609 | 469 | 769 |
| 北区 | 686 | 647 | 574 | 473 | 659 |
| 天王寺区 | 617 | 583 | 514 | 437 | 616 |
| 東住吉区 | 469 | 448 | 403 | 352 | 604 |
| 城東区 | 681 | 635 | 504 | 364 | 593 |
| 平野区 | 541 | 618 | 462 | 303 | 568 |
| 都島区 | 555 | 600 | 520 | 419 | 541 |
| 港区 | 379 | 352 | 329 | 238 | 439 |
| 西淀川区 | 248 | 307 | 312 | 245 | 399 |
| 旭区 | 342 | 278 | 243 | 147 | 371 |
| 此花区 | 221 | 251 | 181 | 109 | 309 |
| 住之江区 | 230 | 264 | 241 | 183 | 183 |
| 大正区 | 133 | 134 | 128 | 63 | 170 |
| 福島区 | 53 | 40 | 44 | 46 | 82 |
| 鶴見区 | 41 | 28 | 28 | 14 | 14 |

（出典）：大阪市外国人住民国籍別人員調査表より筆者作成[4]

していると説明している。

　入国してからも留学生は日本語教育機関の学費を 2 年間支払いながら、家賃、生活費、進学のための費用を資格外活動週 28 時間の中から捻出しているため、働き口の確保が必須である。大阪市は、働く場所が多いうえ交通の利便性も整っていることから留学生に好まれる傾向にある。また、西成区の家賃は他区に比べて比較的安く、保証人なしで借りられる家が多いという利点があり、難波、天王寺の繁華街にも近い。更に南海線で新今宮駅から直通で関西国際空港に行くことができるという利便性も魅力の一つである。

　日本語教育機関に通う留学生の卒業後の進路として、多くは専門学校に通う。専門学校を卒業後の一般的な進路は、日本企業に就職するケースが多い。しかし、コロナ禍で、専門学校を卒業後、他の専門学校に入学する留学生や、特定技能取得後に就職するケースも見られた。結果的に、コロナ禍であっても留学生の人口の大幅な減少がみられなかった。

## 5　西成区周辺に密集する日本語教育機関

　2023 年 5 月版日本語教育機関法務省告示校一覧によると、大阪府には日本語教育機関法務省告示校が 85 校ある。そのうち大阪市には計 66 校存在している。大阪市を 24 区別に分けてみると、生野区が 7 校、浪速区が 6 校、天王寺区が 5 校、中央区と阿倍野区、西区が 4 校となっており、西成区の近隣地域において日本語教育機関が密集している（図 1）。

　西成区の北に位置する浪速区において留学生が集住する要因として、姚（2019）は、学生向けマンションがあること、交通の便が良いことを指摘している。その他の要因として筆者は、日本語教育機関を卒業後の進路との関係があると考えている。留学生は、母国の日本語教育機関で少しの期間、日本語を学んだ後、現地の送り出し機関を通して日本の日本語教育機関に入学する。日本語教育機関では入学後、卒業までに日本語能力試験（JLPT）N3、N2 合格を目指して授業をするところが多い。ところが非漢字圏の学生にとって

---

4　大阪市外国人住民国籍別人員調査表令和 5 年 3 月（2023 年）末日を参照。

図１　大阪市における日本語教育機関の数　〇の数字は日本語教育機関の数

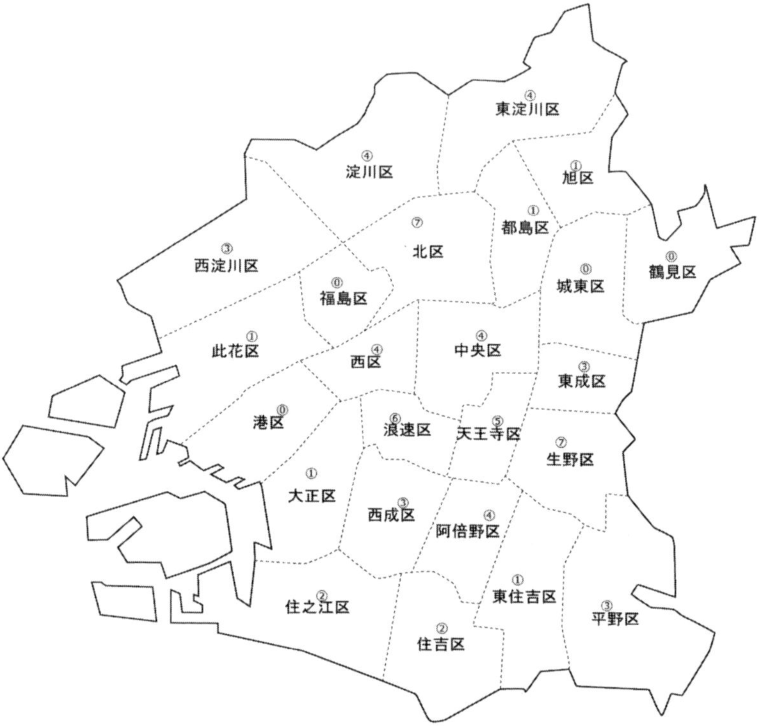

（出典）：2023年5月版日本語教育機関法務省告示校一覧[5]から筆者独自に作成

2年間で日本語能力試験N2に合格することは容易ではない。

　日本語能力試験N2を目指す理由は、多くの大学で日本語能力試験N2がボーダーになっているところが多いからである。日本語教育機関を卒業しただけでは、仕事に就くことが難しいため、専門士や学士の資格を取得するために、外国人を受け入れている専門学校や大学を目指している。その際、日本語教育

---

5　出入国管理及び難民認定法第七条第一項第二号の基準を定める省令の留学の在留資格に係る基準の規定に基づき日本語教育機関等を定める件 ― 出入国在留管理庁（moj.go.jp）

機関の教員や卒業生から情報を得て進学先を決めることが多い。

　殆どの場合、引っ越し費用の軽減やアルバイト時間確保のため、日本語学校から近い専門学校に進学することが多く、比較的交通の便が良い西成区や浪速区が選ばれる。

## 6　西成区の変容

### 6.1　ベトナム人住民の特徴

　大阪市では、2014 年以降東南アジア国籍の住民が増加傾向にあり、ベトナム人国籍の人口の特徴として、コロナ流行以前の 2019 年 3 月から 2023 年 3 月のコロナ流行後においても人口の増加傾向がみられ、特に生野区と西成区において集住傾向がみられる（**資料 2**）。大阪市においてベトナム人の在住資格

**資料 2　ベトナム人区別人口　単位（人）**

|  | 2019年3月 | 2020年3月 | 2021年3月 | 2022年3月 | 2023年3月 |
|---|---|---|---|---|---|
| 生野区 | 2,085 | 2,559 | 2,898 | 2,711 | 2,970 |
| 西成区 | 1,913 | 2,222 | 2,629 | 2,744 | 2,900 |
| 浪速区 | 1,252 | 1,523 | 1,781 | 1,775 | 1,926 |
| 平野区 | 982 | 1,320 | 1,344 | 1,264 | 1,626 |
| 淀川区 | 790 | 1,145 | 1,296 | 1,320 | 1,509 |
| 西淀川区 | 618 | 973 | 1,107 | 1,055 | 1,312 |
| 東淀川区 | 727 | 956 | 1,062 | 1,042 | 1,273 |
| 住之江区 | 435 | 679 | 804 | 797 | 971 |
| 東成区 | 512 | 657 | 606 | 603 | 795 |
| 港区 | 358 | 533 | 657 | 567 | 707 |
| 住吉区 | 394 | 451 | 491 | 427 | 614 |
| 此花区 | 433 | 525 | 554 | 536 | 610 |
| 東住吉区 | 271 | 393 | 463 | 472 | 578 |
| 都島区 | 317 | 448 | 495 | 469 | 561 |
| 西区 | 279 | 363 | 421 | 466 | 553 |
| 城東区 | 307 | 379 | 438 | 443 | 542 |
| 中央区 | 302 | 375 | 428 | 441 | 527 |
| 大正区 | 319 | 422 | 489 | 412 | 524 |
| 天王寺区 | 269 | 274 | 290 | 278 | 356 |
| 阿倍野区 | 457 | 458 | 389 | 284 | 350 |
| 北区 | 229 | 299 | 325 | 309 | 330 |
| 旭区 | 270 | 349 | 377 | 273 | 319 |
| 鶴見区 | 120 | 162 | 177 | 175 | 206 |
| 福島区 | 68 | 85 | 102 | 117 | 130 |

大阪市外国人住民国籍別人員調査表より筆者作成 [4]

の内、最も多いものが留学資格である。コロナ禍で、出国が制限されたことが
関係し、海外への流出が少なく、継続して専門学校や大学に留学というかた
ちで留まった。また、ベトナム人コミュニティを通して、飲食店への就職や、
起業する者も一定数いたと考えられる。

## 6.2　カラオケ居酒屋で働くベトナム人経営者及び従業員が増加する背景

　2020年以降、西成区のいたるところで、ベトナムの国旗が見られる。それ
は、ベトナム人が経営する飲食店、リサイクルショップ、雑貨店、不動産業者、
カラオケ居酒屋などの参入が相次いでいるからである。筆者は、どのような経
緯からベトナム人が西成区でビジネスを展開し働いているのか、彼らが経営す
る店の経営者及び従業員にヒアリングにより実態調査を行った。

　現在、西成区に点在するカラオケ居酒屋にベトナム人が経営する店舗が参入
している。王（2019）は、2010年〜2015年の期間に、今池本通りと新開筋
中央を中心にカラオケ居酒屋が集中的に出店したと分析した。要因の一つとし
て、中国人が経営する不動産会社の存在を挙げ、この周辺に多くの物件を所有
する不動産会社社長LC氏への聞き取りを通し、同郷団体の紹介や自身のネッ
トワークを通して中国人経営者に物件を貸し出すことでカラオケ居酒屋のビ
ジネスが始まったと明らかにしている。

　以上のように西成区には既に中国人コミュニティが築かれているため、ベ
トナム人が中国人と繋がりを持ち、ベトナム人が空き店舗に参入していくこ

写真1　西成区にある飛田本通商店街
（動物園前一番街）（筆者撮影）

ととなった。2020年のコロナ流
行の影響を受け、専門学校、大
学を卒業したベトナム人が、友
人の誘いを受けて、経営管理ビ
ザを取得して中国人が所有する
空き店舗にカラオケ居酒屋を出
店した。カラオケ居酒屋A店の
ベトナム人経営者女性によると、
近隣区の日本語学校に通う学生
を紹介してもらいアルバイトス

タッフを雇っている。またカラオケ居酒屋 B 店で働くベトナム人女性従業員によると、日本語教育機関を卒業後、専門学校に進学し卒業後に友達からの誘いで就職したとのことである。お店には若いベトナム人女性が多いため 20 代〜30 代の日本人や外国人の客が多いという。

　カラオケ居酒屋にてヒアリング調査を重ねることで、近年、カラオケ居酒屋にベトナム人が増加している一要因について、コロナ禍での就職先の減少を受けて、専門学校や大学を卒業後の就職先の一つとして同胞のコミュニティを頼りに就職し西成区に点在するカラオケ居酒屋で働いていることが明らかになった。よってカラオケ居酒屋は、留学生にとっての就職先の受け皿として機能している一面がある。

### 6.3　ベトナム人が経営するリサイクルショップへのヒアリングを通して

　西成区にあるリサイクルショップ従業員へのヒアリング調査を通して、西成区で店を営むベトナム人が多い背景を考察した。リサイクルショップで働くベトナム人に、働いていた経緯について尋ねた。日本で専門学校を卒業後、一旦ベトナムに帰国し、ベトナム人の友人が経営する西成区の店に就職することが決まり、再度日本に戻り働いている。リサイクルショップの商品は、ネットオークションや友人から仕入れ、ネットのフリーマーケットで販売しているという。元々は、西成区で飲食店をしていたが、今は友人に飲食店を貸している。(表 1)

　リサイクルショップへのヒアリング調査から、①ＳＮＳやネットを通してビジネスを行っているということ　②友人の紹介で店に就職するということの 2 点が明らかになった。

　これらの結果から、同胞の繋がりにより、ベトナム人が西成区に店を開いていく傾向があり、西成区にベトナム料理店が多いことからまず飲食店からビジネスを始める、その後、他のビジネスに手を広げていくといった流れがある。また、ベトナム人は同胞の中でも特に「先輩」「友人」からの紹介により、就職するケースが多く、日本社会の外側でコミュニティが構築され広がっているといえる。

表1　ベトナム人が西成区で働く経緯

| 対象 | 語りの内容 |
|---|---|
| カラオケ居酒屋A店<br>経営者<br>（ベトナム人女性） | **店で働く経緯について**<br>・大阪府内の大学を卒業して、就職に困っていた時に、ベトナム人の友人から店を経営してみないかと声をかけられ、中国人が管理する物件を借りて約1年前からお店を経営している。<br>**従業員について**<br>・アルバイトとして働いているベトナム人の従業員に、同じ日本語学校に通う学生を紹介してもらって働いてもらっている。 |
| カラオケ居酒屋B店<br>従業員<br>（ベトナム人女性） | **働く経緯について**<br>・大阪市にある日本語学校を卒業したあと、大阪市にある専門学校に進学し卒業した。就職活動中にベトナム人の友人に誘われてB店で働いている。 |
| リサイクルショップ<br>従業員<br>（ベトナム人男性） | **働く経緯について**<br>・留学終了後、一度ベトナムに帰国してからベトナム人の友人に誘われてリサイクルショップで働いている。<br>**店について**<br>・オークションや友人を通して商品を集めてネットオークションに出店している。元々は、ベトナム料理の飲食店をしていたが飲食店の方は友人に経営を任せて、主にリサイクルショップの仕事をしている。 |

ヒアリング調査より筆者作成

写真2　あべのハルカスの近くに広がる風景（筆者撮影）

## 6.4　ネパール人増加の要因

　2023年3月の外国人住民国籍別人員調査において西成区に在住するネパール国籍の人口は増加傾向にあり、2022年3月の189人から2023年3月時

点で 723 人の約 3.8 倍増加した（**資料 3**）。近年、ネパール人が西成区に増加している理由と日本に来た経緯についてネパール人留学生 3 名及び会社員にヒアリング調査をした（**表 2**）。

　調査結果から①ネパールでは SNS を通して留学生及び留学経験者が大阪の魅力を発信しているため　②ネパール人は、就職先を考えて留学先を決める傾向があるため　③家賃、生活費が安い地域に魅力を感じているため　④国籍を超えた交流があるため　これら 4 点が明らかになった。このことから、西成区はネパール人が求める条件を満たす包摂力があると考えられ、今後益々ネパール人が増加するのではないか。

　西成区には、現在ベトナム人が経営する不動産企業が参入している。当初はベトナム人の需要を満たすためであったが、ネパール人が増加し多国籍化が進むにつれ、顧客対象がベトナム人だけでなく、国籍を超えてサービスを提供し

資料 3　ネパール人区別人口　単位（人）

|  | 2019年3月 | 2020年3月 | 2021年3月 | 2022年3月 | 2023年3月 |
|---|---|---|---|---|---|
| 生野区 | 165 | 250 | 243 | 266 | 968 |
| 西成区 | 120 | 154 | 185 | 189 | 723 |
| 東淀川区 | 174 | 247 | 323 | 321 | 595 |
| 淀川区 | 175 | 219 | 264 | 281 | 587 |
| 西区 | 142 | 160 | 192 | 191 | 366 |
| 浪速区 | 77 | 124 | 153 | 164 | 348 |
| 中央区 | 151 | 189 | 226 | 206 | 290 |
| 港区 | 76 | 110 | 128 | 154 | 289 |
| 西淀川区 | 105 | 142 | 171 | 185 | 280 |
| 住吉区 | 95 | 86 | 100 | 99 | 280 |
| 東住吉区 | 25 | 34 | 39 | 77 | 243 |
| 北区 | 107 | 144 | 160 | 181 | 239 |
| 阿倍野区 | 59 | 80 | 90 | 96 | 220 |
| 東成区 | 36 | 36 | 35 | 45 | 216 |
| 此花区 | 32 | 47 | 45 | 43 | 208 |
| 旭区 | 31 | 32 | 35 | 37 | 200 |
| 平野区 | 75 | 87 | 71 | 58 | 193 |
| 城東区 | 39 | 55 | 58 | 63 | 163 |
| 都島区 | 64 | 84 | 105 | 106 | 153 |
| 住之江区 | 72 | 100 | 114 | 114 | 147 |
| 大正区 | 68 | 66 | 65 | 67 | 118 |
| 天王寺区 | 21 | 25 | 39 | 55 | 77 |
| 鶴見区 | 22 | 21 | 20 | 22 | 46 |
| 福島区 | 13 | 16 | 16 | 16 | 32 |

大阪市外国人住民国籍別人員調査表より筆者作成[4]

ている。

　ネパール人はベトナム人同様に同胞との繋がりを重要視する傾向があるため、同胞内でＳＮＳによる情報の拡散によって西成区に集住すると考えられる。

表2　ネパール人が西成区に来た理由

| 対象 | 語りの内容 |
|---|---|
| ネパール人留学生A | **大阪に留学した理由**<br>・5年前に日本に留学したネパール人が母国に帰国して送り出し機関に就職しており大阪を薦められたから、Tik Tok や Facebook で大阪の良さを伝えている。以前は、九州にネパール人が多かったが、九州の田舎の方は何もないという情報を体験者から聞いたため大阪に留学した。<br>・留学する為にお金がかかっているから働く場所が多い大阪に来た。<br>**西成区に来た理由**<br>・以前通っていた学校があり、交通が便利なうえ家賃が安いから。 |
| ネパール人留学生B | **西成区に来た理由**<br>・日本語学校の先生の紹介で西成区にある専門学校に来た。<br>・大阪で働きたいから。 |
| ネパール人留学生C | **西成区に来た理由**<br>・日本語学校の先生の紹介で西成区にある専門学校に通っているから。<br>・ベトナム人が経営する不動産会社に家を見つけてもらい西成区に住んでいる。 |
| ネパール人会社員 | **日本に留学した理由**<br>・中学生の時に日本について色々学ぶ中で戦後の日本の経済発展について学ぶために、沖縄の日本語学校に留学した。<br>**西成区に来た理由**<br>・沖縄の日本語学校を卒業してから来た。沖縄と比べて大阪は就職率が高いため、大阪市にある専門学校に進学した。西成区はネパール人にとって住みやすいと思う。理由は、アルバイト先も近くにあってとても便利だから。 |

ヒアリング調査より筆者作成

## 6.5　ミャンマー国籍人口の増加に伴う地域変化

　大阪市に在住するミャンマー人の数が 2022 年から 2023 年にかけて急速に増加傾向にある（**資料4**）。特に集住がみられるのは、浪速区、生野区、西成区である。

### 資料4　ミャンマー人区別人口　単位（人）

| | 2019年3月 | 2020年3月 | 2021年3月 | 2022年3月 | 2023年3月 |
|---|---|---|---|---|---|
| 浪速区 | 7 | 15 | 28 | 42 | 147 |
| 生野区 | 22 | 39 | 45 | 36 | 144 |
| 西成区 | 34 | 44 | 48 | 51 | 129 |
| 淀川区 | 38 | 43 | 38 | 48 | 108 |
| 平野区 | 16 | 32 | 38 | 44 | 95 |
| 西区 | 12 | 14 | 19 | 33 | 90 |
| 東淀川区 | 25 | 40 | 63 | 57 | 88 |
| 西淀川区 | 24 | 53 | 60 | 60 | 82 |
| 港区 | 21 | 27 | 27 | 28 | 72 |
| 東成区 | 38 | 28 | 38 | 30 | 69 |
| 城東区 | 18 | 29 | 27 | 36 | 69 |
| 都島区 | 3 | 16 | 11 | 14 | 62 |
| 大正区 | 12 | 33 | 52 | 28 | 62 |
| 中央区 | 20 | 24 | 19 | 21 | 57 |
| 阿倍野区 | 8 | 13 | 13 | 14 | 56 |
| 此花区 | 0 | 3 | 4 | 7 | 49 |
| 旭区 | 9 | 14 | 15 | 18 | 43 |
| 住吉区 | 12 | 21 | 28 | 30 | 43 |
| 住之江区 | 3 | 26 | 34 | 23 | 42 |
| 北区 | 11 | 14 | 21 | 21 | 35 |
| 東住吉区 | 4 | 3 | 6 | 14 | 33 |
| 鶴見区 | 12 | 22 | 29 | 26 | 31 |
| 福島区 | 1 | 3 | 6 | 3 | 18 |
| 天王寺区 | 7 | 6 | 7 | 10 | 16 |

大阪市外国人住民国籍別人員調査表より筆者作成 [4]

　2023 年 3 月の外国人住民国籍別人員調査によると、西成区に在住するミャンマー国籍の人口は増加傾向にあり、2022 年 3 月時点で 51 人であったが、2023 年 3 月時点では 129 人であり、約 2.5 倍に増加した。日本語教育機関では近年ミャンマー人の受け入れ傾向にあることも要因の一つとなっていると考えられる。

### 6.6　客層の変化に伴う観光地化

　2023 年 5 月〜 9 月にかけて筆者は次の（1）〜（7）の客層についてヒアリング調査を行った。須藤廣教授にご協力いただき一部合同調査を行っている。

### （1）お好み焼き屋で並ぶ訪日旅行者

西成区にあるお好み焼き屋の前で並んでいる台湾人旅行者（男性 1 名、女性

２名）に須藤廣教授が中国語と英語でヒアリングを行った。結果から彼らは、「Google 検索をして店の情報を見て来た」という。更に質問を続けて「西成区の街がスラム街であることを知っているか」聞くと知らないと答えた後に驚いていた。このことからも訪日外国人旅行者が抱く西成区の街のイメージは日本人と異なる点が見られ、特別な抵抗感がないことが確認できた。更に調査を進めていく中で、①従業員が英語対応できるということ　②外国人に対応したメニューがあること　③キャッシュレス決済ができることの３点についても確認できた。

　また、情報発信ツールとして「Trip advisor」という世界的に使われている旅行口コミサイトで店の情報を発信している。このような理由から訪日外国人がアクセスしやすいのではないかと考えられる。

表３　お好み焼き店に並ぶ訪日外国人旅行者へのインタビュー

| 対象 | 語りの内容 |
|---|---|
| お好み焼き店に並ぶ３人組台湾人男女（学生） | **店に来た理由**<br>・Google 検索をして店の情報を見て来た。<br>**街について**<br>・街についてこの地域はスラム街であることは知らなかった。 |

ヒアリング調査より筆者作成

### （２）ベトナム人が働くカラオケ居酒屋Ａ店に来る人々

　ベトナム人が働くカラオケ居酒屋Ａ店にてベトナム人従業員と客の日本人にヒアリング調査を行った。

　調査結果から、①観光目的に西成区にくる訪日外国人が増加していること　②西成区を観光する日本人が地方から増加していること　③昼と夜で客層が変わることの３点が明らかになった。これらの結果を踏まえて考察すると、カラオケ居酒屋は国境を越えた文化交流の場になりつつあるといえる。現在、このようなカラオケ居酒屋街が存在し、多国籍の外国人が接客し日本人のみならず外国人も訪れる場所は全国的に見ても西成区以外に存在しない。カラオケ居酒屋は、西成区において俄かに観光地化しているのではないか。

表4　カラオケ居酒屋A店でのインタビュー

| 対象 | 語りの内容 |
|---|---|
| カラオケ居酒屋A店<br>従業員<br>（ベトナム人女性） | **客層について**<br>・最近はアメリカ人、中国人、韓国人等の訪日外国人旅行者が多い。<br>・九州やその他の地域からくる人が多い。<br>・昼間は生活保護受給者が多い。特に月末は朝からたくさん来る。<br>・夜は日本人のサラリーマンが仕事終わりに来る。<br>**情報発信方法**<br>・特にしていない。<br>**西成区について**<br>・西成区に住んでいるが慣れたので住みやすい。<br>・西成区は面白い街なので海外や地方から来ていると思う。だから店にも最近いろんな人が来る。 |
| 日本人客<br>（会社員中年男性） | **店に来たきっかけ**<br>・偶然見つけて入ったら店主が面白くて話しやすかったから。<br>**住まい**<br>・西成区<br>**店に来る頻度**<br>・週1回くらい |
| 日本人客<br>（会社員中年男性） | **店を知ったきっかけ**<br>・偶然見つけて入った。<br>**住まい**<br>・区外<br>**店に来る頻度**<br>・過去2〜3回 |

ヒアリング調査より筆者作成

## （3）ベトナム人が働くカラオケ居酒屋B店に来る人々

　ベトナム人が働くカラオケ居酒屋B店にてベトナム人従業員と客の台湾人の旅行者にヒアリング調査を行った。

　調査結果から、西成区界隈は大阪で楽しく安く遊べるという認識を持たれていることが明らかになった。ベトナム人従業員の話によると、最近日本人、外国人の若者客が多く、最近ではアジア、欧米からの訪日旅行者が多いという。どのような経緯で外国人が来るのか定かではないが、偶然見つけて入るケースとインターネットの情報を見て来るケースがあると考えられる。店の集客方法

についてはインターネットサイトで情報発信している。

### 表5　カラオケ居酒屋B店インタビュー

| 対象 | 語りの内容 |
|---|---|
| カラオケ居酒屋B店<br>従業員<br>（ベトナム人女性） | **客層について**<br>・店には若いベトナム人女性従業員がいるから20代～30代の日本人や訪日外国人旅行者（アジア、欧米）が多い。<br>**情報発信方法**<br>・インターネットを活用して店の情報発信している。 |
| 台湾人<br>（学生） | **店に来た理由**<br>・大阪に遊びに来た。大阪で安くて楽しく遊べるのが西成区界隈なのできた。偶々通りかかって店が開いていたから入った。 |

ヒアリング調査より筆者作成

## （4）中国人従業員がいるカラオケ居酒屋C店に来る人々

　西成区で10年以上カラオケ居酒屋を経営する中国人経営者にヒアリング調査を行った。結果から、近年、客層が若者や女性に変わっているという。オープン当初は日雇い労働者や生活保護を受けている年配客が多かったが、最近では、サラリーマンや20～30代の若者も来るようになり、地方から旅行に来た女性が女子会の場として利用しているという。経営者によると、貸し切りや飲み放題も客の人数に合わせて行っているという。また、「ホットペッパーグルメ」でお店の情報を発信しているためWebサイトを見て訪れる客もいるのだという。店側がインターネットを活用して情報発信を行っていることから、地元に住む客以外に、遠方からの集客につながっていること。また、若者のカラオケ居酒屋に対するイメージが変わっていることが明らかになった。

### 表6　カラオケ居酒屋C店でのインタビュー

| 対象 | 語りの内容 |
|---|---|
| カラオケ居酒屋C店<br>経営者<br>（中国人女性） | **近年の客層の変化について**<br>・最近は、客層が変わり、高齢者からサラリーマンや20～30代の若者になった。<br>・女子会としても使われることがある。<br>・若い人たちはネットのサイトを見てくるようになった。 |

ヒアリング調査より筆者作成

## （5）ベトナム料理店に来る人々

　西成区でベトナム料理店を営む経営者（店主）へのヒアリング調査によって、同胞が集住していることから西成区が選ばれ、留学生をアルバイトスタッフとして雇っていることが明らかになった。また、ベトナム人の誕生日会や、結婚式パーティーの会場として利用されているという。利用客は、日本人も来るが大半が外国人である。集客方法としてSNSでお店の情報を発信し、情報を見たベトナム人が店を訪れるという。そこに同胞のコミュニティの場として飲食店が機能している。

表7　ベトナム料理店でのインタビュー

| 対象 | 語りの内容 |
|---|---|
| ベトナム料理店<br>経営者<br>（ベトナム人男性） | **西成区で店を開いた理由**<br>・西成区にはベトナム人が多くベトナム人が通う学校が近くにあるから西成区で店を開いた。<br>**従業員について**<br>・アルバイトスタッフとしてベトナム人留学生を雇っている。<br>**客層について**<br>・店を誕生日会や結婚パーティー会場としてベトナム人が利用する。<br>・店には、日本人も来るが外国人が多く来店する。店の情報はSNSで配信している。 |

ヒアリング調査より筆者作成

## （6）ネパール料理店に来る人々

　西成区のネパール料理店で働く従業員にヒアリング調査を行った。従業員の話によると8年ほど前から西成区に店があるとのことだが近年の変化として、西成区外からネパール、インド、バングラデシュ、パキスタン、中国の客が増加傾向にあり、店でネパール料理の材料を置いたところ食材を求めて来る客が増えたとのこと

写真3　ネパール料理店内で売られている食材（筆者撮影）

である。西成区にあるネパール料理店で多様な食材が買えることで外国人客の集客に繋がっている。

表8　ネパール料理店でのインタビュー

| 対象 | 語りの内容 |
|---|---|
| ネパール料理店<br>従業員<br>（ネパール人男性） | 店について<br>・店は8年前から鶴見橋商店街にある。<br>従業員について<br>・現在、店にはネパール人とインド人のスタッフがいる。<br>客層について<br>・ネパール、インド、パキスタン、中国の外国人が多い。 |

ヒアリング調査より筆者作成

（7）ミャンマー料理店に来る人々

　西成区でミャンマー料理店を営む経営者へのヒアリング調査から、西成区に集う理由の次の2点が明らかになった（表9）。

①不動産物件の賃貸料が安いこと。
②SNSでの情報発信が大きな情報源となっているということ。

　ミャンマー人はFacebookを中心にSNSを使っていることから店の情報をFacebookとInstagramで発信したところ、情報が拡散して関西各地に広まり、店はコミュニティの場となっている。

写真4　西成区に開業したミャンマー料理店（筆者撮影）

表9　ミャンマー料理店でのインタビュー

| 対象 | 語りの内容 |
|---|---|
| ミャンマー料理店<br>経営者<br>（ミャンマー人男性） | **西成区で店を開いた理由**<br>・ミャンマー料理店を西成区で 2023 年 3 月にはじめた。理由は、母の料理がうまいと周りの人から言われたのがきっかけで飲食店をはじめようと思った。難波や堺市で物件を探していたところ、中国人が所有する西成区の物件が安かったため西成区で出店した。主に、Facebook や Instagram を通して店を宣伝したところ、神戸からも来るミャンマー人や日本人がいる。今では、ミャンマー人にとっての家のような存在になっている。 |

ヒアリング調査より筆者作成

## 6.7　外国人に好まれる街

　我が国では、2020 年にコロナが世界で流行すると 2020 年の訪日外国人旅行者数は前年度の 99% 比減となったが、2023 年 4 月から入国制限が緩和されたこともあり、4 月時点で 600 万人を超え訪日旅行者数がコロナ流行以前に戻りつつある。西成区においても、新今宮駅や花園北等ではキャリーケースを持った訪日外国人が見受けられるようになった。西成区では、コロナ流行で訪日外国人は減少したが、コロナ禍で留学生が大きく減少することなく集住するようになったことも相まってベトナム人、ネパール人、ミャンマーといった外国人が営む店が増加した。入国規制が緩和したことに伴い、簡易宿泊所から転換したゲストハウスに訪日外国人が詰めかけている。西成区は昔から様々な事情を抱えた人々が全国から集う場所であるため、内情に関して聞いてはいけないという暗黙のルールがある。このような風潮が、訪日外国人旅行者、特にバックパッカーのような非日常を求める者には居心地が良いのかもしれない。日本人のように最初からこの街に偏見がない外国人にとって西成区はあまり気を使わず元々の生活スタイルも変えることなく過ごせる場所なのではないだろうか。

## 7　おわりに

　本調査から、西成区に外国人が経営する店が相次いで参入する背景には、コロナ禍における就職難の中で、学校で知り合った先輩や友人との繋がりがあること、またミャンマーの飲食店や、カラオケ居酒屋のように中国人が所有する安い物件に他の国籍の者が店を構えるケースがあることが分かった。そこに国籍を超えた外国人コミュニティが形成されていくことが明らかになった（図2）。西成区が持つ包摂力が外国人コミュニティを生みその影響は西成区のみならず近隣の他県にも及んでいる。西成区には盛り場観光地としての機能がある。

　2023年に入り、出入国の規制が緩和されたことで、コロナ以前から開放的であった西成区は益々外国人で活気に満ちている。西成区は大阪市24区の中でも非常に外国人比率が高いことからも、日雇い労働者だけではなく外国人にとっても包摂力のある街なのだろう。今後は、「外国人の生活文化が体験でき

**図2　西成区における外国人が経営する店と地域との関わり**

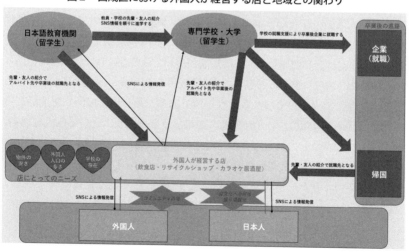

ヒアリング調査より筆者作成

る街」を前面にアピールすることで他にはない観光地としての魅力になりうるのではないだろうか。増え続けているエスニック料理店と地域が協力して積極的に地域イベントを行っていくことも今後の観光地化を図る上で必要になる。

　また、2021 年以降、人気 Youtuber が西成区で店を構え始めたこともあり、インフルエンサーが西成区を拠点として活動していることも関係して、街では区外から訪れる日本人の若者の姿も見られるようになった。

　目まぐるしい社会の変化の中で、誰もが受け入れられるサービスハブ機能を備えた西成区はコロナの制限が緩和されつつある現在、まさに観光的集客力を発揮している地域である。

### ＜参考・引用文献＞

鈴木亘（2016）『経済学者日本の最貧困地域に挑むあいりん改革 3 カ月 8 カ月の全記録』東洋経済新報社

芹澤健介（2018）『コンビニ外国人』新潮新書

ＮＨＫ取材班（2019）『データでよみとく外国人依存ニッポン』光文社新書

大島隆（2019）『芝園団地に住んでいます　住民の半分が外国人になったとき何がおこるのか』明石書店

室橋裕和（2019）『日本の異国—在日外国人の知られざる日常』晶文社

王佳儀（2019）『（第 3 章）西成区新今宮駅南東地域におけるカラオケ居酒屋の激増とその地理的特質：中国人による商店街内での不動産ビジネスの展開』URP「先端的都市研究」シリーズ 17 巻 ,pp.51-68, 大阪市立大学都市研究プラザ.

姚亜明（2019）『（第 5 章）大阪市浪速区における外国人増加と地域変容：人口動態の分析を通じて』URP「先端的都市研究」シリーズ 17 巻 ,pp.83-103, 大阪市立大学都市研究プラザ.

西日本新聞社（2020）『【増補】新移民時代—外国人労働者と共に生きる社会へ』西日本新聞社編 , 明石書店 .

萬代伸哉（2020）『バックパッカー体験の社会学—日本人の若者・学生を事例に』公人の友社

鈴木江理子編著（2021）『アンダーコロナの移民たち』明石書店

朱澤川（2023）『近年の中国人が日本の不動産に投資する要員と情報入手の方法』空間・社会・地理思想第 26 号 , 大阪公立大学.

水内俊雄・野村侑平（2023）『外国人の就労・定着の多様化の実態と地理的統計分析』空間・社会・地理思想第 26 号 , 大阪公立大学.

# 第１６章　日常生活圏域における観光の可能性

## ─「まち歩き」による地元暮らしのリテラシーの醸成─

鹿森　真祥

## 1　はじめに

　少子高齢化、人口減少等の社会構造の変化が顕著化し、地域社会を維持していくためには、住民が主体的に関わり、自らが住む地域に愛着を感じ、住み続けたいまちを形成していくことが望まれる。その実現に向けた、多様なアプローチの一つに観光まちづくりがあり、中でも住民による地域資源の発見や、ガイドとして関与する「まち歩き」が政策実現手法として注目されてきた。

　「まち歩き」の取り組みを分類整理した研究（太田 2019; 東京都市長会 2020）では、実施手法（**図1**）や実施主体、地域性（**表1**）などがフォーカスされ、太田（2019）は、その類型として①ビジネス要素の強い「独自・独立型」、②観光地における「観光事業主軸型」、③住宅都市等を中心とする「まちづくり主軸型」の3つに分類できるという。その中でも、「③まちづくり主軸型」は事例が少なく、どのように観光まちづくりや個性を見出しているのか、観光まちづくりの特質に近づける要素や成果が最も反映される事例になると課題を示している。

### 表1　まち歩き事業・まち体験の類型

|  | ①独自・独立型 | ②観光事業主軸型 | ③まちづくり主軸型 |
|---|---|---|---|
| 特徴 | ビジネス的要素が強い「まち歩き」 | 従来からの観光都市における「まち歩き」（観光オプションの一つとして位置づけられている） | 当該地域の観光関連事業の主軸となる「まち歩き」（これまで観光政策に力を入れてこなかった地域） |

| 自立性 | 事業収入 | 事業収入＋キャンペーン | 事業収入＋行政補助 |
|---|---|---|---|
| 観光資源 | 多い（ステレオタイプの観光資源） | 多い（ステレオタイプの観光資源） | 少ない（日常的資源） |
| 開催地 | 主に大都市 | 主に観光地・地方 | 主に中核都市主・住宅都市 |

出所：太田（2019）より筆者作成

**図1 「まち歩き」の実施手法**

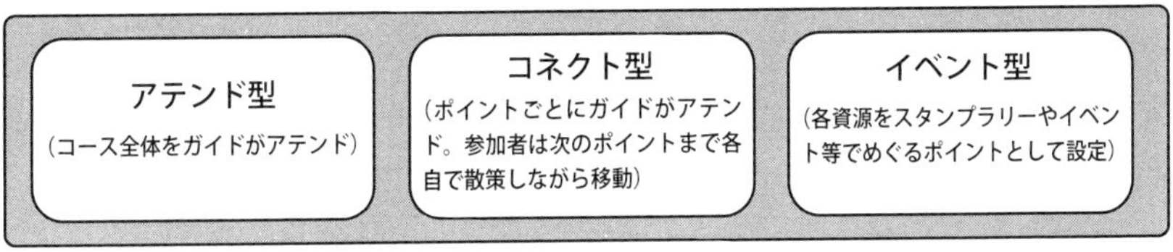

出所：東京都市長会（2020）より筆者作成

　さらに、コロナ禍において、日常生活圏域における観光を推奨する、マイクロツーリズムといった新しい観光の考え方が注目されるようになり、地域の再考・再発見というテーマと親和性の高い「まち歩き」がどの様な役割を果たしているのかは、新しい検討課題になる。

　本章では、旅・観光＝日常を離れる非日常といった概念とは異なる、日常生活圏域における観光という視点をもとに、「まち歩き」が全国に広がった経過を概観した上で、非観光地における観光経験がもたらす意味について、そこで得られる知識や経験、リテラシーに着目し考察する。検討にあたっては、ツーリズム・リテラシーの概念を手掛かりに、郊外都市（東京都小平市）における「まち歩き」事業の調査結果をケーススタディとする。

## 2　観光の歴史における「まち歩き」の誕生

### （1）「まち歩き」という観光形態とまちづくり

　はじめに「まち歩き」が観光という文脈の中で誕生した歴史的な背景を、ポスト近代の観光への変容に沿って確認していきたい。転機は1970年に開催された大阪万国博覧会で、来場者6,400万人、国民の約1/2が入場した国家的

大イベントとして知られる。当時は、国内観光でも個人が自ら主体的に旅程を組み立てるのは一般的ではなく、社員旅行や修学旅行等の団体旅行が主流であった（浅川2016）。万博は、国民の約半数を会場に向かわせ、観光行動の主体を団体から家族・小グループへと転換させたのであり、これは消費の中心が大量消費型（フォーディズム）から個人消費型（ポスト・フォーディズム）に切り替わったタイミングと軌を一にしている。

　経済の発展により暮らしの豊かさが実感されるようになり、観光へ期待することの見直しが進んだことで、大衆性を維持しつつも個人の価値観や欲求の充足が重視されるよう変化していった。その中で、1950年代中盤から1970年代前半の高度成長期における開発がもたらした公害等の環境破壊の反省は、「ニューツーリズム」と呼ばれる一連の旅の形を生み出し、オルタナティブツーリズムやグリーンツーリズム、最近ではコンテンツツーリズムといった新たな観光概念の発展にもつながっている。

　この潮流の中で、「まち歩き」といった新たな観光形態の需要が高まり、観光地で地域住民がボランティアガイドを行う活動にもつながった。さらには、単なるガイド事業だけではなく、観光を通じてまちづくりにも関与する地域住民が増加した時代でもある。岡村ほか（2009）は、この時代を、まちづくりが観光へ接近する観光まちづくりの歴史的なタイミングと捉え、年代ごとに「外部資源の量的獲得」、「外部資源の戦略的活用」「外部資源の地域内浸透」の3つの展開時期（表2）があると述べるとともに、観光まちづくりに至る概念的枠組を2パターン示している（図2）。

表2　「まちづくり」が「観光」へ接近する「観光まちづくり」の歴史的展開

| 年代 | 外部資源の活用 | 担い手／課題 | 地域資源の活用 | | 事例 |
|---|---|---|---|---|---|
| 1960年代後半～ | 量的獲得 | 観光事業者／過疎化 | 歴史的・自然的価値が顕著化している地域資源を磨く | 過疎対策 | ・中山間地域における町並み保存：麦籠（1968）、足助（1970）、内子（1970）、他<br>・都市と農村の交流：福島県三島町（1974）他 |
| | | | | 歴史文化遺産の保存・活用 | ・町並み保存：倉敷、高山、萩、津和野（60s後半）<br>・歴史的建築物活用：倉敷アイビースクエア（1974）等<br>・近代建築、土木遺産活用：小樽運河（1986）、函館70s |
| | | | | 商店街振興 | ・町並み保存：川越（1987）、栃木（1988）<br>・特定テーマの付与：境港（1992）、青梅（1999）、豊後高田（2001）等 |

| 1980年代後半〜 | 戦略的活用 | NPO等の観光マネジメント組織／地域環境保存 | 面的な広がりをもつ地域資源を束ねることで価値を見出す | 地域に点在する資源を束ねる | ・点在する資源のネットワーク：大阪市平野本町（1993）、横浜市山手（70ｓ）<br>・産業遺産：佐渡（1991） |
|---|---|---|---|---|---|
| | | | | 持続可能なまちづくり | ・経済的持続性：長浜（1988）、江刺（1997）等<br>・人的持続性：樟原町神在居（1992）、千曲市千曲市姨捨（1997）、飯田市（1990）等 |
| 1990年代前半〜 | 地域内浸透 | 地域内の一般住民／生活の質の向上 | 地域資源に関わる有形・無形の生活文化を掘り起こす | 地域自慢 | ・智頭町（1998）、旧大野村（2000）等 |
| | | | | 地域ガイド | ・別湯八湯ウォーク（1996）、長崎さるく（2006）、萩まちじゅう博物館（2004）等 |

出所：岡村ほか（2009）より筆者作成

## 図2　「観光まちづくり」に至る2つのアプローチ

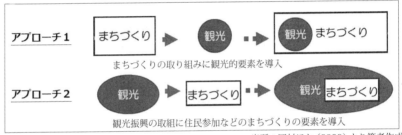

出所：岡村ほか（2009）より筆者作成

### （2）「まち歩き」の創生期 別府八湯ウォークと長崎さるく

　観光まちづくりの取り組みとして、市民がガイドとして同行する「まち歩き」の発祥は、大分県別府市の「別府八湯ウォーク」といわれている。1996年に別府温泉にある八湯のまちづくり団体等が集まり、各温泉地の個性を大切にしながら、競い、助け合いながら誇りある町を作ろうと「別府八湯勝手に独立宣言（主催；別府観光産業研究会）」がなされた（鶴田・野神2008）。中でも竹瓦温泉を中心としたまちづくり団体「別府八湯竹瓦倶楽部」が先陣を切り、市内ではその光景がどこでも見られるような、路地裏を巡る「まち歩き」を開始し、後に「別府八湯ウォーク」のブランド名で実施される。2001年には、地域資源を活用した小規模で多様な交流体験プログラムの集積により構成される「別府八湯温泉博覧会」、通称オンパクが開催され、事業は2005年にNPO法人化される。その後、オンパクは、国の補助を受けながら、別府以外の地域でも

適用できる普遍的な事業モデルを完成させていった。

　2000年代に入ると、オンパクの取り組みに加盟していない地域においても、「まち歩き」の取り組みが広がっていく。その中でも特筆すべきものが「長崎さるく博'06」の開催である。開催期間の2006年4月から10月の間で延べ参加者数は、1,023万人という大きな成果をもたらし、期間中の観光入込客数は355万（前年比6.7%増）となった。10年以上減少を繰り返し、最盛期と比較すると100万人以上を失ってきた観光客数の減少に歯止めをかけ、一気にV字回復させた（茶谷2012）。「長崎さるく博'06」は、その後も、「長崎さるく」として年間を通じた事業として継続されており、2006年以降は、全国の各地域で住民ガイドによる「まち歩き」ツアーやイベントが開催されるようになった（久保田2020）。その多くが「長崎＋さるく」のように、地名に加え、ぶらぶら歩くことを意味するその土地独自の言葉からなる名称がつけられているのが特徴的だ。

　久保田（2020）は、1980年代から活躍していた、名所・旧跡といった歴史を案内し解説する観光ボランティアガイドと、「長崎さるく博」以降の2000年代からの住民による「まち歩き」ガイドとの特徴の違いを次のように考察した。後者は、住民それぞれの日常生活の集合体である「まち」を、ガイド自身の個性を活かして案内することで、ガイドの途中に知人に出会うような偶発性やライブ感、一回性が魅力であるという。（**図3**）

**図3　2006年以降誕生した住民まち歩きガイドの案内対象とガイドスタイルの特徴**

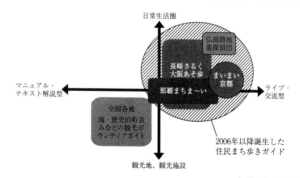

出所：久保田（2020）より引用

## 3　日常生活圏域に広がる観光─日常の中にある非日常─

### （1）「まち歩き」の新たな取り組み

　「まち歩き」という観光形態は、観光地に限らず観光をまちづくりに取り入れる地域にまで広がりを見せていった。しかし今日、ガイドを媒介とした地域との交流や地域資源の紹介に留まらず、その仕掛け方には様々な工夫がされ、従来の観光的要素に新たな意味付けがなされ、「まち歩き」のフィールドの曖昧さも顕著化しているように考えられる。

　例えば、特定の場所に訪れるとスタンプ等によりポイントが付与され、ポイントを重ねると景品や特典等のインセンティブのある「まち歩き」や、地域資源がデザインされたご当地カード[1]が手に入る仕組み、謎解きや宝探しといった課題をクリアしながら街中を巡るものなど、その地域の新たな発見に加え、ストーリー性やエンターテイメント性の高い「まち歩き」が、観光地に限らず実施されている。

　また、スマートフォンの普及を背景とした、デジタル技術の活用、DXも新たな要素だ。AR技術と連動した「まち歩き」では、画面上に今いる場所の過去の風景が映し出されるなど、現代と過去を行き来する試みがなされている。GPSやGISなどの位置情報システムにより、ある場所が本来有していた歴史的・文化的文脈に加え、複数のメタレベル情報をICTで整理し、多層的な観光的価値を一体的に運用するメタ観光[2]は、「まち歩き」と連動することで一層の効果が発揮されるだろう。さらには、Zoom等のオンライン技術の活用や仮想空間が舞台になるような、身体的移動のない「まち歩き」も登場している。

　従来の定番型の「まち歩き」は、人工的な発見が組み込まれた非定番型の「ま

---

1　政策事例としては、西東京市が実施した「憩いのまち西東京市カードラリー」等がある。https://www.city.nishitokyo.lg.jp/daisuki/dekigoto/dekigoto_backnumber/2016/dekigoto_cardrary2016.html（2023.8.8アクセス）
2　デジタルとリアルが融合する新たな観光を「メタ観光」と名付け、可視化して推進するために一般社団法人メタ観光推進機構当機構が設立された。墨田区で取り組みが実施されている。https://metatourism.jp/metatourism/（2022.12.22 アクセス）

ち歩き」へと、新たな目的や欲求を満たすためにアップデートされている。この非定番型では、地域の日常的な風景に紛れていた資源、今まで注目されていなかったもの、例えば、マンホールや電線であったり、古道や暗渠化された道、古い看板、廃墟などが、観光資源・地域資源として新たな意味を付与されるのである。

### （2）コロナ禍におけるマイクロツーリズムと「まち歩き」

　日常的にある資源を活用する「まち歩き」は、コロナ禍における密を回避しながらの観光ニーズへ対応する、マイクロツーリズムとの相性も良いといえるだろう。新型コロナウイルス感染症により、近場の地域に目を向け、その中で出会う人と人とのつながりを目的の一つとするようなローカルな観光が注目を浴びるようになった。その代表的なものとして、星野リゾート代表の星野佳路氏が提唱したマイクロツーリズムが挙げられる（星野 2021）。

　マイクロツーリズムの特徴は、①地域内観光、②地元の魅力の再発見、③地域の方々とのつながりにある（表3）。コロナ禍における地域内の観光活動の維持や既存資源の魅力を掘り下げることで交流を促し、新たな価値創造による地域活性化の効果が期待される。このような視点は、「まち歩き」との親和性

### 表3 マイクロツーリズムの３つのポイント

| ①地域内観光 | ②地元の魅力の再発見 | ③地域の方々とのつながり |
|---|---|---|
| 長距離移動を伴う旅行をすると感染拡大につながってしまうかもしれない…。そんな気持ちが遠くへの旅行にブレーキをかけますが、マイクロツーリズムなら大丈夫。安心して過ごせる地域内観光は、ウイルス拡散のリスクを減らしながら観光需要にもつながり、地域経済にも貢献します。 | お祭りや伝統文化、雄大な自然や旬の食材を活かした料理など、その地に行ったからこそ楽しめる魅力がたくさんあります。With コロナの時代にこそ、地域の方との交流をもっと深めて新たな魅力を発見したい、教えていただきたいと意気込んでいます。そしてイベントや企画に落とし込んでご提供していきます。 | 今まで地域文化の作り手の方々の協力を得ながら、宿泊の方に地域の魅力を楽しんでいただいてきました。ところが学校の休校やイベント中止など新型コロナウイルスが地域経済に与える影響は大きくなっています。そこで、地域の方々と協力してより価値の高い魅力へと進化させ地域への貢献と運営強化をしています。 |

出所：星野リゾートHPより筆者作成　https://www.hoshinoresorts.com/sp/microtourism/（2022.12.23アクセス）

も高く、星野リゾートでは、地域と連携した「まち歩き」を宿泊施設 OMO シリーズの宿泊者オプション[3] として実施し、「まち歩き」を媒介にして地元の商店街と非常に良好な関係を築き[4]、地域と連携してまちを楽しむ過ごし方を提案している。

### （3）日常の中にある非日常

「観光体験は通常・日常と非日常との基底的二項対立から生じる」（Urry 1990 =1995:21）ものと一般的意に認識されている。しかし、ポスト近代からの「まち歩き」の取り組みは、須藤が述べる「観光の本質である非日常と日常との交代が明確に経験できなくなるであろう。日常性と非日常性を分ける壁は融解し、日常が非日常へと、あるいは非日常が日常へと流れ込む。」（須藤 2012:19）といった事態を指し示している。観光は日常の中に溶け込み出し、その枠組み、活用手法が地域の特性や状況に合わせて多種多様に変容しているのである。

### 4　事例研究—郊外都市の「まち歩き」事業—

本節では、日常生活圏域における観光が持つ意義を探るため、東京都小平市が行う「まち歩き」事業をケーススタディに考察する。都内の中央に位置し、都心部又は山間部の観光地とは異なり、多摩地域 26 市の 2019 年中の人口増減[5] は、第 4 位と人口流動性も高い住宅地域であることが伺え、ベッドタウンとしての特徴が強い郊外都市である。

---

3　大塚 OMO 5 では、地元商店街や神社を OMO レンジャーという星野リゾートスタッフが案内し付加価値を与えている。
4　「マイクロツーリズム時代の商店街」『全国商店街活性化センター』 https://www. syoutengai-shien.com/case/rpt-9030/（2022.12.22 アクセス）
5　東京都市町村自治調査会（2021）多摩 26 市島しょ部の変動要因人口の調査結果より

## （1）調査地域 東京都小平市の概況と観光まちづくりの取り組み

### 図4-1　東京都における小平市及び近隣自治体の位置

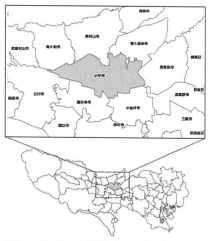

出所：小平市第4次長期総合計画（2021）より引用

### 図4-2　小平市グリーンロード概略図

太線：小平市グリーンロード

出所：小平市第4次長期総合計画（2021）より引用

小平市は、2022年4月1日時点の人口195,014人、都心からは26kmに位置し、面積20.51㎢、市域全体が武蔵野台地にある。市の自然を代表する小平グリーンロードが、「狭山・境緑道」、「玉川上水」、「野火止用水」、「都立小金井公園」を結び、一周約21kmの起伏の少ない水と緑の散歩道となっている（**図4**）。市民の住み続けたい理由の1位[6]も「自然環境が良い（59.6％）」であり、自然豊かな街並みが市民に愛されている（小平市2021）。

観光まちづくり[7]の実施主体は、2016年に設立した一般社団法人こだいら観光まちづくり協会で、キャッチフレーズとして「都会から 一番近い プチ田舎」を掲げ、小平らしい観光、「ゆったりしたまち」にふさわしい観光をモットーに取り組んでいる。

---

6　小平市（2019）「小平市長期総合計画策定のための市民アンケート調査 報告書平成31年3月」より

7　「小平市観光まちづくり振興プラン」及び「小平市第4次長期総合計画」に計画的な位置づけがされている。

## （2）「まち歩き」事業の概要

事業の統括（Ambassador）を担う、こだいら観光まちづくり協会の石川純氏に協力を得て、ヒアリング及び全 11 回のまち歩きに帯同し調査を行った。

協会設立時に、観光まちづくりの柱となるものを検討し事業化したのが「まち歩き」で、名称は「まち巡りガイドツアー」になる。主要な役割を担うガイドは、協会主催の養成講座の参加が必須で、座学と現地研修の約 4 か月間で歴史や文化、農業、お店などの地域資源を学ぶ。設立約 6 年で約 40 人が修了し、現在約 20 名がガイドとして活躍している（図5）。

図5　まち巡り
ガイドツアーの様子

出所：筆者撮影

　　住んでいる人が地域愛着を育み「住み続けたい」と思ってもらいたい、新たに小平に住んでみたいと考える人が増えほしい、そういった思いでやっています。有名な観光地ではないので、事業名称に“観光”というフレーズは入れていません。今実施しているコースは、ガイドの皆さんが養成講座卒業時に考えたコースが基本となっています。（石川氏）

参加者に配布される資料には、その日に立ち寄る主要ポイントのほか、基本的なまちの歴史やコースのコンセプトに沿った写真や文献が掲載されている。途中、公共施設を利用し、約 30 分間の休憩を兼ねた座学の時間を設けているのが一番の特徴といえるだろう。ここである程度の共通の知識、理解する力、参加者の「まち歩き」に対する心構えのようなものを共有している。

　　資料は、ガイドの下見や情報交換をしながら、新しい発見や知見を都度追加し、毎回異なる資料を配布しています。この点は、他にも誇れるこだわりの部分ですね。（石川氏）

**図6-1　用水路の案内板
（小平市）保存活動として設置**

**図6-2 再整備された用水路**

解説の特徴は、小平の全域に広がる用水路の成り立ちの話が各コースに盛り込まれている点である（**図6**）。周辺の土地は、水の乏しい地域で人が住めない土地であったが、江戸時代に多摩川の水を江戸に送るために開削された玉川上水より分水が認められ、地域の新田開発が進み、用水路が張り巡らされていった（小平市環境部水と緑と公園課2008）。この用水路の歴史の上に、現在のまちの姿があり、ガイドは地域のアイデンティティのように語っていた。地元の用水の歴史を理解したことで、保存や維持に関する活動への取り組みに参加するようになったガイドもいるという。

　生活の中の景観に溶け込んでいる日常的資源を活用している点も特徴的で、市内に多く残る丸ポストや、市民がオーナーとして実施するオープンガーデン、農家の直売所などを紹介するほか、養蜂や染め物など、市内の様々な活動も観光資源となっている（**図7**）。

　2021年11月から2022年10月の参加者は226人中、市内在住者217人と、ほぼ市内在住が占めている。コロナの影響もあるが従来から市民の参加者が多いという。

**図7-1　日本一大きな丸ポスト**

**図7-2 オープンガーデンでの交流**

図6・7：筆者撮影

## （3）参加者・ガイドへのインタビュー調査と考察─ツーリズム・リテラシーの習得─

　「まち歩き」事業の参加者及びガイドに対して、参加やガイドとして関与するきっかけ、経験したこと、得た知識や知識の活用、自分自身の変化などを中心とした反構造インタビューを行い[8]、テクストデータを分析した。その結果、「まち歩き」によって得られる知識や能力の習得過程、その後の活用状況や個人の影響など、合計27の概念を抽出し、13のサブカテゴリー、5つのカテゴリーに分類した（**表4**）。

**表4　概念一覧**

| カテゴリー | サブカテゴリー | 概念 |
|---|---|---|
| 「まち歩き」への参加・関与への動機 | 地域・まちへの興味関心 | ライフスタイルの変化による可処分時間の活用 |
| | | 趣味・日常の余暇の楽しみ |
| | | 地域への強い探究心 |
| | ガイドへの挑戦 | 自分が住むまちに対する好奇心 |
| | | ガイド役への勧誘 |
| | 新型コロナウイルス感染症の影響 | コロナ禍における観光・旅の代替え |
| | | コロナ禍における健康維持 |
| 「まち歩き」によって知識・能力を得る機会 | 他者からの発見・学び | ガイドによる案内・語り |
| | | 参加者同士の会話 |
| | | 地域住民等による案内・交流 |
| | | ガイド研修による発見・学び |
| | 主体的な活動を通じた発見・学び | 個人的な実践の中で得られる発見・学び |
| | | 仲間同士での発見・学び |
| 「まち歩き」によって得られる知識・能力 | 地域に関する知識 | 地域の歴史・文化に関する知識 |
| | | 現在のまちの情報・日常生活で役立つ知識 |
| | まちを案内する能力 | 歩きながらまちを理解する伝え方 |
| | | 日常を異化させる手法 |
| | 観る能力 | 既知の地域の物事の再発見 |
| | | 新しい地域の物事の発見・理解 |
| | コミュニケーション能力 | 参加者同士のつながりの形成 |
| 「まち歩き」によって得た知識・能力の活用 | 日常生活における活用 | 地域活動・趣味活動での活用 |
| | | 暮らしに役立つ知識として活用 |
| | 情報の発信・共有 | 家族や知人に対する地域情報の共有・案内 |
| 「まち歩き」によって知識・能力を得たことによる自己の変化 | 地域に対する愛着の変化 | 地域全体に対する愛着の向上 |
| | | 個人的な地域のお気に入りに対する愛着の向上 |
| | 自分自身の変化 | 自分自身に対する変化への気づき |
| | | 地元の「まち歩き」による非日常的な体験 |

出所：筆者作成

　本章では、調査結果の内、特に「まち歩き」を通じて得られる知識・能力に着目し、山口ほか（2021）が提唱する観光の実践を通じて習得できるツーリズム・リテラシーの概念を視座に、「まち歩き」による観光経験がツーリズム・リテラシーの習得、向上に影響を及ぼすのかを検証する。なお、ここではリテラシーという言葉の意味を、特定分野の知識やその活用能力と定めて論を進める。

　観光者に焦点を当てたリテラシーの研究では、中村（2021）が観光行動論の枠組みから捉えた既存研究の検討に基づき、観光に関するリテラシーがあることにより満足度向上、知覚リスク減少、決定延期・回避をしなくなる、記憶に残る経験ができる、ポジティブな文化行動をするといった影響をもたらすと、論じている。一方、山口らは、観光客が観光を通じて何を学び、（気づき）、どのように社会化されるのか、また何を学ぶ（気づく）べきであるか、観光によって精神的自由を獲得することはいかに可能なのかを研究テーマとしており（須藤2021）、人や内包された社会の変化、再帰性までも視野に入れている点で、観光行動論的なアプローチによる考察とは一線を画している。

　山口らは、ツーリズム・リテラシーを"よりよく世界を「観る」ことができるツーリストになるための技法と思考"と定義し、よりよく「観る」技能の習得は、対象を意識して見るだけでなく、私自身が見ている行為を見ることで可能になるという。その過程は、第1段階が「新たな発見、再発見」で、第2段階の「その先にある、その後の自分の変化の発見」により、2重に「観る」ことにつながる。特に旅の訪問後（タビアト）における自分自身の変化への気づきは、よりよく世界を「観る」能力、ツーリズム・リテラシー習得に欠かせない要素であり、訪問先は、身の回りの自分のお気に入りの場所でも可能だと述べられている。

　この2重に「観る」、わたし自身を発見するという点について、インタビューの分析結果から抽出した概念（**表4**）が、ツーリズム・リテラシー習得の要素を満たし得るのかを確認していく。

---

8　2022年中に分析対象17名（参加者11名〔A～K〕/ガイド6名〔L～Q〕）に対して実施。分析にあたっては、インタビュー内容をテクストデータ化し、佐藤（2008）のオープンコーディングによる質的データ分析法を参考とした。

　はじめに、2重に観ることの第1段階、新たな発見、再発見による「観る」ことについて検証する。インタビュー結果の概念から『既知の地域の物事の再発見』、『新しい地域の物事の発見・理解』が合致すると考えられ、例えば、参加者やガイドが述べる、日常にある知れたものの意味を理解することは、新たな発見、再発見につながるだろう。

【代表的なテクスト】
このまちには、何かと丸ポスト多いなーと思っていたんですけど、その背景とか、残っている意味まで知ることができました。理由は全く知りませんでした。
（参加者D氏）
宝道って名前のついた小道が市内に残っていて、入って良いんですけど、知らないと入れませんよね。（ガイドN氏）

　次に、2重に観ることの第2段階、私を「観る」という点を検証する。インタビュー結果の概念からは、『自分自身に対する変化への気づき』、『地域全体に対する愛着の向上』、『個人的な地域のお気に入りに対する愛着の向上』が合致すると考えられる。例えば、地域に対する自己の思いの変化に対する気づきは、私自身の変化を2重に観ることにつながっているといえるだろう。

【代表的なテクスト】
自分の中で改めて小平を見つめなおすことができて、小平って良い所なんだなって、愛着がわいていく、心も豊かになるっていうか、そういうのがありますね。
（参加者F氏）
小平は好きじゃなかったんですよね、本当いつ逃げ出そうかって考えていて、大っ嫌いな所でした。でもそういう、まちのことを知ることによって、全部変わりましたね。（ガイドM氏）

　ツーリズム・リテラシーの概念で重視される、旅先の訪問後（タビアト）の自分自身の変化へ気づきについて着目する。インタビュー結果の概念からは、『暮らしに役立つ知識として活用』、『地域活動・趣味活動での活用』が合致す

ると考えられ、例えば、「まち歩き」の後の自己の振り返りや知識の活用は、タビアトの自己の気づきにつながるだろう。

---

【代表的なテクスト】

*環境について考える団体に入っていて、取り組みをＰＲする冊子を作っています。*
*冊子に小平らしさを入れようという意見が出て、まち歩きで知った用水路のこと、*
*歴史、玉川上水のことは大事だな、大事にしていかなきゃと思うようになったので、*
*そのことを入れようと考えてます。（参加者Ｋ氏）*
*あそこの路地で農家さんがキュウリ売っているとか、そういうのを知って、地元*
*で消費するっていう意識の変化はありますね。（参加者Ｆ氏）*

---

以上の点から、参加者やガイドが「まち歩き」を通じて得た知識や能力を活用しながら、ツーリズム・リテラシーの習得に必要な自己を「観る」という要素、すなわち振り返りや自己の発見について、「まち歩き」の前後の行動や日々の暮らしの中で実践していることが確認できた。日常生活圏域における観光という点から考えると、観光や旅の結果によってリテラシーを習得、向上するのではなく、距離や目的地以上に、その過程で何を経験するかの重要性が示されたといえるだろう。

### （4）小括―郊外都市の「まち歩き」を通じて得られるリテラシーとは―

本事例研究では、日常生活圏域における「まち歩き」を通じて、ツーリズム・リテラシー習得の要素である「２重に観る能力」を身につけることが可能であることを確認した。

一方でインタビューの結果、「まち歩き」から得ることができる知識・能力（①地域に関する知識、②まちを案内する能力、③観る能力、④コミュニケーション能力）の活用実態は、主として趣味や日々の暮らしの中における活用や情報発信・共有であった。さらにこの知識・能力を活用する対象の多くが地域の地元住民であることを鑑みれば、より地域性に重きを置いたリテラシーの概念として整理することが可能であると考えられる。

地元住民が地域に関する知識をベースに、案内する能力、観る能力、コミュ

ニケーション能力を日常生活で活用し、それが地域への愛着の変化や自分自身の変化へもつながるのであれば、それは地元でより良い暮らしを送るためのリテラシーと定義することができるのではないだろうか。筆者は、この日常生活圏域における観光経験で養われるソーシャリティに注目し、「まち歩き」を通じて習得できるリテラシーの概念を「地元暮らしのリテラシー」と呼ぶことを提案する（図8）。

図8　地元暮らしのリテラシーの概念

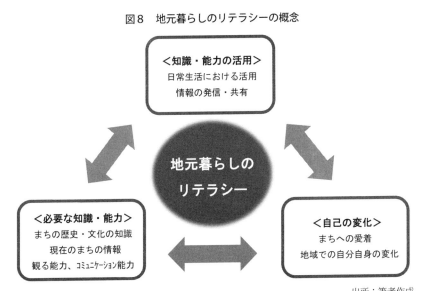

出所：筆者作成

　日常生活の文脈の中で地域住民が経験する観光的なセンシビリティや、非観光地の観光の意義が何であるかを考えた際、この概念は一つの回答になるといえよう。リテラシーの定義として田中（2005）が述べる「文化を読み解き、再構成する能力」について、地域に住む住民が地元での実践、観光経験を通じてこの力を獲得していくことの価値に注目したい。

　「まち歩き」参加者へのインタビュー調査では次のような発言が確認できた。

> 近い将来この農園の真ん中に道が通るという話。（中略）農家さん、もう先のこと
> が決まってるから農業への熱量も下がっているという現実には、少し寂しく感じ
> ました。相続とか色々と事情はあると思いますが、どんどん小平というまちの風景、
> 様子が変わってしまうのかなっていう気持ちにもなりました。個人的にはこの緑
> の残る小平の風景が好きなんですけど、将来のまちの移り変わり、小川駅前の再
> 開発という現実も知ることができました。どうなるんでしょうね。（参加者Ⅰ）

　自分の住むまち、地域に対する愛着を抱いたことによる、変わってほしくな
いという思いと、未来に向けて発展するまちに対する期待という両面につい
て、「まち歩き」の経験を通じて葛藤が深まっていることが伺える。地元で暮
す上で、まちの姿が移り変わる理由や背景にまで思いを至らせること、そこ
に込められた「まなざし」をリテラシーとして身につけることができるのが、
日常生活圏域における観光経験の意義であると考えられる。

## 5　おわりに

　哲学者、三木清は、論考「人生論ノート」の一題「旅について」において、
旅の本質的な要素は、日常の中に非日常を見出すような歩みの「過程」の内に
存すると述べている。

> 「日常の経験においても、知らない道を初めて歩く時には実際よりも遠く
> 感じるものである。仮にすべてのことが全くよく知られているとしたな
> ら、日常の通勤のようなものはあっても本質的に旅というべきものはない
> であろう。（中略）旅の利益は単に全く見たことのない物を初めて見るこ
> とにあるのでなく、――全く新しいといい得るものが世の中にあるであろ
> うか――むしろ平素自明のもの、既知のもののように考えていたものに驚
> 異を感じ、新たに見直すところにある」（三木 2017:155-156）

　旅は自分が知らないことに対して魅了されるもので、そこには予期しない発

見があるが、日常の中において新しいものの見方ができる眼を獲得することは、これまで認識していた既知の物事を、異なる見方、驚き、捉え方のもとで再認識するような経験をもたらす。

　本章で検討した日常生活圏域における観光、「まち歩き」もまた、三木が述べる、過程の中における発見に対する着眼点と通ずるものがあるといえよう。そして、その着眼点は「まち歩き」の実践をとおして学び取られるものなのであり、「まち歩き」の過程は、旅のもつ目的地に到達するまでに得られる知見と同様の要素を持ち合わせているのである。

　目的ではなく、その過程において何を経験し、それをどの様に自分自身が活かしていくか、筆者が提案した「地元暮らしのリテラシー」もまた、その道中で得られる賜物であろう。日常の中にある非日常を“発見”すること、それが過去の歴史的なものであれ、現在のまちの偽らざる姿であれ、自分の暮らしの中でのアイデンティティの核としていくことが、地域で暮す上での潤いとなり、よりよい暮らしを送るためのリテラシーの醸成につながるのではないだろうか。そしてそれが、住民が主体的に地域に関わりを持ち、住み続けたい持続可能なまちを形成していく一助になるものと考える。

### ＜参考・引用文献＞

浅川正彦（2016）「産業経済の発展と観光の変遷」『明星大学経営学研究紀要』11,pp.87-107.

太田均（2019）「日本におけるまち歩き事業の系譜・類型と比較」『日本国際観光学会論文集』26,pp.199-207.

岡村祐・野原卓・西村幸夫（2009）「我が国における『観光まちづくり』の歴史的展開──1960年代以降の『まちづくり』が『観光』へ近接する側面に着目して」『観光科学研究』2,pp.21-30.

久保田美穂子（2020）「住民まち歩きガイドの特徴と養成に関する考察──従来の観光ボランティアガイドと比較して」『ホスピタリティ・マネジメント』10(1),pp.113-123.

小平市（2014）『観光まちづくり振興プラン──都会から一番近いプチ田舎』平成26年3月

小平市（2021）『小平市第4次長期総合計画──つながり、共に創るまち こだいら』

小平市環境部水と緑と公園課(2008)「玉川上水の歴史」(最終閲覧日2022年12月22日) https://www.city.kodaira.tokyo.jp/kurashi/009/009353.html

佐藤郁哉（2008）『質的データ分析法──原理・方法・実践』新曜社

須藤廣（2012）『ツーリズムとポストモダン社会──後期近代における観光の両義性』明石書店

須藤廣（2021）「バックパッカー・ツーリズムを考察する」『新社会学研究』6, pp.66-87, 新曜社

田中耕治・水原克敏・三石初雄・西岡加奈恵（2005）『新しい時代の教育課程』有斐閣アルマ

茶谷幸治（2012）『「まち歩き」をしかけるコミュニティツーリズムの手ほどき』学芸出版社

鶴田浩一郎・野上泰生（2008）「地域の輝きを育てる『オンパク』モデル──オンパク型イベント手法を通じた地域資源の活用と人材育成」『NIRA モノグラフシリーズ』6, pp.7-10, 総合開発研究機構.

東京都市長会（2020）『令和元年度多摩地域が一体で取り組む観光地域づくり──取組報告と今後の取り組み方針について』令和 2 年 3 月

東京都市長村自治調査会（2021）『多摩地域データブック──多摩地域主要統計表』2020（令和 2）年版

中村哲（2021）「旅行をするためのリテラシーと旅行から得られるコンピテンス──観光行動研究におけるツーリストのリテラシー」『観光学評論』9(2), pp.163-178.

星野佳路（2020）「星野リゾートが提唱するコロナ時代の観光『マイクロツーリズム』とは」『京都新聞 2020 年 11 月 25 日』（最終閲覧日 2022 年 12 月 23 日）https://www.kyoto-np.co.jp/articles/biz/424828

三木清（1941=2017）『人生ノート論ノート──他二篇』角川ソフィア文庫

山口誠・須永和博・鈴木涼太郎（2021）『観光のレッスン──ツーリズム・リテラシー入門』新曜社

Urry, J. (1990). *THE TOURIST GAZE : Leisure and Travel in Contemporary Societies*, Sage Publications.［加太宏邦訳（1995）『観光のまなざし──現代社会におけるレジャーと旅行』法政大学出版局］.

# あとがき

　2021年8月に刊行した「ポストマスツーリズムの地域観光政策－新型コロナ危機以降の観光まちづくりの再生へ向けて－」が好評を博し、この度「観光の公共創造性を求めて－ポストマスツーリズムの地域観光政策を再考する－」と題して本書を刊行する運びとなった。本書は前の書と同様、法政大学大学院政策創造研究科で観光政策に関係する文化・都市・観光創造群の教員3名が中心となり、観光分野で活躍している修了生や現役生などを含む16名で執筆を担当している。

　本書は、全体を「観光総論」、「メディア・文化」、「まちづくり－政策」、「まちづくり－事例」の大きく4部に分類して各執筆者がそれぞれ論じているが、前回と大きく執筆者を入れ替え分類の範囲の中で各執筆者が自らの研究や仕事において直面しているテーマに即し地域観光政策に対する問題意識をしっかりともちながら論じてもらうことができたのではないかと考える。

　第一部の「観光総論」では、第1章で須藤が「観光の『ヘテロトピア』の構想こそが、コロナ禍以降以の観光研究者の向かうべき道だ」と論じ、第2章で濱野は観光が地域づくりやまちづくりにおいて、私たちに与える「無節操さ」と「無尽蔵さ」について説いている。第3章で山本は観光空間が包括する地域社会が観光的なリアリティが織り成す力に巻き込まれているのかに焦点を当てながら考察し、第4章で中田は沖縄を事例に観光事業者のインタビューから今後のLGBTQツーリズムの可能性について論じている。そして第5章では齋藤がコンテンツツーリズムについてトップダウンとボトムアップのあわいにおける経験が地域の取り組み自体が「真正な」観光対象になっていく

と説いている。

　第二部の「メディア・文化」では、最初に増淵が第 6 章で音楽に関する観光行動に焦点を当て聖地巡礼型のミュージックツーリズムを見ながらサザンオールスターズの聖地巡礼について論じている。続いて第 7 章で岩田は観光が持つ暴力性の観点から遺産の意味や価値がいかにして観光の文脈に創りかえられていくのか等を明らかにしながら産業観光の問題点と課題について、第 8 章では森が、メディアが作る新しい下町である谷根千を事例にスマートフォンの果たす役割の拡大と変化に着目し、余暇行動の変化について考察している。

　第三部の「まちづくり - 政策」では、まず第 9 章で上山が多摩市と狛江市の「かわまちづくり」の取り組み事例を取り上げながら、水辺を活用した新しい公共空間づくりと地域観光政策について論じ、第 10 章で内桶が地域資源を活かしながら様々な課題を解決している 3 つの地方都市を取り上げインバウンド政策について考察している。第 11 章では御正山がスポーツ政策における地方都市の観光まちづくりについて、ラグビーのまち埼玉県熊谷市を事例として調査を基にラグビーシティ・ツーリズムについて提言している。

　第四部の「まちづくり - 事例」では、まず第 12 章で小泉が島根県を事例に美肌ツーリズムを新たに位置付け、古民家を活用した美肌ツーリズムについて論じ、第 13 章で櫻井は 5 つのテーマ別に 10 か所の遺跡や遺跡公園、ゆかりの寺を対象に徳川家・江戸時代の歴史を感じる東京での遺跡ツーリズムについて考察している。第 14 章では鈴木がポストマスツーリズムの現場での人々の交流とマスツーリズムが抱える「非対称性＝暴力性」に着目しまち歩きの事例から紐解いていると説いている。第 15 章で早川は大阪市西成区を事例に観光が変える地域のイメージについて、第 16 章では鹿森が「まち歩き」の取り組みから日常生活圏域における観光の可能性について考察している。

　以上、内容として全体的にポストマスツーリズムの地域観光政策を考える上で「新しい公共をつくるため」の方向性を示唆するものであり、各部において

各章がテーマに呼応しながら論じられる中で前の書に続くものとしてポストマスツーリズムの地域観光政策としての新たな視点を見出せているのではないかと考える。本書が、今後の観光まちづくりを考える上で一つでもヒントになってくれることを願う。

　最後に、このような機会を与えてくださった公人の友社の武内英晴社長と担当された萬代伸哉様に心から感謝するとともに、本書が研究者や学生、観光政策にたずさわっている行政の方々、観光業の方々に至るまで広く皆様のお役に立てれば幸いである。

2023 年 11 月 29 日

上山 肇

## 執筆者紹介

**須藤 廣**（すどう・ひろし）　まえがき、第 1 章
ＡＰＵ立命館アジア太平洋大学客員教授、北九州市立大学名誉教授。1953 年生まれ。東京外国語大学英米語学科卒業。高校教員を経て、法政大学大学院修士課程（社会学専攻）修了。日本大学大学院博士後期課程（社会学専攻）単位取得満期退学。北九州市立大学文学部教授、跡見学園女子大学観光コミュニティ学部教授、法政大学大学院政策創造研究科教授を経て現職。専門は観光社会学、文化社会学。主著『観光社会学—ツーリズム研究の冒険的試み』明石書店 2005 年、『観光化する社会—観光社会学の理論と応用』ナカニシヤ出版 2008 年、『ツーリズムとポストモダン社会—後期近代における観光の両義性』明石書店 2012 年。

**濱野 健**（はまの・たけし）　第 2 章
北九州市立大学文学部人間関係学科教授。1978 年生まれ。ウェスタンシドニー大学人文学部 Ph.D.。専門は移動の社会学・家族社会学など。主な著書に『観光が社会をつくる—メディア・身体・リアリティの観光社会学』（須藤廣・遠藤英樹・山口誠・松本健太郎・神田孝治・髙岡文章編）明石書店 2023 年、『観光メディア論』（遠藤英樹・寺岡伸悟・堀野正人編）ナカニシヤ 出版 2014 年、等。

**山本 朋人**（やまもと・ともひと）　第 3 章
会社員。1987 年鳥取県倉吉市生まれ。2010 年北九州市立大学文学部卒業、2018 年法政大学大学院政策創造研究科政策創造専攻修士課程修了。主な業績に本書の前版『ポスト・マスツーリズムの地域観光政策—新型コロナ危機以降の観光まちづくりの再生へ向けて』第 2 章（公人の友社 2021 年）、『観光が

世界をつくる』第 9 章（須藤廣・遠藤英樹・山口誠・松本健太郎・神田孝治・高岡文章編）明石書店 2023 年。

中田 久美子（なかだ・くみこ）　第 4 章
共栄大学国際経営学部専任講師。静岡県静岡市出身。法政大学人間環境学部卒業後、電鉄系旅行会社、リクルートゼクシィ編集部、国際短期大学国際コミュニケーション学科専任講師を経て、現職。2022 年法政大学大学院政策創造研究科を修了（政策学）。

齋藤 光之介（さいとう・こうのすけ）　第 5 章
法政大学大学院政策創造研究科修士課程。『ゆるキャン△』をめぐるファンの聖地巡礼実践をもとに、コンテンツツーリズムにおける消費文化としての側面を研究。

増淵 敏之（ますぶち・としゆき）　第 6 章
法政大学大学院政策創造研究科教授。文化経済学会〈日本〉特別理事、コンテンツツーリズム学会会長、希望郷いわて文化大使、岩手県文化芸術審議委員会委員、など多数、主な著作に『物語を旅するひとびと』（彩流社）『おにぎりと日本人』（洋泉社）『「湘南」の誕生』（リットーミュージック）「韓国コンテンツはなぜ世界を席巻するのか」（徳間書店）などがある。

岩田 真理子（いわた・まりこ）　第 7 章
江戸川区役所勤務。1986 年、群馬県生まれ。埼玉大学教養学部卒業。在職中に法政大学大学院政策創造研究科を修了（政策学）し、2020 年に和歌山大学大学院観光学研究科博士後期課程単位取得満期退学。

森 直人（もり・なおと）　第 8 章
跡見学園女子大学観光コミュニティ学部兼任講師。1956 年生まれ。佐賀県佐賀市出身。1980 年東京大学法学部卒業。株式会社電通に勤務しながら法政大学大学院政策創造研究科修士課程を経て、2018 年博士後期課程単位取得退学。

政策学修士。主な業績に『ポスト・マスツーリズムの地域観光政策―新型コロナ危機以降の観光まちづくりの再生へ向けて』第7章（公人の友社2021年）。

上山 肇（かみやま・はじめ）　第9章、あとがき
法政大学大学院政策創造研究科教授。法政大学地域研究センター兼担研究員。千葉大学工学部建築学科卒業、千葉大学大学院自然科学研究科博士課程修了、博士（工学）。法政大学大学院政策創造研究科博士課程修了、博士（政策学）。民間から東京都特別区管理職を経て、現職。行政では都市計画、まちづくり等を歴任。日本建築学会では環境工学委員会（親水とSDGs小委員会主査）、外部委員では現在、狛江市かわまちづくり計画策定協議会委員長、静岡市商業振興審議会アドバイザーなどを務める。一級建築士。

内桶 克之（うちおけ・かつゆき）　第10章
笠間市議会議員（副議長）、修士（政策学）。茨城県生まれ。日本大学農獣医学部卒業、法政大学大学院政策創造研究科修士課程修了。笠間市市民活動課長、産業経済部参事を経て2018年12月から現職。2017年11月台北で開催された「国際農業旅行発展シンポジウム」に台湾政府からの招聘により講演者・パネラーを務める。修士論文は、「観光まちづくりにおける地域資源を活用した観光政策のあり方に関する研究―茨城県内市町村の調査・事例から―」。

御正山 邦明（みしょうやま・くにあき）　第11章
法政大学大学院政策創造研究科修士課程。1965年生まれ。埼玉県出身。東京都板橋区役所にて、道路・公園設計、道路監察、交通政策、市街地再開発事業、連続立体交差事業等に従事。学会発表として、「地方自治体のスポーツ政策とまちづくり―埼玉県熊谷市「ラグビータウン熊谷」を事例として」（自治体学会）、「連続立体交差事業により生み出される空間活用の計画形成プロセスに関する考察―東京都内の5路線を事例として―」（共著、建築学会）など。

小泉 京子（こいずみ・きょうこ）第12章
法政大学大学院政策創造研究科修士課程。立教大学大学院21世紀社会デザイ

ン研究科修士課程修了。修士（比較組織ネットワーク学）。津田塾大学学芸学部卒業後、㈱ポーラに入社。化粧品開発、プロモーション、広告宣伝、美容研究、販売組織開発、店舗開発、ファッション事業責任者など、美容や化粧品に関する様々な業務に従事する。47 都道府県を対象にした業務が多かったため地域に興味を持ち、現在「地域と古民家」の研究に取り組んでいる。

櫻井 佳奈子（さくらい・かなこ）第13章
法政大学大学院政策創造研究科修士課程。公務員。埋蔵文化財担当の学芸員。1972 年生まれ。駒澤大学歴史学科考古学専攻卒。豊島区、港区、杉並区など東京を中心に遺跡調査に従事。日々の調査で発見される遺跡を都市政策の視点から活用する研究に取り組んでいる。一般社団法人日本考古学協会会員。江戸遺跡研究会会員。

鈴木 里奈（すずき・りな）　第14章
北海道大学大学院国際広報メディア・観光学院博士課程。同大学院修士課程修了（観光学）。札幌市立大学デザイン学部卒業。1995 年生まれ、北海道の空知出身。主な論文は『観光目的地としての「故郷」―故郷概念の変遷と真正性』（観光研究 Vol.35 ／ No.1）、『記憶の継承過程における個人的記憶の想起と接続』（国際広報メディア・観光学ジャーナル Vol.35）。専門は観光社会学、空知の炭鉱遺産でフィールドワークに取り組む。

早川 諒（はやかわ・りょう）　第15章
法政大学大学院政策創造研究科修士課程。1990 年長野県生まれ。慶熙大学国際教育院韓国語課程修了。京都橘大学現代ビジネス学部都市環境デザイン学科卒業。韓進グループ入社。貿易商社、日本語教育業界を経て 2020 年からは専門学校にて観光教育に従事。主要業績「大阪市における多文化共生政策の課題と今後のあり方に関する考察」（共著、法政大学地域研究センター、地域イノベーション 2022vol.15）など。

鹿森 真祥（しかもり・まさよし）　第１６章
西東京市役所勤務。1977 年生まれ、東京都出身。法政大学大学院政策創造研究科修士課程修了（政策学）。産業振興、企画政策部門において、地方創生事業として観光振興事業、駅前情報発信プロジェクト等のシティープロモーション施策に従事。市の主要事業、一店逸品事業、女性の働き方サポート推進事業等の企画立案を手掛ける。日本ＦＰ協会認定ＡＦＰ。西東京シティロゲイン実行委員会アドバイザー。

**観光の公共創造性を求めて**

—ポストマスツーリズムの地域観光政策を再考する

---

2023 年 12 月 25 日　第 1 版第 1 刷発行

|       |                           |
|-------|---------------------------|
| 編　著 | 上山肇・須藤廣・増淵敏之 |
| 発行人 | 武内英晴 |
| 発行所 | 公人の友社 |
|       | 〒 112-0002　東京都文京区小石川 5-26-8 |
|       | TEL 03-3811-5701　FAX 03-3811-5795 |
|       | e-mail: info@koujinnotomo.com |
|       | http://koujinnotomo.com/ |
| 印刷所 | モリモト印刷株式会社 |

---

ISBN978-4-87555-908-5　C3036